AF466560

CODE GÉNÉRAL
DE LA
LÉGISLATION
ET DE LA
JURISPRUDENCE
FRANÇAISES

TEXTES — DOCTRINE — JURISPRUDENCE — CIRCULAIRES
TABLES ET FORMULES

PAR

E. VIGOUROUX

AVOCAT

1. DROITS ET OBLIGATIONS
(1 à 127)

Incivile est, nisi tota lege perspecta, una particula ejus proposita, judicare vel respondere. (L. 24, *de Legibus*, D. I, 3.)

PARIS
MARCHAL ET BILLARD
IMPRIMEURS-ÉDITEURS, LIBRAIRES DE LA COUR DE CASSATION
Place Dauphine, 27 (Ier)

1902

TABLE ALPHABÉTIQUE

DROITS ET OBLIGATIONS

CODE GÉNÉRAL

CODE GÉNÉRAL

DE LA

LÉGISLATION

ET DE LA

JURISPRUDENCE

FRANÇAISES

MÉTHODIQUEMENT EXPOSÉES SOUS FORME DE TRAITÉ COMPLET

CONTENANT :

TOUS LES TEXTES USUELS

(Codes , Lois et Décrets)

LES DÉFINITIONS ET LES PRINCIPES DU DROIT

L'ANALYSE SOMMAIRE DES TEXTES NON REPRODUITS

DE LA DOCTRINE ET DE LA JURISPRUDENCE

(Arrêts, Jugements, CIRCULAIRES et Projets de loi)

AVEC FORMULES ET TABLES TRANSFORMANT LE TRAITÉ

EN CODE GÉNÉRAL ANNOTÉ ET EN RÉPERTOIRE ALPHABÉTIQUE

PAR

E. VIGOUROUX

AVOCAT

TOME PREMIER

Incivile est, nisi tota lege perspecta, una particula ejus proposita, judicare vel respondere. (L. 24, *de Legibus*, D. I, 3.)

PARIS

MARCHAL ET BILLARD

IMPRIMEURS-ÉDITEURS, LIBRAIRES DE LA COUR DE CASSATION

Place Dauphine, 27 (Ier)

1902

Imprimerie F. PLANTADE, 8, quai Champollion, CAHORS

AVANT-PROPOS

Le public judiciaire, qui possède tant de recueils recommandables et d'ouvrages éminents, a le droit de demander, tout d'abord, qu'elle a été la pensée et quel est le but du présent travail, afin de décider lui-même s'il est utile et s'il vient à son heure. Quelques mots d'explications préliminaires seront suffisants.

Comme le titre l'indique, l'ouvrage est à la fois un recueil des textes, — en plus grand nombre que dans tout autre recueil usuel, — et un répertoire synthétique du droit français, rédigé suivant un plan unique, groupant sous les yeux du lecteur, tous les textes épars relatifs à une même question, et reliant mutuellement entre elles toutes les parties de la législation et de la jurisprudence du siècle écoulé, reproduites ou analysées aussi brièvement que possible. L'auteur y a condensé les documents originaux, avec l'indication des ouvrages et des recueils antérieurs, qu'il a utilisés, en les signalant, loin de les remplacer. Il a voulu être court, complet, méthodique, et tenir périodiquement son œuvre au courant des modifications futures.

Il a voulu être court : une quinzaine de volumes environ, de moyen format, bien que compactes, paraîtront à peine suffisants à ceux qui connaissent la multitude des textes en vigueur, l'immense variété des sujets et l'infini multiplicité des décisions. Ne faut-il pas au moins cette place pour reproduire plus de 20.000 textes, et pour condenser plus de 250.000 solutions ? Et cependant les explications sont disposées de telles manière, que le lecteur, qui voudra se contenter d'une idée générale et précise du droit français, pourra d'abord, s'il le désire, se borner à parcourir attentivement les divisions, les définitions et les textes des lois.

Ce premier mode de lecture ne suffira pas à ceux qui ont besoin de plus de détails : la méditation des principes, des déductions et de leurs applications sera indispensable. Mais si on veut restreindre les recherches à une question unique, trois tables analytique, alphabétique et chronologique, dressées avec un soin particulier, permettront de retrouver le texte et son commentaire, et de prendre au besoin une décision immédiate ou rapide. Si la première table, en effet, laisse à l'ouvrage son caractère de traité, la seconde le transforme en *Code annoté*, et la troisième en *Répertoire*. La première, en résumant le traité, essaie de réaliser la classification complète et scientifique, qui faisait défaut, jusqu'à ce jour, à l'une des plus anciennes connaissances humaines ; toutes les trois, en présentant les textes et leurs explications sous les trois seules formes possibles, multiplient les points de vue, et rendent nécessairement les recherches plus faciles.

D'autres part, les notes nombreuses, qui accompagnent chaque solution, donneront à ceux qui désirent approfondir une question d'affaires, toute facilité pour consulter les documents de la législation, de la doctrine et de la jurisprudence ; de telle sorte que l'ouvrage, d'un côté aussi court qu'on le désirera, sera d'ailleurs facile à compléter dans la plus large mesure.

La méthode adoptée, — si on veut bien jeter un coup d'œil sur la table générale des titres, et que l'introduction expliquera, aidera puissamment les recherches La disposition typographique prêtera son concours à l'homme d'affaires, toujours pressé, en plaçant à la fois et très distinctement sous les yeux, l'intitulé, l'analyse, les explications, les textes et les notes de chaque page.

Une fois achevée l'édition première d'un travail déjà complet, et dont toutes les parties, après de longues années, sont prêtes pour l'impression, l'auteur s'oblige dans la mesure de ses forces, et en s'assurant des collaborateurs et des successeurs, à publier périodiquement, et au besoin plusieurs fois par an, pour faire suite au présent travail, un recueil peu volumineux, qui complètera la législation et la jurisprudence, de manière à ce que l'ouvrage, au lieu de vieillir, s'améliore de plus en plus et soit toujours au courant.

N. B. — 1° Tous les textes étant intégralement reproduits, ceux qui sont relatifs à L'ENREGISTREMENT n'ont pas été oubliés, et les questions et les solutions relatives à cette partie si pratique du droit, ont fait l'objet spécial d'une analyse et d'un examen attentifs.

2° La table chronologique contient la série complète des articles des codes, lois et décrets en vigueur.

Elle ne renvoie directement qu'au numéro, où l'article est en entier reproduit ; mais à cet endroit, d'autres renvois, intercalés après chaque mot, s'il y a lieu, servent à compléter le commentaire du texte, et indiquent, d'une manière précise, ses différentes applications. Chaque article a ainsi sa table spéciale et son commentaire très complet. La table chronologique devient par là, comme il a été dit, l'équivalent d'un *Code général annoté ;* et l'ouvrage entier se transforme en RECUEIL COMPLET DES CODES ET DES LOIS USUELLES ; le tout commenté, annoté, mis en corrélation et présenté sous trois formes : méthodique, chronologique et alphabétique.

ABRÉVIATIONS PRINCIPALES

N.-B. — On trouvera, dans les notes, la citation de tous les arrêts analysés dans le texte. Mais au lieu de placer des renvois après chaque arrêt, ce qui aurait énormément multiplié les chiffres, sans utilité oisible, il n'en a été mis qu'après les arrêts *les plus récents* de chaque note, de manière à rendre facile la référence aux arrêts antérieurs, au moyen même de *deux ou trois* recueils généraux cités avec soin. La *Gazette du Palais* a de plus servi à relever des décisions importantes, qui se trouvent dans une cinquantaine d'autres recueils, généraux ou spéciaux à certaines matières.

A.	Arrêté du pouvoir exécutif.
A. min.	Arrêté ministériel (la lettre suivante, *i, j, g,* etc., indique le ministère : intérieur, justice, guerre, etc.)
A. C. E.	Avis du Conseil d'Etat.
B.	Bulletin.
Cah. ch.	Cahier des charges.
Cass.	Arrêt de la Cour de Cassation
Circ. min.	Circulaire ministérielle (voir *A. min.*)
Civ. 1782	Code civil, article 1782.
C. d'Et.	Arrêt du Conseil d'Etat.
C.	Code.
C. j. t.	Code de justice militaire pour l'armée de terre.
C. j. m.	Code de justice militaire pour l'armée de mer.
Com. 271	Code de commerce, art. 271.
Cbn.	Combinez.
Cpr.	Comparez.
D. 64. 1. 125	Recueil de Dalloz, année 1864, Ire partie, p. 125.
D. A. 3. 781.	Recueil alphabétique de Dalloz jusqu'en 1824 inclusiv., tome 3, page 781.
D. 48. 2.	Digeste, livre 48, titre 2.
D.	Décret.
Dict.	Dictionnaire.
Droit.	Journal le *Droit.*
Déc. min.	Décision ministérielle (voir *A. min.*)
F. J.	*France Judiciaire.*
For.	Code Forestier.
G. M. 3 juin	*Gazette du Midi*, n° du 3 juin, qui suit la date du document cité.
G. P. 81. 1. 50	*Gazette du Palais*, année 1881, Ier semestre, p. 50.
G. T. 15 avril	*Gazette des Tribunaux* (voy. *G. M.*).
I. cr. 342	Code d'instruction criminelle, art. 342,
Inst. min.	Instruction ministérielle (v. *A. min.*)
J. O. 10.	*Journal Officiel* du 10 du même mois que le document cité, ou si le chiffre est suivi du nom du *mois*, ce mois est celui du mois suivant le plus près la date du même document.
J.	Journal (suivi d'abréviation indiquant l'espèce de journal : *assur.*, des assurances ; *min. publ.*, du ministère public ; *soc.*, des sociétés, etc.)

(871) Les chiffres entre parenthèses indiquent les numéros de l'ouvrage.

J. P. — *Journal du Palais.*
J. N. — *Journal des Notaires.*
L. — Loi.
Lo co. — A l'endroit cité.
Loi — Journal la *Loi.*
M. M. — *Moniteur judiciaire du Midi*
M. Lyon — *Moniteur judiciaire de Lyon*
Ne a. — Voir le texte de loi cité à la note *a* du même numéro.
No 57[8] — Numéro 57, texte et note 8.
Ne 21 — Note 21 du même numéro.
Nonobt. — Nonobstant.
Not. — Notamment.
O. — Ordonnance.
P. F. — Pandectes françaises.
Pén. 56 — Code pénal, article 56.
Poth. P. 42. 8. 30 — Pandectes de Pothier, livre 42, titre 8, no 30.
Pr. civ. — Code de procédure civile.
Préc. — Cité à la note précédente, ou au numéro, ou à la note indiquée.
R. ou *Rec.* — Recueil (ce mot désigne le recueil du tribunal cité, s'il n'est suivi du nom d'aucune autre ville).
R. P. C. — Recueil de procédure civile.
Rép. — Répertoire.
Rev. — Revue.
S. 84. 1. 325 — Recueil de Sirey, année 1884, 1re partie, page 325.
S. ch. — Collection du même recueil refondue par ordre chronologique jusqu'en 1830 inclus.
T. — Tribunal (les mots qui suivent, s'il y a lieu, indiquent la nature de ce tribunal: civ., correct., de paix; dans les villes où il n'existe pas de Cour d'appel le nom seul de la ville désigne le tribunal civil).
T. A. — Table alphabétique.
V. ou *Voy.* — Voyez.
V. cep — Voyez cependant.
Vo — Verbo, au mot.

INTRODUCTION

Quand on jette un coup d'œil sur le vaste ensemble de la législation et de la jurisprudence, l'immense variété de l'objet frappe l'esprit d'étonnement. Régler, par des dispositions précises, les droits et les obligations sociales des personnes de tous rangs et de toutes professions : des individus considérés isolément ou dans la famille, des époux entre eux, des parents et des enfants, du Chef de l'Etat et de ses Ministres, des fonctionnaires et des citoyens, de l'Etat, des communes et des établissements publics, des nations dans les rapports extérieurs ; pour sanctionner ces obligations, instituer des autorités de toute espèce, civiles et militaires, administratives et judiciaires ; édicter des peines ; déterminer les formes de la procédure ; établir des impôts et réglementer les finances publiques ; constituer le droit de propriété et ses démembrements ; fixer les limites du domaine public et du domaine privé ; organiser la police des cultes, de l'enseignement, de la publicité, des voies de communication, des transports, des chemins de fer, de la navigation, des eaux, de la chasse et de la pêche, des mines et des forêts, de la santé et de l'assistance publique ; régler les formes de tous les actes publics ou privés, de consentement ou d'autorité ; déterminer les conditions et les effets des conventions et des contrats, des ventes et des sociétés, du prêt et du louage, des donations, des testaments et des successions, des travaux publics et des expropriations de toute espèce ; poser même des bornes à la force et à la violence déchaînées dans les fureurs de la guerre : — quel immense champ découvre un tel horizon, à n'examiner même que les sommets de la science ! Et si on passe aux détails, depuis les subtiles questions touchant les servitudes, la mitoyenneté ou la quotité disponible, jusqu'à ces nomenclatures si variées des établissements insalubres et des catégories de patentables, et encore jusqu'aux détails si complexes et si mobiles de la législation scolaire, militaire, ou du travail manuel, que de difficultés à résoudre, que de combinaisons de principes, de textes et d'arguments, que de règlements et de prescriptions, dont le nombre presque infini est de nature à faire fléchir la mémoire la plus sûre et à lasser la patience la plus éprouvée !

Utilité d'une nouvelle synthèse

Et cependant, le véritable jurisconsulte et le juge accompli ne doivent ignorer ni l'ensemble, ni les détails de la science juridique[1]. Aussi les ouvrages généraux ou spéciaux sur toutes les matières du droit se sont multipliés à l'infini[2], fouillant tous les recoins de l'immense palais de la justice. En même temps des recueils célèbres, comme ceux de Sirey et de Dalloz, le *Journal du Palais*, la *Gazette des Tribunaux*, succédant à d'anciennes compilations, rassemblent périodiquement les principales décisions des juridictions nouvelles, pour servir de commentaire à la loi et de guide à la solution des difficultés ultérieures. Mais le nombre effrayant de ces matériaux, entassés par plusieurs siècles d'études et d'arrêts, écraseraient de leur poids les épaules les plus robustes, et répandraient la confusion et le trouble dans les esprits les plus déliés, si des œuvre synthétiques de la plus haute valeur n'étaient venu condenser et ranger les détails sous les principes, permettant ainsi la lecture frutueuse de tant de documents. A l'imitation des Domat et des Pothier, d'illustres jurisconsultes modernes ont tenté ou réalisé la synthèse totale ou partielle de l'ensemble du droit : il faut citer ici les noms de Merlin, de Dalloz, de Demolombe, d'Aubry et Rau, de Laurent, de Baudry-Lacantinerie et de ses collaborateurs, pour ne parler que des plus célèbres.

Mais les œuvres de ces savants et d'une foule d'autres, ou bien revêtent exclusivement la forme alphabétique, ou bien ne sont relatives qu'à une partie du droit, la plus importante il est vrai, le droit civil. Il n'existe à notre connaissance, aucun auteur qui ait tenté de réunir tout le droit, tous les textes, toute la doctrine, toute la jurisprudence, dans un traité unique, dont les principes et les détails soient liés ensemble de manière à

1. *Incivile est nisi tota lege perspecta..., judicare vel respondere.* L. 24. *de legibus*, D. 1. 3.

2. Voy. notamment les notices biographiques des Recueils de Dalloz et de Sirey, et le Catalogue bibliographique de la librairie Marchal et Billard.

former un seul tout. Les publications actuelles, telles que le *Répertoire du droit Français* et les *Pandectes Françaises*, si excellentes qu'elles soient, sont toutes conçues dans le même esprit que les précédentes, et laissent subsister la même lacune.

Nous venons essayer ce que d'autres avant nous auraient cent fois mieux exécuté que nous même. Si la patience, la réflexion, la méditation prolongée pendant de longues années, jointes au désir d'être utile, paraissent des excuses suffisantes, le public voudra bien nous pardonner une audace et une témérité, dont nous ressentons vivement tout l'embarras. Quant aux auteurs, dont les impérissables modèles nous ont précédé, nous n'avons besoin, vis à vis d'eux, d'aucune excuse. On trouvera ici, en effet, beaucoup moins, un immense tableau qu'un vaste cadre, beaucoup moins un ouvrage achevé et parfait qu'un instrument de travail. Nous n'avons pas la prétention ridicule et impuissante de remplacer les savants traités, les dictionnaires encyclopédiques, les répertoires volumineux, en un mot tous les grands ouvrages qui illuminent la science du droit : notre but, beaucoup plus modeste, et par là même un peu plus à la portée de nos forces, consiste à essayer une œuvre qui rende la consultation et la fréquentation de nos maîtres en jurisprudence plus facile, plus prompte et plus utile.

Il n'en est pas moins vrai que, même dans cette limite, l'essai actuel ne manque pas de nouveauté, tant par le nombre des matériaux mis en œuvre, que par la méthode employée pour leur coordination.

Documents reproduits ou analysés

Sous une forme aussi précise que possible, nous avons, sur chaque sujet et sur chaque question, commenté ou analysé les textes, la doctrine et la jurisprudence.

A l'exception des dispositions transitoires et temporaires, n'ayant plus d'intérêt actuel, les textes en vigueur ont été reproduits intégralement, de manière à justifier ce titre de *Code Général* donné à l'ouvrage. En réalité, rien ne remplace les textes, et ils peuvent à la rigueur suppléer à tous les commentaires. C'est sur les textes eux-mêmes, et sur les textes seuls, que sont basées les décisions des tribunaux ; ce sont eux que le jurisconsulte doit toujours relire avant de formuler son opinion. Ils sont préférables, et à l'exposé des motifs, et à la discussion de la loi, et aux arguments des docteurs, attendu qu'ils expriment seuls la volonté du législateur, la seule souveraine, la seule qui doive recevoir son exécution. Avec les textes bien compris et bien combinés, tout le reste est superflu, s'il ne sert à les expliquer et à leur donner leur véritable sens. Il faut donc les avoir sans cesse sous les yeux ; il est d'autant plus essentiel de les reproduire en entier qu'ils contiennent le germe des solutions futures, et qu'ils servent de base aux principes et à la doctrine, de pièce justificative aux arguments, et de correction aux erreurs, dont nul ne peut se flatter qu'un commentaire soit toujours exempt. Les séparer de leurs explications, c'est enlever à une œuvre toute forme et toute autorité scientifique.

Mais le texte serait souvent incompréhensible, quelquefois même dangereux, s'il n'était pas accompagné de l'exposé des principes sur la justice et le droit. On ne peut supposer, en effet, que le législateur ait voulu l'injustice. Les règles immuables de la morale philosophique, adoptées par tous les peuples civilisés et consacrées par les ouvrages des plus savants publicistes, doivent donc être mises à contribution, en vue d'expliquer le sens de la loi, d'en développer la portée et d'en resteindre même l'étendue apparente, si l'application en devenait fortuitement et formellement injuste. *Il n'y a pas de droit contre le droit* ; et si un texte quelconque, dans une de ses déductions imprévues, arrivait à frapper un innocent ou à dépouiller sans motif le vrai propriétaire, la grande loi, inscrite dans tous les cœurs et proclamée dans toutes les législations, arrêterait au passage le coup involontaire dont la légalité, fille de l'homme, frapperait le droit, pure émanation de la nature et de la divinité.

De même, le sens de la portée des textes serait difficile à saisir, si on ne les rapprochait de leurs origines historiques. Il sera donc nécessaire de recourir souvent au droit romain et au droit canon, aux coutumes et aux ordonnances ; mais cette voie, d'abord hérissée d'obstacles, a été tellement aplanie par les travaux éminents des jurisconsultes modernes, que le voyageur le moins audacieux n'a guère plus aucun mérite à la parcourir.

Après le vrai sens des textes, interprétés à l'aide de la raison et de l'histoire, il restera à exposer et à résoudre les principales controverses que la combinaison des textes entre eux ou des principes avec les textes, ou plutôt leur contradiction apparente ou leur lutte réelle, ont depuis longtemps soulevées sur toutes les matières du droit. Ici, le chemin à suivre se trouve éclairé par deux grandes sources de lumière : la doctrine et la jurisprudence. L'une et l'autre sont d'une immense étendue et la vie entière d'un homme serait insuffisante à les épuiser. Il est cependant indispensable d'indiquer leurs solutions dans les notes très succintes, relatives aux auteurs et aux arrêts, aux circulaires et aux instructions administratives. On a constamment éliminé les longues dissertations, dont la place est toute marquée dans les mémoires, les consultations et les plaidoiries. Un format réduit a pu renfermer ainsi des solutions plus nombreuses ; et le lecteur n'a plus qu'à consulter les documents cités en note, pour y trouver le développement de la controverse, et les arguments favorables ou contraires à la solution énoncée au texte. On s'est même borné à citer sur chaque question importante deux ou trois des auteurs les plus autorisés, en signalant toujours avec le plus grand soin la doctrine contraire à celle qui a reçu notre assentiment. Mais quant aux arrêts de la Cour de cassation, on les a tous indiqués, afin de rendre un juste hommage à la logique admirable et à l'irréfragable autorité de la Cour suprême. Les décisions du Conseil d'Etat ont été également analysées, aussi exactement que possible. Une place a même été réservée aux documents parlementaires, c'est-à-dire aux projets et aux propositions de lois, qui se sont multipliés depuis vingt ans, sous des inspirations diverses. En analysant ainsi les documents les plus actuels et les plus pratiques, on est sûr de donner à chaque question le juste développement qu'elle mérite, et d'aboutir à une synthèse complète du droit.

Motifs de l'ordre suivi

Les textes, les principes, les explications, la doctrine, la jurisprudence : tels sont les matériaux à mettre en œuvre et à condenser ici sous la forme la plus précise possible. Mais pour atteindre effectivement ce but, l'ordre et la méthode sont du plus grand intérêt.

Faut-il suivre l'ordre même des codes, l'ordre chronologique des lois, ou de ces divisions qui paraissent consacrées par l'usage : droit privé, droit public, droit civil, droit commercial, droit pénal, procédure, droit administratif, droit international, etc. ? Après de longues méditations, aucune de ces méthodes ne nous a semblé satisfaisante.

L'ordre simple du commentaire empêche de rapprocher les textes semblables, expose à des répétitions nombreuses, et se trouve incompatible avec la forme du Code général, et du traité complet que nous voudrions offrir au public. Quant aux divisions usuelles des matières du droit, telles qu'elles sont développées partout, elles ont depuis longtemps, à nos yeux, le grave inconvénient de séparer des sujets qui, dans la réalité des faits et dans les applications de la pratique, se trouvent toujours réunis. Considérons, par exemple, l'un des actes les plus usuels, tel que le partage : si on expose séparément, suivant la méthode habituelle, le droit civil et la procédure, le même acte fera l'objet des deux traités, incomplets l'un et l'autre, où les renvois et les répétitions fatigueront inutilement l'attention du lecteur. N'est-il pas préférable de traiter à la fois du fond, de la forme, des effets, de l'inefficacité et des modalités de chaque acte, avec ses dépendances et ses accessoires, timbre, enregistrement, transcriptions, notifications, preuve, pénalités et procédure ? Le traité devient ainsi plus réel, plus concret et plus vivant ; l'esprit saisit mieux le sujet ; les répétitions inutiles sont moins fréquentes, et la théorie et la pratique, s'éclairant l'une par l'autre, viennent se prêter un mutuel appui. On n'a plus seulement sous les yeux la reproduction d'une pièce anatomique, mais la description complète d'un être vivant.

Il ne faut pas se dissimuler que cette méthode est peu conforme à la division de nos codes et de nos lois ; toutefois, elle est si bien adaptée à la nature des choses, que nos codes et nos lois, tout en ayant admis un principe contraire, sont très souvent obligés de revenir à cette disposition naturelle ; ainsi le code civil, qui ne devrait s'occuper que du fond du droit, contient une foule de dispositions accessoires sur la procédure et la répression de certaines infractions [1] ; le code de procédure n'est pas sans renfermer des dispositions civiles et pénales [2] ; et le code de commerce a été plus d'une fois contraint d'empiéter sur la procédure et la pénalité [3] : tellement il est difficile de séparer ce que la nature même a réuni !

Si on s'écarte ainsi, avec de justes motifs et d'une manière utile, des sentiers battus, quelle sera la voie qu'il conviendra de suivre ? Nous pensons qu'en modifiant les divisions ordinaires, et en leur donnant une nouvelle portée, avec une dénomination nouvelle, il y a lieu d'élargir en même temps leurs cadres, afin d'y comprendre toutes les matières du droit, sans aucune exception. Or, si on jete un coup d'œil général sur toutes ces matières, depuis les lois qui organisent les autorités publiques et les droits privés de tous les citoyens, jusqu'à celles qui transmettent le pouvoir à tel ou tel individu en particulier, on comprend facilement qu'il est possible de les classer et de les échelonner suivant le degré de plus en plus élevé de leur extension.

En effet, les lois, décrets et réglements qui sont relatifs à un seul indi-

1. V. Civ. 99 à 101, 156 et 157 ; 192 et 193, etc. ; 492 à 498, 822 et suiv., 1444 et 1445, 2193 à 2195, 2204 à 2218, etc.

2. V. Pr. civ. 23 et suiv. ; 89 à 92. etc

3. V. Com. 65 à 70, 440 à 442, 580 à 583, 604 à 648 etc. ; 504 à 600, etc.

vidu, tels que nominations, mutations, concessions de pensions et autres actes semblables, occupent le dernier degré de l'échelle, et sont ceux qui présentent le moins d'intérêt. A un rang supérieur se placent les actes, qui, faisant abstraction des individus, s'appliquent à une localité, à une région déterminée, et à tous ceux qui l'habitent ; tels sont les usages et les arrêtés locaux, les lois, particulières à tel ou tel département, les traités spéciaux à telle ou telle nation. Un degré plus élevé comprend les actes de l'autorité qui, faisant abstraction à la fois des individus et des localités, s'attachent à certaines catégories de personnes ou d'intérêts, en quelque endroit que les unes et les autres soient situés : telles sont les lois relatives aux établissements publics et aux intérêts collectifs de l'ordre intellectuel ou de l'ordre matériel. Enfin à la première place figurent toutes les lois qui, ayant une extension encore plus grande, intéressent la généralité des personnes physiques ou morales, fixent leurs droits, leurs obligations, et les différentes espèces de titres, avec la procédure et les pénalités. Et comme il importe, pour procéder avec méthode, de passer du connu à l'inconnu, du général au particulier, comme la simplicité des idées est en raison directe de leur extension, il convient de classer ces quatre parties de la manière suivante :

1re PARTIE. — Droit général.
2e PARTIE. — Droit spécial.
3e PARTIE. — Droit local.
4e PARTIE. — Droit individuel.

Principales divisions et subdivisions

Essayons de dessiner un peu plus nettement les contours de ces grandes divisions, en précisant leurs objets distincts, et en indiquant les principales subdivisions.

Nous venons de dire que la *première partie* est relative au droit général, c'est-à-dire aux règles qui intéressent toute personne ou toute chose, abstraction faite de sa catégorie, de sa situation, de son individualité. Cette première partie correspond à la division si connue sous le nom de *droit privé,* à la condition qu'on ajoute à celle-ci l'exposé de toutes les règles nécessaires pour donner à un droit privé son effet complet et absolu, et qu'on en détache toutes les explications qui font l'objet du droit international privé. Il y est donc traité du droit en général.

Or, pour atteindre son but, qui est la jouissance ou la possession d'un objet matériel ou intellectuel, tout droit, considéré à un point de vue général, rencontre trois obstacles de la part de ceux qui sont tenus de l'obligation corrélative, savoir : le doute de l'esprit ; la contestation formelle ; la résistance physique. Pour obtenir l'objet du droit, il faut donc dissiper l'obscurité qui l'environne, imposer silence aux prétentions contraires par une déclaration publique et autorisée, vaincre la résistance par l'emploi légitime de la force sociale organisée à cet effet.

Dans la première partie, on examinera donc le droit à ces trois degrés différents. De plus, on y fera l'analyse des formes principales et des fondements les plus ordinaires des droits, ainsi que celle des droits et titres de famille, qui intéressent nécessairement tout membre de la société humaine.

Cette partie se trouvera ainsi divisée en six livres, savoir :

1° Droits sociaux, ou éléments et conditions de l'existence sociale et juridique des droits, pouvoirs et obligations ; actes, institutions sociales, contrats en général.

2° Procédure déclarative, c'est-à-dire déclaration publique et exécutoire des droits et obligations par les différentes juridictions de droit commun ;

3° Différentes espèces de droits : droits de l'homme, propriété, usufruit, servitudes, hypothèques, gage et sûretés de toute espèce ;

4° Différentes espèces de titres onéreux ou gratuits : ventes, partages, louages, prêts, sociétés, successions, donations et testaments ;

5° Droits et titres de famille : mariage, parenté, tutelle, incapacité ;

6° Exécutions forcées des droits, et procédures organisées à cet effet. Ce troisième degré de l'efficacité du droit est renvoyé après les différentes espèces de droits et de titres, attendu que l'exécution forcée s'obtient souvent au moyen d'une vente, et qu'il devient par suite nécessaire d'exposer les principes de la vente en général, avant de développer les règles spéciales aux ventes forcées.

Les explications de la première partie concernent donc le droit en général, abstraction faite de sa place dans les associations publiques, tant principales que subordonnées. La *seconde partie* considère, au contraire, le droit dans ses rapports avec les divers éléments de la société publique organisée : fonctions publiques, Etat, communes, intérêts collectifs. Il y a lieu de la diviser aussi en six livres savoir :

1° Fonctions publiques de toute espèce, au point de vue de leur organisation intime et détaillée, traitements, pensions, récompenses publiques.

2° Armées de terre et de mer ;

3° Etablissements publics ou d'utilité publique : Etat, communes, finances, impôts, travaux publics ;

4° Intérêts collectifs de l'ordre intellectuel : cultes, enseignement, presse ;

5° Intérêts collectifs de l'ordre matériel : voies de communications, chemins de fer, chasse, pêche, mines, eaux, bois et forêts, agriculture, industrie, commerce ;

6° Extranéité et relations avec les personnes, les choses ou les Etats étrangers ;

La *troisième partie* comprend le droit local. L'ordre analytique n'a pas ici le même intérêt, et pour la facilité des recherches l'ordre alphabétique peut être employé avantageusement. Cette partie comprend quatre livres, dans chacun desquels les matières sont distribuées sous forme de dictionnaire.

1° France : législation locale en vigueur dans les anciennes provinces, à Paris et dans les départements.

2° Algérie ;

3° Colonies et protectorats ;

4° Pays étrangers, avec application à chacun d'eux des traités et conventions qui règlent ses rapports avec les personnes, les choses ou l'Etat Français.

Il va sans dire que le droit local ne peut comprendre que les documents émanés de l'autorité centrale : les arrêtés préfectoraux ou municipaux, propres à chaque région, ne pouvaient y trouver place, sans augmenter indéfiniment et inutilement les proportions matérielles de cet ouvrage.

La *quatrième partie*, relative au droit individuel, comporterait naturellement deux subdivisions :

1° Droit intéressant certains établissements publics ou certaines sociétés de mines, d'assurances, de chemins de fer, et ainsi de suite, ayant une personnalité spéciale ;

2° Droit spécial à certains individus : élections, nominations, promotions, exequatur, etc.

Cette seconde subdivision manque totalement d'intérêt pour le public : il suffit donc de renvoyer sur ce point aux tables même du *Bulletin des lois*.

Quand à la première, elle intéresse un plus grand nombre de personnes ; elle peut même intéresser le public. A ce dernier point de vue, il en sera question à l'occasion des matières générales, spéciales ou locales, auxquelles ces établissements se rapportent, mais sans qu'il y ait lieu d'augmenter d'une quatrième partie les trois divisions principales du présent ouvrage, l'intérêt de ces documents très nombreux étant trop restreint.

En suivant les dispositions qui précèdent, avec quelque soin, on est sûr à la fois, et d'enfermer, dans un cadre unique, toutes les matières du droit, et d'éviter les graves défauts de méthode si habituels dans les codes, les lois, et ce qui est plus grave, dans les ouvrages eux-mêmes, où les solutions de détail sont exposées avant les prescriptions générales qui les justifient : de telle sorte que les traités les plus clairs, les plus lumineux et les plus précis, deviennent parfois d'une lecture difficile. Pour éviter ces défauts, nous n'avons pas essayé de plier, dans cet ouvrage, les prescriptions légales à des divisions préconçues et simplement inventées *à priori* ; nous avons, au contraire, fait des efforts pour adapter les divisions aux multiples dispositions de nos lois, jugeant qu'il est bien plus raisonnable de faire le cadre pour le tableau, que de rogner, froisser et détériorer le tableau, en vue de le faire tenir dans un cadre trop étroit. Il a fallu, à cet effet, beaucoup d'essais et de tâtonnements, beaucoup de modifications, de changements et de transpositions. Faut-il s'en étonner ? L'esprit humain (du moins dans les intelligences communes) n'arrive à peser exactement la valeur des idées et des faits contingents, qu'après des hésitations d'assez longue durée ; il est obligé de réfléchir et de délibérer, semblable à une balance très sensible qui oscille quelque temps avant d'indiquer le poids exact.

Disposition typographique, formules, tables et citations

Mais ce n'est peut-être pas assez de distribuer les idées de la manière qui paraît la plus logique et la plus pratique : il importe aussi de ne pas négliger la disposition typographique, et de compléter l'ouvrage au moyen de formules et de tables.

Afin de placer continuellement sous les yeux des lecteurs le texte de la loi, sans interrompre le cours des explications par des coupures trop fréquentes, il nous a semblé utile de reproduire le texte au bas des pages, de manière à séparer nettement ces deux parties, et à les mettre néanmoins en telle corrélation, qu'il soit toujours possible de les compléter l'une par l'autre. Les notes proprement dites, placés entre ces deux parties, contiennent les indications relatives à la doctrine et à la jurisprudence.

Des formules et des tables sont nécessaires à un long ouvrage. Les formules, cette main ouverte qui découvre les secrets de la main fermée, sont mises en corrélation avec les textes et leurs explications, de manière à les compléter et à y trouver elles-mêmes leur développement. Les tables de trois espèces, — analytique, pour les divisions de chaque volume ; chronologique pour les codes, lois, décrets, règlements, décisions de toute espèce; alphabétique, pour les différentes matières traitées, — permettent de retrouver facilement le texte, la jurisprudence, les commentaires, les questions contestées, et les solutions qu'elles reçoivent. Nous ne dirons qu'un mot du soin, de l'attention et du travail employés à la confection de ces tables. Nous les avons considérées comme la clef de l'édifice et des richesses empruntées qui y sont accumulées. Elles présentent les lois et le droit tout entier sous leurs trois seuls aspects usuels et possibles : la forme synthétique du traité, la forme chronologique des *Codes annotés,* et la forme alphabétique des *Répertoires.*

Quant aux citations d'arrêts, on renvoie pour chacun d'eux aux recueils les plus usuels, *Sirey*, *Dalloz* et *Gazette du Palais :* seulement, lorsque plusieurs arrêts sont relatifs à une seule et même question, on a limité les renvois aux plus récents d'entre eux, attendu qu'il est facile de retrouver les autres, soit avec leurs dates et les tables chronologiques des recueils, soit avec les renvois des recueils mêmes qui sont cités.

Tel est le vaste programme que nous avons tenté de remplir. Si jamais entreprise mérita indulgence, c'est bien celle-ci ; nous la demandons au public, et nous avons essayé de la mériter, en n'apportant à cette publication d'autre sentiment et d'autre mobile que la passion de la Justice et l'intérêt de la Patrie.

PREMIÈRE PARTIE

DROIT GÉNÉRAL

LIVRE I

DE L'EXISTENCE SOCIALE DES DROITS ET OBLIGATIONS

1. Pour exposer, d'une manière complète, les conditions de l'existence sociale des droits et des obligations, il est nécessaire de les considérer dans leur nature, dans leurs sanctions, dans leur milieu, dans leur expression et dans leurs causes.

La nature *des droits et obligations sociales* se manifeste dans l'examen de toutes les questions générales, qui se rattachent aux droits et obligations, indépendamment de leurs causes, de leurs titres et de leurs espèces. Lois, actes, preuve, action, restitutions, réparations, droits généraux des créanciers contre leurs débiteurs : tels sont les principaux points de vue qui déterminent la nature des droits en général et qui seront examinés dans le titre I, de manière à grouper dans un ordre logique, tous les principes primordiaux qui président à la science du droit. Il n'y sera pas question des consentements et des contrats, attendu que les obligations peuvent exister en dehors de tout consentement juridique : ce consentement constitue seulement l'un de leurs titres les plus importants et l'une de leurs causes principales, comme il sera dit ci après [1].

Mais si on peut concevoir le droit sans un consentement juridique, il n'y a pas de droit social sans une sanction de même nature, qui se produit de deux manières. En effet, certaines prescriptions trouvent leur sanction dans la privation du droit, auquel l'existence est déniée, faute de l'accomplissement des conditions prescrites : cette sanction intrinsèque fait partie de la nature même du droit et se rattache ainsi au titre I. Mais très souvent la sanction des droits est extrinsèque, et dérive de pénalités attachées aux infractions commises. Ce sujet important est compris sous le titre II, où il est traité *des infractions et des peines*, à un point de vue général.

Malgré les pénalités prononcées par la loi, ses prescriptions de toute

1. V. n. 436 et ss.

espèce ne seraient que comminatoires et sans efficacité réelle, si des autorités publiques n'étaient chargées d'interpréter les lois, après les avoir édictées, de déterminer les obligations dans chaque cas particulier, et de les faire exécuter par la force. En d'autres termes, le droit social n'a d'existence réelle que dans un milieu social, c'est-à dire au sein d'une société organisée à l'effet de le protéger. Il y a donc lieu d'exposer, dans ce livre, les éléments, la composition et les attributions des différentes *institutions juridiques*. Ce sera le sujet du titre III.

Ce troisième titre compléterait les conditions générales de l'existence sociale des droits si, dans toutes les sociétés qui ont atteint un certain degré de civilisation, et qui veulent donner au droit toute sa force et toute son irréfragabilité, l'existence n'en était affirmée et protégée dans des actes de toute espèce, qui en contiennent la formule et l'expression écrite, afin de mieux en assurer l'exécution. Le titre IV aura pour objet les *actes et les formalités* en général.

Quand aux causes ou sources des droits et obligations, elles sont excessivement nombreuses. Toutefois, les causes générales avaient été ramenées à cinq par les jurisconsultes romains, dont la doctrine est rappelée dans l'art. 1370 [a] du code civil, savoir : le contrat, le quasi-contrat, le délit, le quasi-délit et la loi [2]. Mais le délit et le quasi-délit se rattachent nécessairement, ou à la nature même des droits et obligations, ou aux infractions et aux peines, qui forment le sujet des titres I et II. Il ne reste donc plus, comme sources générales des obligations, que le contrat (avec le quasi-contrat, qui en est une dépendance et un accessoire [3]) et la loi, soit

2. Inst. III, 13, *de Obligat.* § 2 ; L. 52, *de Obligat.* D. 44. 7. — V. sur les inexactitudes de rédaction de l'art. 1370, Marcadé, sur ce texte ; Laurent, xx, 305 à 307 ; Baudry-Lacantinerie, II, 650-651.

3. V. n. 518 et ss.

a. *Civ.* **1370**. Certains engagements se forment sans qu'il intervienne [486 2] aucune convention, ni de la part de celui qui s'oblige, ni de la part de celui envers lequel il est obligé.

Les uns résultent de l'autorité seule de la loi, les autres naissent d'un fait personnel à celui qui se trouve obligé [518].

Les premiers sont les engagements formés involontairement, tels que ceux entre propriétaires voisins, ou ceux des tuteurs et des autres administrateurs qui ne peuvent refuser la fonction qui leur est déférée.

Les engagements qui naissent d'un fait personnel à celui qui se trouve obligé, résultent ou des quasi-contrats [518], ou des délits ou des quasi-délits [66] ; ils font la matière du présent titre.

1. Division.

en tout deux sources principales seulement. En les généralisant, et en les complétant par leurs accessoires, on est amené à former les sujets des trois derniers titres de ce livre savoir : titres V, *consentements et contrats ;* titre VI, *mandat et dépôt*, qui sont des contrats accessoires à toute espèce d'actes, et surtout aux consentements ; titre VII, *actes* d'autorité proprement dits ; — les premiers émanant de la volonté privée ; les autres, *de la volonté publique.* Il faut observer cependant qu'il ne sera pas question dans le titre VII, de tous les actes d'autorité : en effet, ceux qui ont pour objet, non pas seulement l'existence, mais la déclaration des droits (ce sont les actes de juridiction) doivent être renvoyés au livre suivant.

2. Droit ;

TITRE I

DES DROITS ET OBLIGATIONS *

DÉFINITIONS PRÉLIMINAIRES

2. Le *droit* [1] est un pouvoir irréfragable fondé en raison, ou (en droit social) une faculté dérivant d'une loi sociale. Loin de se confondre avec la force physique, il est fondé sur la raison et sur l'ordre, et sa force subsiste malgré toutes les coercitions. De fait, il peut être méconnu et violé : il n'en est pas moins irréfragable ; et au point de vue de la raison, nul n'a

* **Bibliographie.** La théorie des droits et obligations est si essentielle à l'étude du droit, et influe tellement sur toutes les autres matières, que les traités concernant cet objet sont excessivement nombreux Il suffira d'indiquer les principaux, en les ramenant à cinq catégories :

1º Les Codes annotés (v. n. 13).

2º Les recueils généraux de jurisprudence : *Sirey*, *Dalloz*, *Pandectes françaises*, *Journal du Palais*, *Gazette des Tribunaux*, *Gazette du Palais*, *France judiciaire*, le *Droit*, la *Loi* ; et plusieurs recueils locaux. Chacune de ces collections est assortie de publications mensuelles, et de tables annuelles et décennales.

3º Les ouvrages généraux sur tout le droit, les plus importants publiés dans l'ordre alphabétique, savoir : les répertoires et dictionnaires de Merlin, de Dalloz, de Labori, de Carpentier et Frèrejouan du Saint (en publication) ; les Pandectes françaises (id) ; Bertheau (id) ; Ahrens, Domat, d'Hailly, Mirode, Larcher, Namur, Roussel, St-Bonnet.

4º Les ouvrages relatifs à l'ensemble du Code civil ou du droit civil (v. n. 14).

5º Les ouvrages spéciaux aux *obligations* : Pothier, Larombière, Poujol, Bousquet, Savigny, Demante, Accolas, Baudry-Lacantinerie et Barde.

Ces œuvres remarquables ont peut-être toutes le défaut de ne pas distinguer assez nettement les obligations en général des obligations conventionnelles : ce qui est une source d'équivoques et de difficultés.

1. Une certaine école allemande soutient que le droit a son origine dans la force (*Evolution du droit* par Rud. Von Ihering, trad. de de Meulenaere, Paris, Chevalier-Maresq, 20, rue Soufflot, 1 ; 1901). Est-ce pour justifier la maxime si connue et si odieuse : *La force prime le droit?*

le pouvoir d'en resteindre l'énergie native. Bien plus, la violence elle-même découvre toute la force du droit, en imposant à ses auteurs la nécessité morale de réparer leur attentat. Tel, un ressort infrangible, dont la compression révèle et augmente l'énergie.

A chaque droit, correspond un *devoir ou obligation.* L'obligation est la nécessité d'employer tel moyen pour arriver à une fin envisagée comme nécessaire ; ou, si l'on veut, une nécessité morale ou sociale fondée en raison. L'accomplissement de l'obligation est en même temps un droit, puisque ce serait violer le droit que d'empêcher l'exécution de l'obligation correspondante. D'un autre côté, l'exercice d'un droit, peut être quelquefois une obligation : par exemple, le droit d'élever ses enfants.

Considéré dans son origine, tout droit, avec son obligation corrélative, suppose à la fois, un sujet actif et passif, un objet et un titre dûment prouvé.

Le sujet actif du droit, de même que le sujet passif de l'obligation correspondante, se nomme *personne* : tel est principalement l'homme et les sociétés ou établissements qu'il a fondés. Nous appellerons *ayant droit* le sujet actif du droit, et *obligé* le sujet passif de l'obligation.

Une personne peut quelquefois être l'objet d'un droit : tel est un enfant soumis à la puissance paternelle ; tels aussi, les sujets d'un Etat.

L'objet de tout droit ou obligation, quand il a pour but exclusif l'utilité de celui qui le possède, se nomme *bien* : c'est une chose utile quelconque, ou un fait, ou une abstention, ou l'usage, ou la possession d'une chose, ou même un autre droit.

Enfin le titre, qui est le fondement du droit, dérive d'une loi et d'un fait.

On a défini la loi de bien des manières. Au fond, la *loi* est la formule générale des droits et obligations, ou encore, une règle générale de conduite imposée par la raison ou l'autorité sociale à la liberté humaine, en vue du bien commun.

Il n'y a pas de droit, il n'y a pas d'obligation réelle et concrète, sans un fait également réel et concret. Nous appelons *fait* ou *acte (quod actum est)* la volonté, l'action physique, la qualité ou la circonstance qui rend une loi applicable à un individu déterminé, et qui donne naissance à un droit et à une obligation. On peut dire avec beaucoup de raison : *Ex facto oritur jus.* Cette maxime a un sens à la fois très philosophique et très pratique : car elle avertit le jurisconsulte de considérer, avec la plus scrupu-

2. .... titre ; preuve ; leurs rapports. — 3. Actions ;

leuse attention, les circonstances particulières de chaque espèce, avant de prononcer sa décision.

Le fait, c'est tantôt le consentement, constaté ou non par acte, tantôt l'événement prévu ou imprévu, qui, combiné avec la loi, donne naissance à un droit ou à une obligation. Ce serait, en effet, une erreur grave et fondamentale [2], que de donner à tout droit un consentement ou un contrat pour origine et pour cause. Par exemple, il s'est trouvé chez moi, à mon insu, un objet appartenant à autrui : je dois le restituer à son maître ; et cette obligation est tellement indépendante de tout consentement, et même tellement contraire, qu'en le retenant volontairement et frauduleusement, je m'expose à des dommages et intérêts et à des peines [3].

La loi fixe le point de droit, et l'acte détermine le point de fait. La vérité renfermée dans la conclusion se nomme titre du droit.

Mais le titre serait inutile, du moins au point de vue social, si sa réalité n'était manifestée au dehors [4].

On appelle *preuve*, cette manifestation de la réalité du titre. Et comme, dans les diverses circonstances de la vie, la preuve ne peut toujours arriver à fonder une certitude métaphysique, on a dû se contenter de simples probabilités : de là est venue le nom même de preuve, *probatio*.

L'acte, le titre et la preuve ont des rapports tellement intimes, qu'on se sert souvent des mêmes mots pour signifier ces différents objets. Ainsi le titre, qui renferme implicitement l'acte, est souvent appelé du nom de l'acte qui lui donne naissance : exemple, acte de vente, de donation. On désigne encore assez souvent par acte ou titre, l'écrit *(instrumentum)* qui établit l'existence d'un acte et d'un titre, et en prouve la réalité [5]. D'autres fois, le mot titre sert à désigner seulement l'espèce de titre consistant dans un consentement [6].

3. Si la nécessité, qui fait partie des éléments du droit et de l'obligation n'était que morale, si le droit pouvait être ainsi impunément violé, il ne mériterait pas la qualification de droit social. Il a donc fallu que chaque société humaine mit à la disposition de ses membres, des moyens d'obtenir l'exécution de leurs droits, en les faisant reconnaître publiquement, et en employant la force et l'autorité sociales, pour exercer, sur l'objet du droit, un pouvoir physique conforme au pouvoir moral. Ces moyens se

2. V. Civ. 1370 (1 a).
3. V. n. 1693.
4. *Idem est non esse et non apparere.*
5. Civ. 1337 (527 a).
6. Civ. 690 (1767 a).

nomment *actions* ; et le droit pourvu d'une action est appelé *civil* ou social, parce qu'il est garanti par la société politique. De même, la loi qui en contient l'expression, est appelée loi *civile*.

Les actions tendent à faire reconnaître publiquement le droit au moyen d'un acte, qui se nomme *titre exécutoire*, et qui est revêtu d'une formule spéciale [1], par laquelle l'autorité publique ordonne à ses agents de faire exécuter le droit. Si l'obligé résiste, s'il refuse d'exécuter l'obligation et de consentir volontairement à la délivrance du titre exécutoire, l'obtention de ce titre ne peut avoir lieu que par voie de recours aux autorités judiciaires : ce qui suppose une demande bien fondée, présentée aux tribunaux, suivant les formes légales, et suivie d'une décision favorable.

La demande est fondée, sur un titre, c'est-à-dire sur une loi et un acte, en d'autres termes, sur un point de droit et sur un point de fait. On appelle *moyen* l'idée qui, servant à combiner le point de fait avec le point de droit, montre la réalité du titre, dont l'énonciation, en fait d'actions, est nommée *conclusion* [2] *(petitum)*.

La demande portée, suivant les formes légales, devant les juges compétents, se nomme *instance*, tandis que l'ayant droit et l'obligé présumés reçoivent respectivement les noms de *demandeur* et de *défendeur*. Pour le moment, ces simples définitions suffisent : on exposera plus loin les conditions et les conséquences des actions [3], avec leurs différentes formalités [4].

4. Les droits, les obligations et les actions, se divisent de plusieurs manières.

Et d'abord, les obligations sont *parfaites* ou *imparfaites*.

L'*obligation imparfaite*, ou devoir moral, est celle dont personne n'a le droit d'exiger l'accomplissement rigoureux, même dans le for intérieur. Elle est fondée sur la convenance et sur la charité, plutôt que sur la justice. Telle est l'obligation de faire l'aumône, et celle de se montrer reconnaissant envers un bienfaiteur.

L'obligation *parfaite* est celle dont une personne déterminée a le droit d'exiger l'accomplissement rigoureux, au moins dans le for intérieur. Telle est l'obligation de restituer le bien d'autrui.

L'obligation parfaite reçoit les qualifications de *naturelle* ou de *civile*,

1. V. n. 723.
2. Cpr. n. 875.
3. V. n. 56 à 58.
4. V. n. 836 et ss.

4. .... ou civiles ; positives ou négatives ; de donner, de faire ou de ne pas faire ; suivant qu'elle lie la volonté au for intérieur seulement; ou bien au for extérieur en donnant naissance à une action.

Il faut observer, à ce sujet, que la plupart des obligations sont à la fois naturelles et civiles, attendu qu'elles ont leur principe dans l'équité naturelle et qu'elles sont sanctionnées par la loi civile.

Mais quelques obligations sont purement naturelles : en effet, l'équité s'étend bien plus loin que la loi : *Non omme quod licet honestum est* [1]. Toutefois, l'obligation naturelle n'est pas attachée au simple sentiment des convenances, de la délicatesse ou de l'honneur : il ne dérive de là que des obligations imparfaites [2]. L'obligation naturelle est plus rigoureuse : elle suppose une question de probité et un engagement de conscience.

En principe, elle est simplement dépourvue de sanction civile et directe. Telles sont : l'obligation des pères et mères d'établir leurs enfants [3] ; les obligations civilement nulles pour vice de forme [4] ou par l'effet de la prescription [5] ; celles contractées par une personne qui n'est capable que naturellement [6]. Mais bien que directement dépourvues d'action, elles ne sont pas sans quelque efficacité civile. Ainsi on verra qu'elles peuvent être cautionnées [7], valablement exécutées [8], ou confirmés [9], et servir de cause à une obligation civile [10].

Par exception, certaines obligations naturelles sont réprouvées par la loi, comme faites au mépris de ses prohibitions d'ordre public : ainsi la partie du prix d'un office, qui a été déguisée, peut être réclamée, même après le paiement [11].

D'autres obligations sont purement civiles et n'obligent qu'au for extérieur : telles sont certaines obligations de responsabilité [12], et celles qu dérivent de quelques lois d'impôt [13].

Les applications de ces principes seront faites ultérieurement.

Sous un autre point de vue, les obligations sont positives ou négatives, suivant qu'elles consistent dans un fait ou dans une abstention, dans une action ou dans une omission.

On distingue aussi les obligations de donner, de faire ou de ne pas faire;

1. L. 144 *de reg juris*, D. 50. 17.
2. Aubry et Rau, § 297-2; — V. n. 519 [4] ; — V. cep. Grenoble 4 juin 1860 (S. 61. 2. 152).
3. Civ. 204 (3042 [a]).
4. V. n. 2828 [9].
5. V. n. 89 [1].
6. V. n. 506.
7. Civ. 2012 (1844 [a]).
8. V. n. 528 [19].
9. V. n. 528 [19].
10. V. n. 504 [2].
11. V. n. 4482.
12. V. n. 67.
13. V. n. 496.

4. .... droits réels et de créance ; droits civils et politiques ;

celles de la première espèce ont pour objet une substance, et les autres, un fait ou une abstention.

Mais la distinction la plus importante, en droit civil, est celle des droits réels et des droits de créance : moins générale que les précédentes, elle ne s'applique cependant qu'aux droits ayant pour objet une chose, à l'exclusion des droits d'autorité domestique ou publique.

Le droit réel *(jus in re,* droit *absolu)* est un droit opposable à tous, qui permet à l'ayant droit de tirer lui-même immédiatement d'une chose, tout ou partie de l'utilité qu'elle peut procurer. Le droit de créance *(jus ad rem* — s. ent. *consequendam,* — droit *personnel,* droit *relatif)* est le droit d'exiger une prestation, c'est-à-dire, un bien (chose ou fait), d'une ou plusieurs personnes déterminées. L'ayant-droit et l'obligé, relativement au droit de créance, se nomment spécialement *créancier* et *débiteur*.

Dans le droit réel, la chose qui est l'objet du droit est toujours individuellement déterminée : tandis que le droit de créance peut avoir pour objet une chose individuellement indéterminée.

La personne obligée par le droit réel est indéterminée, de telle sorte que ce droit est opposable à quiconque a quelque rapport avec la chose. Dans le droit de créance, au contraire, le débiteur est toujours déterminé, et ce droit ne peut s'exercer que contre lui.

De là vient que le titulaire du droit réel, peut réclamer son bien en quelques mains qu'il se trouve *(droit de suite)*, et de préférence à toute autre personne *(droit de préférence)* : au lieu que le créancier ne peut réclamer, à ce seul titre, ni droit de suite, ni droit de préférence.

De plus, le droit réel n'oblige que d'une manière négative ; le droit de créance impose souvent une obligation positive.

Il ne dépend jamais du créancier de transformer son droit en droit réel, en prenant une chose à l'estimation [14].

Malgré leurs différences, les droits de créances et les droits réels ont des rapports intimes. L'obligation correspondante au droit réel, pour devenir actuelle, doit se trouver dans un sujet déterminé, et devenir ainsi une obligation correspondante à un droit de créance. D'un autre côté, l'exécution d'un droit de créance, en éteignant ce droit, donne souvent naissance à un droit réel.

La distinction qui précède ne concerne, avons-nous dit, que les droits qui ont pour objet une chose : celle des *droits civils* et des *droits politiques*

14. Cpr. Cass. 13 mai 1817 (S. 17-1-227, D. A. 12. 858).

4. .... actions réelles personnelles et mixtes.

s'étend jusqu'aux droits d'autorité sur les personnes. En effet, les droits sont civils ou politiques, suivant qu'ils ont pour objet exclusif les intérêts privés de leur possesseur ou de sa famille, ou qu'ils touchent à l'établissement et à l'exercice de l'autorité et des fonctions publiques.

En ce qui concerne les actions, elle se divisent principalement, en *personnelles, réelles* et *mixtes*, suivant que le demandeur fonde sa prétention sur un droit de créance, ou se dit investi d'un droit réel, ou argumente à la fois, contre le défendeur, d'un droit réel et d'un droit de créance, comme dans l'action en délivrance d'un immeuble vendu [15].

Il sera question ailleurs des autres divisions des actions, en mobilières et immobilières [16], en pétitoires et possessoires [17]; celle qui précède est seule fondamentale.

Ces distinctions préliminaires posées, il y a lieu d'examiner, en quatre chapitres consécutifs, les conditions, — les effets, — l'inefficacité, — les modalités et les différentes espèces de droits et obligations. Cette division, qui comprend tous les différents aspects des droits ou des titres, et qui les suit dans leur développement naturel, se retrouvera, à chaque pas, dans les explications qui composent cet ouvrage, sans qu'il soit toujours utile de l'indiquer de nouveau.

---

15. V. n. 505 [7].
16. V. n. 595.
17. V. n. 1659.

4 *bis*. Double sens du mot loi.

CHAPITRE I

CONDITIONS DES DROITS ET OBLIGATIONS

Indépendamment des actions, dont il sera traité dans le chapitre suivant, et des sanctions extrinsèques auxquelles le titre II est consacré, on a déjà vu qu'il n'était pas possible de concevoir un droit ou une obligation civile actuelle, sans les conditions et les éléments ci-après, savoir : 1° une loi qui formule l'obligation d'une manière générale ; 2° des personnes qui en sont le sujet actif et passif ; 3° une chose qui en est l'objet ; 4° un acte qui détermine l'application de la loi à telles personnes et à tels objets ; 5° enfin une preuve qui manifeste la réalité du titre, c'est-à-dire du fondement du droit. Il y a donc lieu d'exposer successivement ces cinq conditions ou éléments des droits.

SECTION I

DE LA LOI *

4 *bis*. Le mot loi a deux acceptions différentes, qui sont souvent confondues dans les textes ou les commentaires, et qu'il importe cependant de distinguer, en vue de préciser la portée des explications suivantes.

Le premier sens est général, et l'expression désigne un règlement obligatoire en vue du bien commun, de quelque autorité qu'il tire son origine, pouvoir législatif, chef de l'Etat, ministre, préfet, ou autorité municipale.

Le second sens est spécial : et alors, le terme de loi indique le règlement général et obligatoire qui émane du pouvoir législatif.

Il ne sera ici question de la loi que suivant la première de ces significations, les explications spéciales à la seconde devant être renvoyées aux différents actes d'autorité [1].

* **Bibliographie**. Indépendamment des ouvrages généraux (v. note * avant n° 2), consulter les traités spéciaux des auteurs modernes : Bourgade, Brocher, Delisle, de Folleville, Mailher de Chassat, de Portal, Rivière, Roels, Rougelot de Liancourt, Rousset, Valette et Benat Saint-Marsy, Ymbert.

1. V. n°s 693 et ss.

5. Loi ; usage ou coutume ; forme de la loi ;

§ I. – Conditions de la loi

5. En aucun temps et en aucun lieu, la loi, quels qu'en soient les auteurs, ne doit être contraire aux préceptes du droit naturel [1]. Elle a toujours en vue le bien commun. Elle régit l'avenir, l'obligation, le devoir, ce qui doit être ; et la règle générale qu'elle formule à cet effet statue seulement sur les cas ordinaires, et ne peut décider tous les cas particuliers [2].

En France, la loi a actuellement ce caractère commun, qu'elle est toujours l'expression de la volonté, formelle et immédiatemment impérative, d'une autorité constituée avec des pouvoirs spéciaux ; et qu'en principe, l'usage ou la coutume n'a pas force de la loi. L'usage ou coutume [3] est une règle qui s'est introduite peu à peu par l'approbation implicite que son application a reçu des membres de la société.

La coutume était l'un des principaux éléments de l'ancienne législation française ; et elle a procuré à la législation actuelle un nombre immense de solutions précieuses [4]. Elle a d'ailleurs plusieurs avantages, et de graves inconvénients. Analysée de près, elle émane du suffrage direct et éclairé des intéressés, elle est véritablement l'expression non alambiquée de la *volonté générale* [5], c'est un *referendum* permanent, qui se plie à toutes les circonstances et à toutes les variations appréciables de l'esprit public. Mais elle a l'inconvénient très grave d'être mal définie, à moins qu'une rédaction périodique ne vienne la préciser [6].

Aujourd'hui, bien que l'usage n'ait plus, en principe, force obligatoire, il tient lieu de loi, néanmoins, en matière de droit des gens [7], de ventes et opérations commerciales [8], et même sur plusieurs matières civiles, au sujet desquelles la loi consacre formellement son autorité [9].

1. L. 8, *de cap. minut.* D. IV, 5 ; Cpr. Laurent, *Droit civil*, I, 3.
2. L. 3, *de legibus*, D. I, 3.
3. D'après certains, l'usage ou coutume, c'est tout un (Merlin, Rép. v° *Voisinage*, § 4, n. VI, p. 635 de la 4e édition ; d'après d'autres, l'usage se distingue de la coutume, en ce qu'il n'a pas été, comme celle-ci, officiellement rédigé par écrit (Merlin, Rép. v° *Usage* § 1.)
4. V. Laurent, Introd. n° 22 et suiv. — Sur l'interprétation des anciennes coutumes, voy. Cass., 29 déc. 1829, 18 fév. 1840 (S. 40 1. 783, D. 40. 1. 135) ; Paris, 10 pluv. XII.
5. *Quid interest suffragio populus voluntatem suam declaret, an rebus ipsis et factis?* L. 32, § 1, *de legibus*, D. I, 3. V. Décl. 4 août 1789-6 (693 a).
6. V. sur la preuve et l'autorité des anciens usages, n. 697.
7. V. n. 7901, 7903.
8. V. n. 2119 ; Av. C. d'Ét. 13 déc. 1811. — V. aussi sur les usages du commerce, n. 14 *bis*.
9. V. notamment Civ. 590, 591, 593, 671, 674, 1159, 1160, 1648, 1736, 1745, 1748, 1754, 1757, 1759, 1762, 1777. — Sur les usages du barreau, v. O. 20 nov. 1822-45 (346 a).

5. ... publication.—**6.** Interprétation des lois ; grammaticale ; logique ; arguments ;

Pour avoir sa forme et produire ses effets, la loi doit être à la fois édictée et promulguée.

Les autorités qui édictent la loi étant de plusieurs espèces, les formes qu'elles emploient sont également différentes. Ces conditions de forme seront expliquées sous le titre des actes d'autorité [10].

Considérée dans ses rapports avec les membres de la société, la loi doit être promulguée et publiée : *Lex non obligat nisi promulgata* [11]. Et en effet, comment la volonté pourrait-elle être liée, si la vérité exprimée dans la loi n'avait pas été mise auparavant à la portée de l'intelligence ? Cette règle ne concerne pas seulement les lois qui imposent des obligations : celles qui paraissent ne concéder qu'une permission ou une faculté, ne sont également susceptibles d'exécution que du jour où elles ont été publiées, attendu qu'à l'exercice d'une faculté ou d'un droit quelconque, correspond toujours une obligation [12].

Quand aux formes de la promulgation et de la publication, elles sont également différentes suivant l'autorité qui a édicté la loi [13].

6. Pour obtenir tout son effet, et pour être exactement appliquée, la loi doit souvent être interprétée*. Interpréter une loi, c'est en expliquer le sens et en faire connaître les différentes conséquences. On parvient à ce double but au moyen de l'interprétation grammaticale, et de l'interprétation logique.

La première fait connaître le sens des mots et des phrases renfermées dans une disposition légale. Elle dépend de la terminologie employée par le législateur, et des usages de la langue dans laquelle est écrite la loi. Elle se borne à définir les termes et à paraphraser les textes.

L'interprétation logique montre les conséquences de la loi. Elle en examine le texte et les motifs, pour en déduire les différentes applications.

Dans les applications immédiates du texte, on suit la maxime : *Ubi lex non distinguit, ibi non est distinguendum* [1]. On connaît surtout le sens

* **Bibliographie**. V. Gény, *Méthode d'interprétation et sources en droit privé positif* (S. 00. 6. 21). Cet auteur prouve que tout le droit n'est pas dans les codes et dans les lois, surtout quand on applique abusivement les textes anciens à des situations nouvelles.

10. V. n. 694 et ss.

11. Cass. 7 mars 1816, 15 avril 1831, 6 avril 1848 (S. 48. 1. 404, D. 48. 1. 93).

12. Laurent. I, 26 à 28. V. cep. Lyon 14 pluv. XII ; — et quant aux lois qui intéressent l'état des personnes : Av. C. d'Et. 26 déc. 1813, cité D. 38. 1. 331. — Cpr. cep. Rennes 14 juin 1819.

13. V. n. 695 et ss.

1. V. Cass, 24 fév. 1809 (S. 9. 1. 228, D. A. 8. 808) ; Alger, 27 mai 1887 (Rev. 87. 277).

6. ....

logique d'un texte, en le rapprochant d'autres dispositions analogues.

On trouve l'esprit de la loi [2] dans les travaux préparatoires qui en ont amené la rédaction, dans le droit antérieur, et dans l'équité naturelle, à laquelle le législateur est toujours censé conformer ses prescriptions. Les applications qui dérivent de l'esprit de la loi ont pour règles les maximes suivantes : *Ubi eadem est legis ratio, eadem est legis dispositio ;* et *Cessante ratio legis, cessat ejus dispositio.* Ainsi les règles générales, contenues dans la loi de droit commun, s'appliquent aux matières spéciales, si la législation propre à celle-ci ne contient aucune disposition incompatible avec les premières [3].

Considérée à un degré supérieur, l'interprétation logique déduit encore, du texte et de l'esprit de la loi, des arguments destinés à l'appliquer à des cas que le législateur n'a pas directement prévus, et qui indiquent la manière dont il les aurait très probablement résolus. Ces arguments se réduisent à trois : *a pari*, *a fortiori*, *a contrario*.

Au moyen de l'argument *a pari*, on applique à des cas imprévus des dispositions qui ne sont destinées qu'à régler d'autres cas analogues. Cet argument doit être considéré comme très concluant, quand il est déduit des dispositions de droit commun : mais on ne saurait l'appliquer à des dispositions exceptionnelles, conformément aux maximes suivantes : *Favores ampliandæ, odiosa restringenda ; Exceptio est strictissimæ interprétationis* [4].

L'argument *a fortiori* n'est qu'une variété de l'argument *a pari* : il se trouve par là restreint aux mêmes cas que ce dernier. Il a pour but d'étendre une disposition légale à des hypothèses qu'elle n'a pas prévues, mais pour laquelle la raison de décider est encore plus forte que pour le cas prévu par le législateur.

L'argument *a contrario* est basé sur la maxime, *Qui dicit de uno negat de altero*, ou *Inclusione unius fit exclusio alterius.* Lorsque la loi ne statue pas d'une manière restrictive, cet argument n'est valable qu'autant qu'on part d'une disposition exceptionnelle pour revenir à la loi générale.

Si le sens de la loi ne résulte pas de ces différents moyens d'interpréta-

2. Scire leges, non hoc est, verba earum tenere, sed vim et potestatem. L. 17, *de legibus*, D. I, 3.

3. Cass. 4 mars 1807, 8 juin 1812, 5 mars 1833; 9 juin 1855, (S. 56. 1. 561). — Cpr. cep. Cass. 22 avril 1824, 3 déc. 1831.

4. Quod contra rationem juris receptem est non est producendum ad consequentias. L. 141, *de reg juris* et L. 14 *de legibus*, D. I, 3. — Cpr. Lyon, 29 mai 1849 (S. 50-2-25, D. 50. 2. 38).

tion, il est utile de recourir à l'usage et à la jurisprudence qui sont les meilleurs guides de l'interprétation des lois [5]. Dans le doute, le sens le moins rigoureux doit être préféré [6].

Les règles d'interprétation des lois sont d'ailleurs les mêmes, qu'il s'agisse de lois civiles, ou de lois politiques [7].

Indépendamment des différents modes d'interprétation, celle-ci est de trois espèces, suivant sa force obligatoire, ou le caractère des personnes dont elle émane. En effet, si elle est donnée par une personne privée, qui n'a pas de caractère public, ou qui n'agit pas en vertu de ce caractère, elle n'oblige pas ceux qui la reçoivent, et elle est appelée *doctrinale*. Dans le cas contraire, ou bien l'interprétation est faite par un juge, et n'oblige ceux qui la reçoivent que pour un fait passé et tout-à-fait spécial : c'est l'interprétation *judiciaire* ; ou bien, elle émane du législateur, de telle sorte qu'elle oblige les membres de la société d'une manière absolue et générale, et alors, elle porte la qualification d'interprétation *législative*.

Il n'est pas permis au juge de rectifier un texte, officiellement publié, s'il n'est établi qu'il est le résultat d'une erreur matérielle [8]. De même, il ne lui appartient pas d'interpréter les lois, pas plus que les conventions [9], si le texte en est suffisamment clair et précis [10].

§ 2. — Effets de la loi

7. L'essence de la loi est d'imposer des obligations et de les sanctionner : *Legis virtus hæc est vetare, imperare, permittere, punire* [1].

La sanction est la récompense ou la peine attachée à l'exécution ou à l'inexécution de la loi. Toute loi morale, par cela seul qu'elle crée des obligations, a une sanction finale, qui consiste en ce que celui qui n'accomplit pas la loi ne parvient pas au but dernier qu'il poursuit. Cette sanction résulte de la notion même de la loi et de l'obligation.

Mais la loi civile exige de plus une autre sanction. En effet, comme celle

5. Optima est legum interpres consuetudo. L. 37, *de legibus*. D. I, 3.—Imperator noster Severus rescripsit, in ambiguitatibus quæ ex legibus proficiscuntur, consuetudinem, aut rerum perpetuo similiter judicatarum auctoritatem, vim legis obtinere debere. L. 38, *de legibus*, D. I, 3.

6. Semper in dubiis, benigniora præferenda sunt. L. 56, *de reg juris*. (D. 50-17.) V. Merlin, Rép. v° *Doute*.

7. V. cep. Cass. 11 juillet 1826 (S. 27. 1. 45, D. 26.1.407)

8. Cass. 13 juin 1891 (S. 91.1.425, D. 92. 1. 77), 20 oct. 1891 (S. 91.1.505, D. 92. 1. 57), Dijon, 20 juil. 1896 (S. 97. 2. 61, G. P. 97. 1. 285.)

9. Civ. 1156 et ss. (493 a).

10. Orléans, 7 juillet 1897 (G. P. 97. 2. 219.)

1. L. 7, *de legibus*, D. I, 3.

8. Effets spéciaux sur les personnes ; dans le temps ; non-rétroactivité ;

de la loi morale se produit, alors que l'homme est placé hors de la société civile, elle est insuffisante pour maintenir l'ordre social. Or, une loi sans sanction n'est pas une loi, c'est un conseil [2]. De là, les protections, les actions, les jouissances civiles accordées par la loi sociale à ceux qui l'exécutent ; de là aussi, les peines infligées à ceux qui ne l'accomplissent pas.

8. Considéré d'une manière spéciale, l'effet de la loi se produit sur certaines personnes, dans un temps déterminé, et sur un territoire circonscrit.

Les lois obligent tous les sujets, quelle que soit leur condition ou leur rang ; et là surtout où l'autorité souveraine appartient à une collectivité, nul homme n'est exempt de leurs prescriptions [1].

Au point de vue du temps, la loi impose des obligations depuis le moment de son existence jusqu'à celui de sa cessation. Ses effets ne peuvent dépasser les limites de sa durée ; et de même qu'une loi n'impose aucune obligation après qu'elle a cessé d'être, de même, elle ne peut modifier les obligations antérieures à son existence. De là, cette prescription fondamentale, que la loi n'a point d'effet rétroactif [a].

Ce principe, placé en tête de nos lois, pour éviter désormais les abus de de la période révolutionnaire [2], se justifie par les raisons les plus évidentes. La loi a pour effet essentiel d'imposer des obligations. Or une obligation, un devoir, ne se réfère jamais à un fait passé, mais à un fait futur et possible, que la loi commande ou défend d'accomplir ; donc un fait passé, un fait accompli ne peut, sans une déraison manifeste, être régi par une loi postérieure. Ainsi le principe de la non rétroactivité des lois n'est autre chose que l'impossibilité morale, pour le législateur, d'imposer à raison d'un fait, des obligations à ceux qui l'ont accompli antérieurement à l'existence de la loi. Ne serait-t-il pas ridicule de défendre une action déjà préexistante ?

Mais si le principe est évident de lui-même, son application présente de grandes difficultés ; car il y a deux choses à considérer dans un fait, au point de vue légal : le fait lui-même et ses conséquences juridiques.

2. Berthauld, *Code pénal*, éd. 1873, p. 110 et 672.

1. Mais voy., sous un régime contraire, L. 31, *de legibus*, D. I. 3 : Princeps legibus solutus est. Principe paien et césarien du despotisme.

2. V. L. 17 niv. II. V. sur le principe : Grenoble 6 juill. 1882 (S. 84. 2. 209). — Mais voy. L. 7, Cod. *de legibus* ; Constit. 5 fruct. III-14 ; Merlin, Rép. V° *Loi*, § 9.

---

a. *Civ.* **2.** La loi ne dispose que pour l'avenir ; elle n'a point d'effet rétroactif.

8. .... expectatives ou droits acquis ; loi interprétative ;

Le fait lui-même, lorsqu'il a été accompli, ne peut être certainement ni défendu, ni puni : *Nulla pœna sine lege prævia.*

Les conséquences du fait accompli constituent, ou de simples expectatives, ou des droits acquis, inviolables d'après le droit naturel. La simple expectative est l'espérance d'acquérir un droit, si la loi actuelle ne change pas. Le droit acquis est un droit dont toutes les conditions essentielles d'existence et de validité sont actuellement accomplies [3].

Or une loi rétroagit, lorsqu'elle régit un fait passé ou un droit acquis avant sa publication. Des lois de cette espèce sont évidemment injustes, parcequ'elles commandent l'impossible ou qu'elles dépouillent l'ayant droit, sans aucune compensation. On ne doit donc pas interpréter des lois nouvelles comme s'appliquant aux droits acquis antérieurement [4].

Mais si au lieu d'être nouvelle, la loi était simplement interprétative, si elle se bornait à l'explication, soit d'un texte antérieur obscur [5], soit d'une règle d'équité naturelle [6], son application à un fait antérieur, ou à un droit prétendu acquis, ne la rendrait pas rétroactive : à cause que l'interprétation législative de la loi se confond avec la loi interprétée [7]. Il faudrait seulement se garder d'appliquer cette règle à une loi, même qualifiée d'interprétative, qui ne le serait pas en réalité : c'est-à-dire à une loi qui servirait de supplément à une loi antérieure, au lieu d'être limitée à l'explication d'une disposition obscure.

La distinction entre les droits acquis et les simples expectatives, et, en général, la différence entre les applications rétroactives et celles qui ne le sont pas, n'est point toujours facile à constater, et donne lieu à une foule d'applications et de controverses*. Contentons nous d'observer ici que les lois de police, de salubrité et de sûreté dérogent par leur nature à toutes possessions et usages contraires : ceux-ci ne peuvent être considérés, à leur égard, que comme de simples expectatives, et non comme des droits

* **Bibliographie**. *Une théorie nouvelle sur la rétroactivité des lois,* par de Vareilles-Sommières (S. 94. 6. 20). La distinction ordinaire entre les droits acquis et les expectatives, est plus facile à critiquer qu'à remplacer.

3. Cass. 9 mars 1819 (S. 19. 1. 303).
4. Grenoble 6 juillet 1882 (S. 84. 2. 209, D. 83. 2. 89).
5. Cass. 29 août 1820 (S. 20. 1. 387, D. A. 9. 164) ; Grenoble 31 oct. 1899 (S. 00. 2. 96) ; Domat, *Lois civiles*, liv. prél. tit. I, sect. I, n. 14 ; Cpr. Cass. 17 fév. 1896 (S. 96. 1. 257).
6. Cass. 18 mess. X et 10 prair. XII, 19 oct. 1808, 29 août 1865 (S. 65. 1. 433, D. 65. 1. 331).
7. Cass. 9 déc. 1836 (S. 36. 1. 905, D. 37. 1. 61) ; Trib. corr. Amiens 1 nov. 1895 (Rec. 95. 18) ; Cpr. Cass. 25 janv. 1883 (G. P. 83. 1. 335).

acquis, la société conservant toujours la faculté de réglementer l'ordre public [8]. Quant aux autres applications de la distinction actuelle à la capacité des personnes [9], à la forme des actes [10], à leur preuve [11], à la prescription [12], aux droits conditionnels [13], aux lois pénales [14], aux lois de compétence [15], de procédure [16] et d'instruction [17], au mode d'exécution des actes [18], à la quotité desponible [19], et à un nombre considérable d'autres cas, il ne peut en être question ici, attendu que ces applications supposent la combinaison des principes actuels avec des règles particulières à chacun de ces différents sujets.

D'autre part, les lois civiles sont limitées, dans l'espace comme dans le temps, et ne peuvent s'étendre à des choses ou à des personnes sur lesquelles le législateur ne possède point d'autorité. Ce principe est applicable aux lois de police et de sûreté [20], au statut réel [21] et au statut personnel [22]. Mais les règles relatives à ces matières, touchent aux rapports des nations entre elles et appartiennent au droit international.

§ 3. — Inefficacité de la loi

9. La loi reste sans effet, lorsqu'elle n'est qu'apparente, qu'elle n'émane pas du législateur, ou qu'elle ne réunit pas toutes les conditions de forme et de validité nécessaires. D'autres causes plus générales l'empêchent aussi de produire effet : ce sont, l'ignorance de la loi, son abrogation, la nécessité, les dispenses, le temps et les circonstances.

La loi n'oblige pas ceux qui l'ignorent avec un juste motif : ainsi, on ne peut appliquer la loi à celui qui n'a pu absolument en connaître la promulgation [1].

Mais s'il suffisait de prétexter de l'ignorance de la loi pour échapper à ses effets, il n'y aurait plus de loi sociale. Aussi chacun est censé connaî-

8. V. n. 26.
9. V. n. 16.
10. V. n. 33.
11. V. n. 46.
12. V. n. 85.
13. V. n. 117.
14. V. n. 129, 130.
15. V. n. 241.
16 V. n. 725.
17. V. n. 1232.
18. V. n. 3712.
19. V. n. 3608.
20. V. n. 7914.
21. V. n. 7909.
21. V. n. 7907.

1. Cpr. D. 5 nov. 1870-4 (695c) ; V. Demol. 1, n. 28 et 29 ; Aubry et Rau, § 526.

tre l'existence et le sens d'une loi régulièrement publiée, suivant l'adage : Nul n'est censé ignorer la loi [2] ; et chacun est tenu de veiller, par les moyens légaux, à la conservation de ses droits [3].

10. La loi cesse par son abrogation. On appelle ainsi l'anéantissement, par une loi nouvelle, de tout ou partie d'une loi antérieure.

L'abrogation d'une disposition principale emporte abrogation de toutes les dispositions accessoires : en sorte que le principe d'une loi étant abrogé, toutes ses dispositions sont abrogées par là même. Mais l'abrogation d'une loi abrogative ne fait pas revivre la loi abrogée par la première [1].

L'abrogation est expresse ou tacite, suivant que la loi nouvelle déclare littéralement abroger une loi antérieure à laquelle celle-là se réfère, ou que l'abrogation résulte seulement d'une disposition nouvelle incompatible avec la loi ancienne [2].

L'abrogation expresse produit plus ou moins d'effet, d'après l'étendue des termes employés par le législateur. L'abrogation tacite ne s'applique qu'aux disqositions de la loi ancienne qui sont absolument incompatibles avec la loi nouvelle [3]. Voilà pourquoi, *Legi speciali per generalem non derogatur* : pour abroger tacitement une loi spéciale, il faut une autre loi spéciale [4], ou une loi postérieure manifestant expressément l'intention nouvelle et contraire du législateur [5]. Au contraire, la loi spéciale déroge à la loi générale [6].

2. V. Chambéry 10 mai 1882 (G. P. 83. 1. 147) ; — V. cep. pour le cas de mariage putatif, n. 3149.

3. Jus civile vigilantibus scriptum est, L. 24, *Quæ in fraudem*, D. XLII. 88 : d'où la maxime : Vigilantibus non dormientibus jura subveniunt.

1. Cass. 16 juil 1828, réun. 13 fév. 1836 (S. 36. 1. 349, D. 36. 1. 105) ; Rouen 6 mai 1841 ; Cpr. L. 29 juil. 1881-68 (6148 a) : — V. cep. Cass. 21 et 24 oct. 1842 ; 29 janv. et 19 mars 1824, 24 juin, 8 et 30 déc. 1826, 3 mars et 28 avril 1827, 12 sept. et 22 nov. 1828, 8 juil. 1838, 8 fév. 1850 (S. 50. 329, D. 50. 1. 69) ; — Sur les suites de l'abrogation des lois injustement rétroactives, v. Cass. 16 juil. 1828, 1 juil. 1807, 3 août 1812.

2. Av. C. d'Et. 4 niv. VIII ; Cass. 13 vent. VI.

3. Cass. 24 avril et 20 oct. 1809 ; 20 mars 1812, 26 avril 1821 ; Montpellier, 21 nov. 1829 (S. 30. 2. 88). — Posteriores leges ad priores pertinent, nisi contrariæ sint. L. 28, *de legibus*, D. I. 3.

4. Cass. 19 fév. 1813, 26 août 1816' 27 juil. 1820, 24, 26 avril et 7 juin 1821, 8 août 1822, 14 juil. 1826, 16 mars 1841. (S. 41. 1. 505 ; D. 41. 1. 141) ; Aubry et Rau, § 29-5.

5. Cass. 27 sept. 1828, 6 janv. 1864 (S. 86. 1. 101).

6. Cass. 30 juin 1827, 3 oct. 1828, 24 sept. 1830, 16 fév. et 16 nov. 1841, 11 juillet 1855, 30 mars 1861 (D. 61. 5. 271) ; Paris, 1er mai 1838, 30 juil. 1853 ; V. n. 697 8.

10. .... usage. — **11.** Nécessité ; dispense ; temps et circonstances. — **12.** Divisions des lois : en naturelles et positives ;

L'usage, quelque général qu'il soit, ne peut abroger la loi, puisqu'il est impuissant à la fonder : à moins qu'il ne s'agisse d'un usage commercial et général [7].

11. Nécessité n'a pas de loi : car on ne peut être tenu à l'impossible [1]. La nécessité, suffisante pour dispenser de l'exécution de la loi, dérive, ou d'une contrariété de droits, ou de l'impossibilité de l'action commandée ou prohibée. On n'est excusable de l'inexécution, que dans la mesure de la nécessité actuelle ; et il faut encore que l'existence de cette nécessité ne soit pas imputable à l'obligé.

La dispense est l'acte public par lequel l'autorité sociale exempte quelqu'un, dans une circonstance particulière, d'une loi qui reste néanmoins en vigueur dans tout autre cas. Une dispense ne peut être accordée que dans les cas prévus par la loi [2], exemple : amnistie, grâce, mariage ; elle confère par elle-même un droit acquis et inviolable [3].

Les lois qui n'ont été faites que pour un temps limité, n'ont effet qu'à partir [4] et jusqu'à l'expiration de ce temps [5].

Mais l'absence habituelle d'application d'une loi [6], ses dangers actuels, sa désuétude, et même la cessation des circonstances qui l'ont, ou paraissent l'avoir motivée, n'entraînent pas son inefficacité, tant qu'une loi nouvelle et contraire n'est pas intervenue [7].

§ 4. — Différentes espèces de lois

12. Les lois, en général, se divisent en naturelles et positives, suivant que le précepte qui les constitue dérive de la nature humaine, expliquée

7. V. n. 14 *bis*.

1. V. n. 80 à 83.
2. Cass. 28 juil. 1814, 14 avril 1815 ; (S. 15. 1. 227, D. A. 9 816).
3. Paris, 9 fév. 1860 (S. 60. 2. 65 ; D. 60. 2. 75). — Sur la nature et la raison d'être des privilèges, *privatæ leges*, v. Mgr Freppel, Ch., 25 juin 1887, p. 1383.
4. Cass. 20 flor., 15 et 16 mess. et 8 therm. VIII, 11 déc. 1845, 19 juin 1848, 24 sept. 1868 (S. 69. 1. 389, D. 69. 1. 312) ; Seine, 26 janv. 1893 (S. 94. 2. 281, G. P. 93. 1. 136). V. cep. Cass. 22 août 1822.
5. Non compris le *dies a quo*. V n. 34.
6. V. Paris, 9 juil. 1897 (G. P. 97. 2. 349).
7. Cass. 25 mai 1814, 17 juin 1817, 24 avril 1821, 2 mars 1825, 3 janv. 1826, 15 nov. 1838, 5 mars 1839, 5 juil. 1873, 19 fév. 1887, 4 avril 1887 (S. 89. 1. 317, G. P. 87. 2. 154) ; Seine, 15 fév. 1889 (G. P. 89. 2. supp. 10) ; Aubry et Rau. § 29-2 ; — v. cep. Cass. 18 prair. X, 19 vent. XII ; trib. corr. Seine, 23 déc. 1870.

12 .... en loi divine et loi humaine ; en loi écrite et loi non écrite. — **13**. Lois en vigueur ; codes ;

par la raison seule, ou de la volonté spéciale d'une autorité préposée au gouvernement d'une société quelconque.

La nature de cette autorité et celle de la société qu'elle régit, ont permis de distinguer plusieurs espèces de lois positives : la loi divine et la loi humaine, celle-ci se subdivisant en ecclésiastique et civile.

Toute loi humaine peut être explicite ou implicite : loi écrite ou loi non écrite. Mais bornons-nous à notre sujet en n'appliquant cette distinction qu'à la loi civile.

Au point de vue civil, la loi écrite est celle qui a été décrétée et promulguée d'un seul coup par les personnes qui possèdent, dans la société, l'autorité de faire des lois. La loi non écrite n'est pas différente de l'usage ou de la coutume [1].

Entre ces deux espèces de lois, on relève plusieurs différences. La loi écrite existe avant son application. Dans la coutume, au contraire, l'existence et l'application sont, pour ainsi dire, simultanées. Mais la coutume peut d'ailleurs, aussi bien que la loi écrite, être constatée par écrit : seulement elle n'est jamais formée tout d'un coup, et elle existe souvent avant d'être consignée dans des textes officiels.

13. En France, la loi écrite, qui est presque l'unique source de la législation actuelle, a reçu dans l'ancien droit, et reçoit encore, d'après sa forme, différentes dénominations : ordonnances, édits, déclarations, lettres patentes, arrêts du Conseil, arrêts de règlement, voilà pour l'ancien droit ; lois, sénatusconsultes, plébiscites, ordonnances, décrets, règlements, arrêtés, proclamations, avis du Conseil d'État, décisions, voilà pour le nouveau droit. Toutes ces dénominations seront expliquées au moment où il sera question des actes d'autorité [1].

Une collection de lois sur la même matière, promulguée comme un tout complet par l'autorité sociale elle-même, est appelée *code*. La législation française actuelle comprend neuf codes : le code civil ou code Napoléon [2] ; le code de procédure civile [3] ; le code de commerce [4] ; le code d'instruction criminelle [5] ; le code pénal [6] ; le code forestier [7] ; le code de justice militaire pour l'armée de terre [8] ; le code de justice mili-

1. V. n. 5.

1. V. n. 693 et ss., 697 et ss.
2. V. n. 14 et 698.
3. V. n. 725 et 836.
4. V. n. 14 *bis*.
5. V. n. 130.
6. V. n. 130.
7. V. n. 6712.
8. V. n. 4775.

taire pour l'armée de mer [9] et le code rural en formation [10]. Un grand nombre de lois ont complété ou modifié les codes, ou ont été rendues sur des matières spéciales.

Tous ces codes et toutes ces lois, sauf celles de l'ancien régime, sont imprimées et collectionnées officiellement dans les trois cent soixante-dix volumes du *Bulletin des lois*, périodiquement publié depuis 1793. Bien que des tables décennales facilitent un peu l'usage de cette vaste collection, elle est tellement surchargée de lois abrogées et inutiles, qu'on a éprouvé depuis longtemps la nécessité d'en publier des extraits contenant seulement les codes et les lois en vigueur les plus usuelles. Sans avoir aucun caractère officiel, ces publications*, qui comprennent aussi les principales lois anciennes encore en vigueur, rendent aux tribunaux et aux jurisconsultes les plus grands services.

14. Ce n'est pas ici le lieu de donner une description sommaire de toutes ces lois : il convient d'attendre, à ce sujet, l'exposé spécial des matières traitées dans chacun de ces documents. Mais une exception est indispensable en ce qui concerne, d'abord, le code civil, qui est le plus important et le plus fondamental de tous, et relativement au code de commerce, dont les dispositions viennent continuellement modifier ou compléter le code civil.

Laborieusement préparé sous le gouvernement du premier Consul [1], offi-

* **Bibliographie.** Les recueils généraux des Codes et lois usuelles se rattachent à deux types :

1° Ceux qui sont accompagnés seulement de quelques références et notes très courtes, c'est-à-dire les recueils de Carpentier, Durand et Paultre, Duvergier, Galisset, Rivière, Roger et Sorel, Roy, Tripier et Monnier, Wilhem ; presque tous sont complétés par des suppléments annuels. V. aussi *Annuaire de législation française, Bulletin des Lois, — de la Législation comparée, — de la Législation française, — annoté des Lois ; Commentaire des lois nouvelles ; Recueil des Lois, Décrets, Arrêtés et sénatusconsultes, — des lois usuelles ; Revue des lois ; Supplément à tous les Codes.* V. enfin *Moniteur et Journal Officiel*, contenant les textes, les motifs et la discussion des lois.

2° Les codes et lois, annotés des solutions complètes de la doctrine et de la jurisprudence. V. Dalloz et Vergé, Rogron, Sirey, Teulet. V. aussi *Bulletin-commentaire des lois nouvelles ; Les lois nouvelles analysées et expliquées.*

Pour retrouver les textes et préciser le sens des mots, des tables ou dictionnaires ont été publiés par Charrier-Juignet, Courmeaux, Michaud, Rondonneau, Teulet.

9. V. n. 4943.

10. V. n. 6359. — Il n'est fait mention que pour mémoire du *Code* disciplinaire et pénal de la marine marchande (D. L. 24 mars 1852, n. 7500 et ss.), et du *Code* des douanes (L. 6-22 août 1791, n. 8182 et ss.), dont les qualifications sont plutôt usuelles qu'officielles.

1. V. n. 698.

14 .... code civil ;

ciellement publié par la loi du 30 ventôse an XII, le code civil* se compose de 36 lois, formant chacune un titre spécial [2], et contenant ensemble 2281 articles sous une seule série de numéros [3]. Il est divisé en un titre préliminaire et en trois livres de longueur et d'importance très inégales, le livre II n'ayant pas 200 articles.

Œuvre de sens et de raison, d'une rédaction claire et précise, empruntée le plus souvent aux anciennes ordonnances et aux anciens jurisconsultes français, ce code demeure le premier et le plus beau monument de législation civile qui ait été publié. Ses solutions, éprouvées par l'expérience des siècles, sont généralement exactes et le plus souvent à l'abri de toute critique. Mais si une juste admiration n'est pas aveugle ou passionnée, on sera difficilement convaincu que cette œuvre soit sans défaut. En effet, quelle que soit l'autorité de quelques-uns de ses apologistes, il est difficile de ne pas s'étonner qu'à l'occasion des questions, que le code civil a le plus mal résolues, ils aient exalté à l'excès ce qui dans le code est le plus blâmable : la sécularisation exagérée des actes de famille et l'égalité des partages [4].

La critique du code, sur ce dernier point, a presque acquis l'autorité qui s'attache au consentement universel des peuples. Après avoir été

* **Bibliographie**. Le Code civil, qui contient à peine le dixième des articles de lois en vigueur, représente, par son importance, le tiers au moins des matières du droit. Aussi a-t-il fait l'objet de travaux et d'études qui peuvent se ramener à trois catégories :

1° Les motifs ou rapports reproduits ou analysés spécialement dans Favard de Langlade, Fenet, Jouanneau et Solon, Locré, Malleville, Poncelet, Portalis, Sérizier.

2° Les ouvrages spéciaux sur le Code et le droit civil français, savoir : Accolas, Adam, Allègre, Amiaud, Anthoine de St-Joseph, Antoine (S. 82. 6. 8.), Arntz, Aubry et Rau (5e édit., en public., S. 00. 6. 9), Aumaitre, Baudry-Lacantinerie (précis en 3 vol., et traité en 25 vol. dont 22 parus : ce traité est publié en collaboration avec d'autres jurisconsultes, Bernard, Berriat-St-Prix, Berthauld, Beudant (S. 98. 8. 9), Bigne de Villeneuve (S. 83. 6. 10), Biret, Bœuf, Boileux, Bressoles, Brassard, Cachard, Campenon, Capitant, Chabot, Chantagrel, Charmolu (S. 82. 6. 7.), Charrier-Juignet, Colmet de Santerre, Dard, Delaporte, Deleurie, Delsol, Delvincourt, Demante, Demante et Colmet de Santerre, Demolombe (continué par Guillouard), Dramard, Ducaurroy, Bonnier et Roustain, Duperron, Duranton, de Folleville, Fuzier-Herman, Gousset, Guichard, Guichon de Grand-Pont, Huc (en publication, S. 00. 6. 33.), Hureaux, Joubaire, Lacroix, Lainé, Laurent (33 vol., avec supp. de 5 vol. en publication, S. 98. 6. 2.), Leray, Marcadé et Pont, Martin, Mourlon (S. 84. 6. 10.), Picot, Pitois, Planiol (S. 01. 6. 2), Poidvin, Pothier, Rambaud, Rivière, Sévin, Taulier, Thiry (S. 84. 6. 10.), Toullier, Troplong, Valette, Vaquette et Le Balleur, Vaquette et Marin, Vigié (S. 96. 6. 25.), Vuillaume, Wilhem et Jollivet, Zachariæ (Aubry et Rau).

3° Les traités spéciaux indiqués ci-après au sujet de chaque matière du droit civil.

2. L. 30 vent. XII-1 et 4.

3. M. L. 5.

4. Dupin, Réquis. sur Cass., 27 nov. 1863 (D. 64. 1. 20). — Sur un projet de refonte du code civil, voy. Prop. Ch., 19 déc. 1893, p. 247.

14 ... code civil ; effets abrogatifs ;

adopté par les nations soumises à l'Empire de Napoléon et y avoir longtemps conservé son autorité, le code civil a vu ses dispositions, concernant la quotité disponible, rejetées par les nations voisines, l'Italie, l'Autriche, la Prusse et une partie de la Suisse : ces pays, se conformant à nos anciennes traditions françaises et principalement à la coutume de Paris, ont récemment fixé la quotité disponible à la moitié des biens, quel que soit le nombre des enfants [5]. C'est là, sans doute, une solution spéciale sur laquelle il y aura lieu de revenir [6]. Mais elle est d'une telle influence sur la constitution des familles et des Etats, elle est en même temps si contraire à la solution du code civil, qu'il était impossible de la passer actuellement sous silence.

D'autres défauts, ou d'autres imperfections du code ont été révélées par le législateur lui-même, qui les a corrigées dans des lois spéciales assez nombreuses, complétant ou modifiant les dispositions primitives [7].

5. Le Play, *Organisation de la famille*, p. 393.

6. V. n. 3585.

7. Le code civil a subi, en effet, dans son titre et dans ses textes, des modifications nombreuses.

Dans les éditions officielles, il a été appelé tantôt *Code civil* (L. 30 vent. XII ; O. 30 août 1816), tantôt *Code Napoléon* (L. 30 vent. XII ; D. 27 mars 1852). La première dénomination est redevenue officielle depuis le 4 sept. 1870.

Ses dispositions ont été modifiées, surtout en ces derniers temps, par des lois nombreuses, dont les textes seront reproduits aux articles modifiés, et dont la liste paraît loin d'être close, savoir :

L. 8 mai 1816, abolissant le divorce ;

L. 18 juin 1850, sur le contrat de mariage (art. 75, 76, 1391 et 1394) ;

L. 6 déc. 1850, sur le désaveu (art. 312 et 313) ;

L. 5 janv. 1875, sur les registres hypothécaires (art. 2200) ;

L. 10 août 1881, sur les servitudes rurales (art. 666 et 673, 682 à 685) ;

L. 5 janv. 1883, sur les risques locatifs (art. 1734) ;

L. 27 juil. 1884, qui rétablit presque tous les articles du code relatifs au divorce (v. n. 3179 a) ;

L. 18 avril 1886, sur le divorce (art. 234 à 252 et 307) ;

L. 9 mars 1891, sur les droits de l'époux survivant (art. 205 et 791) ;

L. 11 juillet 1892, sur la revendication des meubles volés (art. 2280) ;

L. 6 février 1893, sur la séparation de corps (art. 108, 248, 299 et 311) ;

L. 16 mars 1893, sur le conseil judiciaire (art. 501) ;

L. 8 juin 1893, sur l'état civil et les testaments (art. 47, 48, 59 à 62, 80, 86 à 98 ; 99, 101, 981 à 984, 988 à 998) ;

L. 17 juin 1893, sur les privilèges (art. 2151) ;

L. 22 juillet 1893, sur la nationalité (art. 8 et 9) ;

L. 5 mars 1895, sur la caution *judicatum solvi* ;

L. 20 juin 1896, sur le mariage (art. 73, 151, 152, 153, 155 et 179) ;

L. 17 août 1897, sur l'état civil (art. 45, 49, 70, 76 et 335) ;

L. 7 déc. 1897, sur les témoins du sexe féminin dans les actes (art. 39 et 980) ;

L. 1er mars 1898, sur le nantissement des fonds de commerce (art. 2075) ;

L. 24 mars 1898, sur les rapports (art. 843, 844 et 919) ;

L. 25 mars 1899, sur les testaments (art. 1007) ;

L. 14 février 1900, sur la quotité disponible (art. 1094) ;

L. 7 avril 1900, sur les intérêts (art. 1153 et 1904) ;

L. 17 mai 1900, sur les actes de l'état civil et les testaments (art. 93, 353, 354, 981 et 982).

14 .... effets abrogatifs.

Abolition de la mort civile et de la contrainte par corps, naturalisation des étrangers, vices rédhibitoires, transcription, droits du conjoint survivant : ces mots rappellent les principales corrections ou lacunes du code civil, sans compter celles qui seront encore signalées au sujet de la transmission de la propriété, du régime hypothécaire et du rétablissement du divorce.

Toute œuvre humaine est perfectible et sujette à changement ; le code civil ne pouvait échapper à la destinée commune. Tel qu'il est, il n'en possède pas moins une grande valeur juridique ; et il a conservé, pour la presque totalité de ses dispositions, l'autorité législative qui lui a été conférée en 1803 et en 1804.

La loi du 30 ventôse an XII, qui lui a donné sa forme de code, déclare expressément qu'il remplace toute la législation civile antérieure [a]. Ainsi il n'est plus permis de recourir aux lois anciennes, ni pour appliquer leurs dispositions spéciales, ni même pour compléter les dispositions du code civil. Les *lois romaines*, déjà modifiées par l'usage et la jurisprudence de la France [8], ont donc cessé d'être en vigueur, si ce n'est comme raison écrite, et à moins qu'il ne s'agisse d'un droit déjà acquis avant le code [9]. Il en est de même des *ordonnances* de nos rois, des *coutumes générales ou locales*, et à plus forte raison des simples usages [10] (sauf leur approbation par le code lui-même [11]) ; des *statuts* et des *règlements* de toute espèce, sauf à considérer le code civil, pour le passé, comme règle d'équité à l'effet d'interpréter les lois et coutumes antérieures [12]. Les lois du droit intermédiaire sont également abrogées, d'une manière tacite, bien que celle du 30 ventôse an XII ne les mentionne pas expressément [13] : il suffit que le code contienne, sur la matière, un système complet [14].

8. Cass. 2 vent. IX, 8 mess. XI, 12 oct. 1813, 7 nov. 1826 (S. 27. 1. 15. D. 27. 1. 37).

9. Cass. 29 juill. 1889 (S. 89. 1. 377, D. 90. 1. 109).

10. V. Merlin, rép. v° *Voisinage*, § 4, n. 6 ; Cass. 12 nov. 1856 (D. 56. 1. 395).

11. V. n. 59.

12. Cass. 1er mai 1816 ; Limoges, 10 fév. 1819 ; Lyon, 25 mars 1820 ; Amiens, 10 janv. 1821 (S. 22. 2. 88. D. A. 9. 656).

13. Liège, 11 janv. 1883 (S. 83. 4. 25, D. 84. 2. 62). V. cep. Bruxelles, 16 mai 1809.

14. Nimes, 21 fév. 1820 ; Pau, 20 mars 1822 (S. 22. 2. 223, D. A 5. 253) ; Liège, 11 janv. 1883 (n° 13).

a. *L. 30 vent. XII.* **7.** A compter du jour où ces lois sont exécutoires, les lois romaines, les ordonnances, les coutumes générales ou locales [697], les statuts, les règlements cessent d'avoir force de loi générale ou particulière dans les matières qui sont l'objet des dites lois composant le présent code.

14. .... effets abrogatifs. — **14 bis.** Code de commerce ; origine ; contenu ;

Mais l'abrogation est formellement restreinte aux *matières qui sont l'objet du code*. Les autres matières, comme celles du droit public ou politique [15], spécialement les règlements de voirie [16], et même certaines spécialités de droit civil [17], restent soumises aux lois antérieures : et celles-ci demeurent en vigueur, toutes les fois qu'aucune disposition du code civil, ou d'un autre texte, n'est incompatible avec le principe même de ses lois, ou n'est opposé à aucune de leurs applications.

14 bis. Complément nécessaire du code civil, le code de commerce modifie sans cesse le précédent, au point de vue de la capacité, des preuves et des actes ; et il s'applique, non seulement aux commerçants, mais encore à toute personne, puisqu'un particulier quelconque peut faire à tout moment acte de commerce [1] et devenir ainsi justiciable de ses prescriptions. Il est donc utile de donner ici un aperçu général de ce code et d'exposer brièvement son origine, son contenu, sa promulgation et ses modifications successives.

Ce code a été voté le 10 septembre 1807 et mis en vigueur à partir du 1er janvier 1808 [a].

Composé de lois réunies en un seul corps par celle du 15 septembre 1807 [a], il comprend 648 articles, divisés en quatre livres : les trois premiers, de longueur presque égale, et consacrés au commerce en général, au commerce maritime et aux faillites ; le dernier, relatif à la juridiction et n'ayant guère qu'une trentaine d'articles.

Calqué sur les ordonnances de 1673 et 1681, relatives au commerce et à la marine, et approprié aux nouveaux principes de l'état social, le code de 1807 a eu pour effet, en vertu de la loi du 15 septembre précitée,

15. Cass. 1er fév. 1813 (S. 13. 1. 113, D. A. 9. 895).
16. V. n. 7084.
17. Cass. 3 nov. 1812 ; Cpr. Cass. 6 pluv. X, 30 juin 1807, 1er mars 1809, 4 mai 1812, 26 janv. 1822 (S. 22. 1. 362). V. cep. Cass. 18 vent. XI.

1. V. n. 40.

a. *L. 15 sept. 1807.* **1.** Les dispositions du Code de commerce ne seront exécutées qu'à compter du 1er janvier 1808.

2. A dater dudit jour, 1er janvier 1808, toutes les anciennes lois touchant les matières commerciales sur lesquelles il est statué par ledit Code, sont abrogées.

14 bis. .... usages commerciaux ; lois antérieures subsistantes ;

d'abroger « toutes les anciennes lois touchant les matières commerciales, sur lesquelles il est statué par ledit code ».

Les anciennes *lois* seules sont abrogées, à l'exclusion des usages, qui sont implicitement consacrées par ce texte, plus explicitement par l'article 1873 du code civil [2], et encore par l'avis du Conseil d'Etat du 13-22 décembre 1811. En matière commerciale, il n'est donc pas indispensable que la loi se réfère à l'usage d'une manière formelle [3] : ce dernier a autorité par lui même et il doit être observé comme loi [4] : de telle sorte qu'en étant l'équivalent, il peut, d'après certaines autorités [5], abroger la loi écrite, mais alors seulement qu'il est général, attendu que l'usage local n'est pas l'expression de la volonté générale, comme la loi écrite [6]. Dans tous les cas, il ne faut pas le confondre avec les jugements, qui ne peuvent être que la preuve de l'usage qu'ils rappellent.

On objecte cependant, contre l'opinion relative à l'effet abrogatif de l'usage, que l'avis du Conseil d'Etat du 13 décembre 1811 n'a pas été inséré au *Bulletin des Lois*, et qu'il ne consacre d'ailleurs les usages du commerce qu'en cas de *silence des codes*. D'où il suit que les usages commerciaux ne sauraient autoriser le juge à méconnaître les effets attachés par la loi à un contrat dûment constaté [7].

A un autre point de vue, la loi de 1807 n'abroge que les anciennes lois *touchant les matières commerciales*. C'est ainsi que l'ordonnance d'août 1681, sur la marine, est encore en vigueur dans plusieurs de ses dispositions [8].

Enfin, l'article 2 de la même loi n'est relatif qu'aux matières commerciales *sur lesquelles il est statué par le présent code*. Par suite, les différentes lois sur les postes, les voies publiques et les transports sont demeurées en vigueur [9].

2. V. n. 2450 d.
3. Cpr. n. 5.
4. V. n. 262 ; Rivière, *Code de commerce*, p. 10.
5. V. Rivière, *ibid.*, p. 12.
6 Merlin, rép., v° *Usage*, § 2, n. 3. Cpr. Cass. 22 mess. IX, 18 fév. 1818 (S. 19. 1. 139, D. A. 9. 900) ; Bruxelles, 15 fév. et 24 juil. 1810. V. aussi, sur les caractères que devrait avoir l'usage pour être abrogatif : Cass. 25 brum. XI ; Toulouse, 22 juil. et 28 nov. 1825 (S. 25. 2. 241, D. 26. 2. 32).
7. V. n. 697.
8. V. à la Table chron. O. août 1681.
9. V. n. 7527 et ss., 7084 et ss.

14 bis. ..... modifications. — **15**. Personne, sujet et quelquefois objet du droit ;

Ce code à son tour, réédité par l'ordonnance du 1er janvier 1841, a été modifié et amélioré par un grand nombre de lois postérieures [10].

SECTION II

DES PERSONNES *

Ce second élément des droits et obligations doit être examiné à un double point de vue : 1° en général ; 2° relativement aux différentes espèces de personnes.

§ 1. — Des personnes en général

15 Les personnes, c'est-à-dire, au point de vue du droit social, les êtres humains ou leurs associations [1], sont proprement le sujet actif du droit ou le sujet passif de l'obligation correspondante. C'est là leur rôle essentiel.

Mais tout en restant le sujet passif d'une obligation, elles peuvent être aussi l'objet du droit corrélatif : ce qui peut avoir lieu de plusieurs

* **Bibliographie**. Baudry-L. et Houques (S. 01 6. 17), Proud'hon.

10. Ce sont, par ordre de dates, les lois suivantes :

L. 19 mars 1817, sur les lettres de change (art. 115 et 166) ;

L. 21 mars 1833, sur les sociétés art. 42 et 46) ;

L. 28 mai 1838, sur les faillites, (art. 69, 437 à 614, 635) ;

L. 3 mars 1840, sur les trib. de com. (art. 617, 622, 623, 627, 639 et 646) ;

L 14 juin 1841, sur la responsabilité des propriétaires de navires (art. 216, 234 à 298) ;

L. 14 juin 1854, sur les voyages au long cours (art. 377) ;

L 17 juillet 1856, sur l'arbitrage forcé (art. 51 à 63 abrogés) ;

L 17 juillet 1856, sur les concordats par abandon (art. 541) ;

L. 3 mai 1862-5 à 7, sur les délais de procédure (art. 166, 375 et 376) ;

L. 2 juillet 1862, art. 1, sur les agents de change (art. 74, 75 et 90) ;

L. 6 mai 1863, sur les sociétés en commandite (art. 27 et 28) ;

L. 23 mai 1863, sur le gage et les commissionnaires (art. 91 et 108) ;

L. 12 février 1872, sur le privilège du bailleur dans les faillites (art. 450 et 550) ;

L. 12 août 1885, sur la navigation commerciale (art. 216, 258, 262, 263, 334 et 347) ;

L. 11 avril 1888, sur les voituriers (art. 105 et 108) ;

L. 18 juillet 1889, sur les trib. de com. (art. 617) ;

L. 24 mars 1891, sur la prescription (art. 435 et 436) ;

L. 7 juin 1894, sur les lettres de change (art. 110, 112 et 632) ;

L. 4 fév. 1895, sur le privilège des ouvriers (art. 549) ;

L. 14 décembre 1897, sur l'abordage et la prescription art. (407 et 433).

1. Les êtres raisonnables peuvent seuls être les sujets actifs ou passifs d'un pouvoir ou d'une nécessité fondée en raison (n. 1). V. cep. Engelhardt, *De l'animalité et de son droit* (S. 00. 6. 35).

manières. En effet, on peut avoir des droits ou des obligations sur ou envers soi-même : tels sont les droits de liberté individuelle et les devoirs de conservation physique et de progrès moral. Si, d'un autre côté, la liberté et l'activité humaines étant devenues inaliénables, les personnes ne peuvent plus être l'objet d'un droit tendant à l'utilité privée de son possesseur, elles peuvent être toujours l'objet d'un droit d'autorité, instituée en vue du bien commun, tel que la puissance paternelle, l'autorité maritale ou domestique, ou les pouvoirs publics.

A la notion de personne, se rattachent naturellement les questions générales de capacité, de domicile et de patrimoine.

16. La capacité consiste dans le pouvoir, reconnu par la loi, de devenir le sujet de droits ou d'obligations [1], et d'accomplir, s'il y a lieu, l'acte nécessaire à cet effet.

La capacité, quant aux droits et actes passés, est irrévocablement fixée par la loi de l'époque de l'acte [2] ; quant aux droits futurs, qui ne peuvent être considérés en aucun cas comme des droits acquis, la capacité peut être restreinte et modifiée par une loi postérieure à celle qui la fixait [2].

La capacité est dite active par rapport au futur ayant droit, passive par rapport au futur obligé. Sous un autre point de vue, elle est absolue ou relative, suivant qu'on la considère en elle-même, ou par rapport, soit à l'objet, soit à l'autre partie.

Toute personne a la capacité absolue, active ou passive, si elle ne lui est refusée par une disposition expresse de la loi [3]. Il faut seulement que la personne ait une existence actuelle, ou au moins éventuelle si le droit n'est qu'éventuel.

La capacité relative à l'objet, qui peut être spécialement appelée qualité, consiste en ce que cet objet doit être possible et d'un intérêt appréciable en argent relativement à chacune des parties. Autrement, l'obligé ne sera tenu à aucune réparation en cas d'inexécution, puisque l'évaluation de cette réparation sera impossible. Il pourra donc impunément violer le droit, sans avoir à craindre aucune action efficace ; ce qui est contraire à la nature même du droit social.

1. Aubry et Rau, § 52-1.

2. Cass. 3 janv. et 19 nov. 1832, 7 déc. 1836, 7 mars 1881 (S. 83. 1. 197, D. 81. 1. 348 à 349) ; St-Omer, 14 mars 1895 (D. 96. 2. 117, G. P. 95. 2. 767) ; Marc, art. 2-IV ; Merlin, Rép. v[is] *Effet rétroactif*, sect. III, § 2 ; Aubry et Rau § 30-18 à 21 ; § 2 ; — v. cep. Merlin, Rép. v[o] *Loi*, § 9 n. 5.

3. Cpr. Civ. 1123 (489 a).

Mais cette règle ne doit pas être entendue dans un sens trop rigoureux. En effet, les intérêts, même immatériels, sont susceptibles d'appréciation pécuniaire, à titre de réparation ; d'un autre côté, l'esprit de libéralité envers un tiers peut être considéré comme un intérêt suffisant [4] ; enfin une personne peut avoir qualité, bien que l'objet ne l'intéresse que par l'intermédiaire d'un *représentant juridique.*

On appelle ainsi une personne qui a pouvoir d'agir à la place d'une autre. Les représentants juridiques sont de deux espèces : ou ils agissent dans leur propre intérêt, comme les débiteurs qui représentent leurs créanciers, sauf le cas de fraude, ou comme les auteurs qui représentent leurs héritiers [5] ; ou ils agissent en vue de l'intérêt d'un tiers, comme les mandataires et autres personnes semblables. Les ayants-droit, considérés comme représentés de la première manière, se nomment *ayants-cause* [6] : ainsi un créancier est l'ayant-cause de son débiteur, sauf le cas de fraude et sauf tout droit réel distinct de la créance. En effet, *credere* signifie confier, avoir confiance ; de telle sorte que tout créancier (sauf circonstances particulières) autorise implicitement le débiteur à le représenter dans la gestion du patrimoine grevé de la dette.

On peut distinguer aussi deux sortes d'ayants-cause : les uns qui représentent la personne elle-même, comme les héritiers et les créanciers chirographaires [7] ; les autres qui tiennent seulement certains de ses droits, tels que les acquéreurs à titre particulier, les fermiers et les créanciers hypothécaires [8].

La capacité, relative au sujet, dépend d'une relation spéciale, et différente suivant les titres, entre les personnes qui sont parties à un même acte. Ainsi un médecin n'est pas toujours capable de recevoir des donations de la part de ses malades [9]. Cette sorte de capacité relative peut être désignée sous le nom d'aptitude.

17. Les personnes ont généralement un *domicile :* on appelle ainsi le lieu où une personne est toujours censée présente pour *l'exercice de ses droits* et l'exécution de ses obligations. Le domicile est distinct de

4. *Beneficio affici hominem, interest hominis* (L. 7. *de serv. export.* D. XVIII, 7.)

5. V. Pont, *Petits contrats.* II, 668.

6. V. sur cette définition : Laurent, XVI, 12 ; Baudry-L., III, 535 à 538.

7. Cass. 20 oct. 1889 (S. 92. 1. 305, D. 91. 1. 475).

8. V. sur cette distinction : Baudry-L. lo co, no 7.

9. V. civ. 909 (2766 a).

17. .... établissement principal ; effets ;

la résidence qui est le lieu de la demeure actuelle et plus ou moins momentanée d'une personne [1].

D'après le code civil, le domicile est au lieu du *principal établissement* [a] : ou, pour employer les termes mêmes de l'exposé des motifs, « au lieu où la personne a établi sa demeure, le centre de ses affaires, le siège de sa fortune, au lieu d'où cette personne ne s'éloigne qu'avec le désir et l'espoir d'y revenir, dès que la cause de son absence aura cessé [2]. » Le domicile se détermine donc par les circonstances du fait, qui peuvent être excessivement multiples et variées [3] : la simple possession d'une habitation ne suffit pas à l'établir [4]. A plus forte raison, un négociant ne peut-il être considéré comme domicilié dans l'hôtel garni où il se trouve momentanément [5].

Dans certains cas, le domicile est fixé par la loi elle-même : tel est le domicile des domestiques [6], des femmes mariées [7], des mineurs et des interdits [8], des fonctionnaires publics [9], des militaires [10] et des comédiens [11].

Les règles présentes ne concernent que les *français*, le domicile des étrangers étant assujetti à quelques prescriptions particulières [12].

Lorsque la demeure ou l'établissement principal est situé sur deux communes, le domicile dépend de celle où se trouve la porte principale [13].

Le domicile a plusieurs effets ; entre autres, de fixer le lieu de la signi-

1. V. Cass. 31 janv. 1888 (S. 89. 1. 295, D. 88. 1. 244) ; Lyon, 4 fév. 1886 (*Monit.* 16 avril) ; Aix, 29 juillet 1885 (Bull. 85. 411) ; Cpr Gex, 6 juil. 1898 (*Mon. Lyon*, 20 sept.).

2. Motifs du titre III. — Cpr. L. 27, *ad municip.* D. 50. 1. ; L. 7, Cod. *de incolis*. L'usine d'un industriel est son établissement *principal*, plutôt que sa maison : Amiens, 23 nov. 1895 (*Loi* 15 fév. 96) ; Seine, 17 mai 1899 (*Droit*, 4 janv 1900). Il n'est pas nécessaire que l'établissement *principal* soit irrévocable : Cass. 22 mars 1893 (S. 93. 1. 1320) ; 30 mars 1895 (S. 97. 1. 100).

3. V. Cass , 12 fruct. IX, 28 flor. X, 23 juil. 1817, 19 mars 1812, 16 fév. 1819, 24 fév, 1835, 15 mars 1841, 15 mars 1843, 24 avril 1883 (S. 83. 1. 311), 11 mai et 19 déc. 1887 (S. 90. 1. 451, D. 88. 1. 459, G. P. 87. 1. 737), 31 janv. 1888, 11 mai 1897 (S. 97. 1. 325) ; Paris, 13 mai 1809 ; Amiens, 10 mars 1849, Nancy, 18 déc. 1869, Douai, 13 déc. 1873. Cpr. n. 4289.

4. L. 17 § 13, *ad municip* , D. 50. 1. Cpr. Merlin, v° *Déclinatoire*, § 1. — V. n° 1.

5. Cass. 17 fév. 1862 (S. 62. 1. 396, D. 62. 1. 276-277).

6. V. Civ. 109 (2246 a).

7. V. Civ. 108 (3038 a).

8. V. Civ. 108 (3038, 3485).

9. V. Civ. 106, 107 (4223 a).

10. V. n. 4667.

11. V. n° 35 et n° 6247.

12. V. n. 7976 et ss.

13. Douai, 27 mars 1878 (S. 78. 2. 178, D. 78. 2. 83) ; Merlin, v° *Domicile*, § 11.

---

a. *Civ.* **102**. — Le domicile de tout Français, quant à l'exercice de ses droits civils, est au lieu où il a son principal établissement.

17. .... cessation et changement de domicile ;

fication des actes publics[14], la compétence des fonctionnaires et des juges[15], le lieu du paiement[16], celui de l'ouverture des successions[17], des tutelles[18], et des faillites[19], conformément aux explications données plus loin.

En ce qui concerne la promulgation des lois, pour décider si une loi de police et de sûreté a été publiée, il faut s'en tenir au lieu de la résidence ; au contraire, c'est le domicile qu'il faut considérer, au point de vue des lois qui régissent les biens ; et le lieu de l'acte, pour les lois qui déterminent la capacité et l'état des personnes[20].

Le domicile cesse par la mort de la personne ; et, durant sa vie, il peut être changé de lieu à son gré[21]. En observant les art. 103 à 105 du Code civil[b], qui subordonnent le changement à deux conditions.

La première, celle de *l'habitation réelle* et *principale*[22] est absolument indispensable[23]; mais peu importe sa durée[24]. La seconde résulte d'une double[25] déclaration, qui doit être sincère et non simu-

14. T. Pr. civ. 69 (789 a).
15. V. Pr. civ. 59 (319 a).
16. Civ. 1247 (543 c).
17. Civ. 110 (2645 b).
18. Civ. 406 (3473 a).
19. Com. 438 (4066 b).
20. Demolombe, I, n. 31.
21 L. 31. *Ad.municip.* D. 50. 1. — Il ne se perd pas sans changement : Cass. 30 mars 1892 (D. 93. 1. 29) ; et le changement ne s'opère pas, s'il n'y a eu liberté du choix : Orange, 15 juil. 1890 (G. P. 90. 2. 418) ; ou si le domicile est imposé par la loi (nos 7 à 9).
22. Cass. 9 juin 1830, 7 mai 1839, 10 et 20 juin 1846 (D. 46. 1. 249). — Cpr. Besançon, 27 mars 1867 (D. 67. 2. 55).
23. Cass. 16 avril 1817, 5 nov. 1832, 25 août 1835, 17 janv. 1837, 26 fév. et 30 juil. 1850, 18 déc. 1855, 21 août et 17 déc. 1862, 23 mars 1875, 9 mars 1880, 7 déc. 1885, 24 fév. 1892, 21 nov. 1893, (S. 94. 1. 80, D. 94. 1. 60, G. P. 93. 2. 648) ; Bordeaux, 10 août 1811 ; Paris. 10 janv. 1813, 1er fév. 1870 ; Poitiers, 23 juin 1819 ; Besançon, 10 janv. 1828 ; Toulouse, 26 fév. 1850 ; Villefranche, 20 avril 1866 ; Dijon, 26 juil. 1867 ; Limoges, 8 juin 1885 ; Angers, 25 janv. 1897 (*Loi* 16 fév.).
24. Limoges, 1er sept. 1813 (S. 13. 2. 353) ; Genève, 7 sept. 1885 (S 86. 4. 15) ; Seine, 17 mai 1899 (*Droit*, 4 janv. 1900).
25. Cass. 8 déc. 1840, 6 fév. 1884, 7 déc. 1885 ; Poitiers, 24 fév. 1884 (G. P. 84. 1. 585). — Cpr. Cass. 6 mars 1888 (S. 91. 1. 27.)

b. *Civ.* **103.** — Le changement de domicile s'opèrera par le fait d'une habitation réelle dans un autre lieu, joint à l'intention d'y fixer son principal établissement.

104. — La preuve de l'intention résultera d'une déclaration expresse, faite tant à la municipalité du lieu qu'on quittera, qu'à celle du lieu où on aura transféré son domicile.

105. — A défaut de déclaration expresse, la preuve de l'intention dépendra des circonstances.

17. .... unité du domicile ; différentes espèces ;

lée[26], sans aucune intention de faire fraude à la loi[27]. A défaut de déclaration, le domicile dépend des *circonstances* du fait[28], qui sont laissées à l'appréciation souveraine de juges[29], et qui doivent témoigner à la fois de l'abandon complet de l'ancien lieu et de l'adoption définitive du nouveau[30]. Si les circonstances sont douteuses, le premier domicile est conservé[31], surtout quand il s'agit du domicile d'origine[32].

Une personne peut-elle n'avoir aucun domicile, ou au contraire en posséder plusieurs ? Les jurisconsultes romains admettaient l'affirmative[33], qui est en effet fondée, si l'on attache à la notion de domicile une certaine idée de permanence. Mais si le domicile est simplement le lieu du principal établissement actuel, il est plus conforme à l'esprit de la loi de décider que toute personne a un domicile et ne peut en même temps en avoir qu'un[34] : et alors la résidence doit être assimilée au domicile pour les personnes qui, à raison de leur profession, changent continuellement de lieu, comme les saltimbanques, les colporteurs et les directeurs de cirques ambulants[35].

En dehors du domicile dont il vient d'être parlé, et qu'on appelle domicile *civil général*, on distingue le domicile politique, qui est différent et indépendant du précédent[36]; le domicile civil spécial à certains actes, comme le mariage[37] ; et celui relatif à leur exécution (saisies, expropriations, etc.) : ce dernier se nomme domicile *élu*, et il peut être multiple pour

26. Cass. 20 nov. 1889 (S. 90. 1. 155).
27. Cass. 15 mai 1882 (S. 85. 1. 15), 20 nov. 1889, 30 mars 1892 (S. 92. 1. 151).
28. V. Cass. 17 août 1881, 24 avril 1883, 19 déc. 1887, 31 janv. 1888, 24 mars 1890 (S. 90. 1. 420), 21 nov. 1893 (D. 94. 1. 60); Lyon, 17 mars 1891 (S. 92. 2. 1).
29 Cass. 23 juil. 1840, 21 août et 17 déc. 1862, 10 mars et 28 mai 1879, 24 avril 1883, 27 mai 1884, 29 nov. 1889 [S. 90. 1. 155, 9 avril 1900 (S. 00. 1. 288); Nancy, 18 déc. 1869; Paris, 6 fév. 1886, 21 nov. 1889 (*Loi*, 14 janv. 1890.)
30. Cass. 28 mai 1879, 24 avril 1883 [S. 83. 1. 311]; Riom, 15 juin 1891 (G. T. 25 août).
31. Cass. 22 janv. 1850; Orléans, 6 août 1863 ; Seine, 6 juin 1882 (G. P. 82. 2. 127). Cpr. Cass. 24 mai 1879 (S. 79. 2. 311) ; Paris, 14 août 1823. — Cpr. cep. Cass. 6 sept. 1855.
32. Cass. 11 vend. XIII, 25 août 1813, 14 fév. 1832, 24 fév. 1835, 12 déc. 1877, 21 mai 1879, 24 avril 1883, 24 mars et 5 novembre 1890 ; 24 mars 1896 (S. 97. 1. 100) ; Turin, 13 mars 1809 ; Paris, 3 août 1812 ; Montpellier, 5 août 1836 ; Limoges, 13 fév. 1869 ; Douai, 13 déc. 1873. — V. n. 4289.
33. L. 6 § 2 et L. 27 § 2, *ad municip.* D. 50. 1 ; Merlin, rép. v° *Domicile*, § 8.
34. V. Cass. 4 août 1896 (S. 00. 1. 515); Merlin, v° *Déclinat.*, § 1.
35. Nîmes, 4 pluv. IX ; Bordeaux, 20 nov. 1866 ; Nancy, 1er déc. 1874 (S 75. 2. 237). — V. n. 6247.
36. Cass. 5 avril 1850, 8 janv. 1884 (S. 85. 1. 431, D. 84. 1. 106, G. P. 84. 1. 924) ; Bordeaux, 18 avril, 1894 (D. 94. 2. 403) ; Seine, 30 juin 1894 (Loi 260, etc.) — V. n. 4209.
37. Civ. 74, 166, 167 (3026 a, 3022 a).

une seule personne, étant tantôt imposé par la loi, et résultant tantôt du libre choix des intéressés [38].

18. De même qu'elle a nécessairement un domicile, toute personne a aussi un *patrimoine* * : ce mot désigne l'universalité des droits et obligations d'une personne quelconque.

Suivant la notion juridique du mot, toute personne, si dénuée qu'elle soit de ressources, a un patrimoine, puisqu'elle a toujours quelques droits et obligations ; par exemple, le droit de conserver sa vie et l'obligation de repecter celle d'autrui.

Le patrimoine comprend le plus souvent des biens et des dettes, un actif et un passif. Quand même le passif excède l'actif, la réalité du patrimoine n'en subsiste pas moins ; son existence est, en effet, indépendante de la comparaison de l'actif avec le passif. Mais sa consistance dépend de cette comparaison, et sa valeur se détermine en déduisant l'actif du passif [1].

Nul ne peut évidemment avoir qu'un patrimoine ; mais l'universalité qui le compose peut être quelque fois subdivisée en plusieurs universalités distinctes. Ainsi, dans certains cas, l'ensemble des biens d'une succession reste séparé du patrimoine de l'héritier [2] ; de mêmes les biens donnés par un ascendant forment, quand il y a lieu au droit de retour, une universalité distincte du surplus de la succession [3].

§ 2. — Des différentes espèces de personnes

19. On distingue plusieurs espèces de personnes, suivant qu'on les considère, ou en elles-mêmes, ou par rapport à leur état, à leur capacité et à leurs professions.

Si on les considère en elles-mêmes, il y a d'abord les personnes qui n'existent pas encore et qui ne peuvent avoir aucune espèce de droits actuels.

Quant aux personnes qui ont une existence actuelle, elles se divisent en personnes physiques et personnes morales.

Les personnes *physiques* sont celles qui constituent un être humain : homme, femme, enfant. Tout être humain possède aujourd'hui la qualité de personne : elle a un patrimoine [1], c'est-à-dire des droits et des obligations, reconnus et sanctionnés par la loi civile.

* Sur la *théorie du patrimoine*, v. Vacher-Lapouge (S. 82. 6. 16).

38. V. civ. 111 (727 a).

1. Bona intelliguntur cujusque, quæ deducto ære alieno supersunt. L. 39, § 1 *de verb. signif.* D. 50. 16.

2. C'est ce qu'on appelle la séparation des patrimoines : Civ. 878 et ss. (2709 et ss.)

3. Civ. 747 (2667 a), 951, 952 (2811 a).

1. V. n. 18.

19. .... physiques ou morales ; conception, naissance, viabilité ; âge ; décès ; sexe ;

Les personnes *morales* sont des associations de personnes physiques, qui ont, au point de vue légal, une existence distincte de celle de leurs membres. Tels sont les communes, les départements, l'Etat, les fabriques des églises, les sociétés commerciales et les syndicats professionnels. Pour constituer une personne morale, il ne suffit pas qu'une communauté existe en fait, il faut de plus qu'elle soit autorisée, approuvée ou reconnue par la loi civile.

Les personnes physiques peuvent posséder l'existence à des degrés et suivant des manières différentes.

L'existence civile commence avec la conception [2], mais elle dépend, comme condition, de la naissance et de la viabilité. La naissance est constatée par un moyen de preuve spécial [3]. Quant à la viabilité de l'enfant (*vitæ* ou *viæ habilis*), elle est subordonnée à sa constitution normale, de telle sorte que sa mort, si elle survient, soit simplement le résultat d'un accident, et non la suite nécessaire des vices de sa conformation. La constatation de ce fait, dans les différents cas [4], donne lieu à une expertise médicale.

Après la naissance, l'âge mesure la durée de l'existence civile. Il se compte naturellement à partir de la naissance [5] ; et il est d'une grande influence sur la criminalité [6], la capacité civile [7], le mariage [8], les obligations de famille [9], et les droits politiques [10].

Enfin l'existence civile finit par la mort de l'être humain, qui en était le principe et le sujet. Mais tous les droits d'une personne ne s'éteignent pas avec sa vie, et la plupart passent à ses héritiers [11]. Du reste, le décès, comme la naissance, se constate au moyen d'une preuve spéciale [12].

Le sexe différencie également les personnes physiques et influe sur leurs droits. Du chef des femmes *, il fait obstacle, sauf quelques excep-

* **Bibliographie**. V. sur la condition civile et politique des femmes : Bridel (S. 94. 6. 46), Duverger, Frank, Gide (S. 86. 6. 45), Giraud (S. 94. 6. 46), Krug, Moysen (S. 96. 6. 28), Ostrogorski (S. 92. 6. 22), Willey (S. 97. 6. 3).

2. V. civ. 725 (2646 a). Qui in utero est, perinde ac si in rebus humanis esset, custoditur, quoties de commodis ipsius partus agitur. L. 7. D. de *statu hom.* D. 1. 5.
3. Civ. 55 et ss. (2988 et ss).
4. Civ. 314 (3331 b), 725 (2646 a), 906 2763 a).
5. Cpr. n. 21-3. Il serait contraire au sens usuel de ce mot, d'appliquer la maxime de droit romain citée à la note 2 ci-dessus.
6. V. n. 134.
7. V. n. 21, 489.
8. Civ. 144 (3011 a).
9. Civ. 371, 372 et ss (3391 a, b).
10. V. n. 4282, 4285.
11. V. n. 2640 et ss,, 2692 et ss.
12. V. n. 2991 et ss.

19. .... sexe ; infirmités ; identité. — **20.** État des personnes ; questions d'État ; français ou étrangers ;

tions [13], à la jouissance et à l'exercice des droits politiques, c'est-à-dire aux droits de l'électorat et de l'éligibilité, bien qu'elles aient obtenu récemment la capacité d'être témoins dans les actes publics [14] et l'exercice de quelques fonctions publiques [15]. Elles sont d'ailleurs relevées depuis longtemps de l'ancienne incapacité de s'obliger pour autrui [16].

Quant aux infirmités physiques ou morales, elles donnent naissance à des droits particuliers de protection sociale [17], sans affecter la capacité juridique : à moins qu'elles n'accompagnent l'une des causes d'incapacité énumérées ci-après [18], ou qu'elles ne rendent matériellement impossible l'accomplissement d'un acte donné. Ainsi les aveugles et les sourds-muets ne sont incapables, à raison de leur infirmité, d'aucun acte de la vie civile : ce qui n'empêche pas qu'un aveugle ne peut faire testament en la forme mystique [19], ni un sourd-muet disposer de ses biens au moyen d'un testament par acte public [20].

Les droits et obligations étant différents suivant les personnes, il y a souvent intérêt à rechercher et à connaître l'identité des individus [21]. C'est ce qui a lieu surtout en matière répressive [22] ; et à ce sujet les divers signes physiques et les signalements anthropométriques sont d'une grande utilité [23].

20. L'*état* des personnes n'est autre chose que leur situation par rapport à la société politique (état de cité), ou à la famille (état civil) dont elles dépendent. On distingue donc, à cet égard, les français et les étrangers, les parents ou alliés et ceux qui ne le sont pas. Les questions qui se rattachent à ces deux points, — et aux faits qu'ils supposent nécessairement, comme le mariage, la filiation, l'adoption, — reçoivent le nom de *questions d'état* : à cause de leur importance, leur examen judiciaire fait l'objet d'une compétence et d'une procédure spéciale [1].

On est *français* ou *étranger*, suivant le lieu ou la famille de son origine [2]. Il n'y a que les français qui jouissent pleinement *des droits civils*,

13. V. L. 23 janv. 1898 (4397 b).
14. L. 7 déc. 1897 (806 a, 2976 b).
15. V. n. 5947, 5994; 6004.
16. Veleiano senatusconsulto plenissime comprehensum est, ne pro ullo feminæ intercedereat. L. 1. *ad. senatusc. Vellionem*, D. 16. 1.
17. V. n. 7786 à 7868.
18. V. n. 21.
19. V. n. 2894.
20. V. n. 2876. V. Bonnefoy, *De la surdi-mutité au point de vue civil et criminel* (S. 01. 6. 26).
21. V. n. 211.
22. V. I. cr. 518 à 520 (4190 e).
23. *De l'identification par les signalements anthropométriques*, par Bertillon.

1. V. n. 2969, 2970.— V. sur le *célibat*, Ernault (S. 95. 6. 31), Bocquet (S. 95. 6. 63).
2. V. L. 26 juin 1889 (7951 et ss.)

20. .... français ou étrangers ; parents ;

et qui puissent exercer les droits politiques ; la capacité des étrangers est restreinte et soumise à des règles spéciales [3].

Dans la famille, les qualités de mari, de femme, de père, de mère et de fils ou fille, supposent et entraînent des rapports juridiques, qui, pour être très importants, ne sortent guère du cercle des relations domestiques. Mais la qualité de parent ou allié est plus générale, puisqu'elle comprend les précédentes, et qu'elle exerce une influence sur la constitution des tribunaux [4] et les actes de juridiction [5] et de procédure [5], comme sur les droits de famille [7] ou de succession [8].

On appelle *parents* ceux qui descendent l'un de l'autre ou d'un auteur commun. La parenté est qualifié de *légitime, naturelle* ou *purement civile,* suivant qu'elle résulte exclusivement de mariages réguliers, ou, pour partie, soit d'unions illégitimes, soit du lien fictif du contrat d'adoption.

Dans une parenté quelconque, on distingue la *souche,* la *ligne* et le *degré,* c'est-à-dire : la personne qui est la première cause de la parenté ; — la série de personnes qui descendent de la même souche, — et le nombre des générations qui les séparent. La ligne, ou série de générations, est *directe* ou *collatérale,* selon que les parents descendent l'un de l'autre, ou seulement d'un auteur commun.

Le code civil [b], comme le droit romain (qui avait donné à cette matière

3. Civ. 8 (7952 a).
4. V. n. 4444.
5. V. n. 779 a, 807 a.
6. V. n. 883, 993, 1073, 1074.
7. V. n 3406, 3407.
8. V. n. 2642 et ss.

b. *Civ.* **735.** — La proximité de parenté s'établit par le nombre de génération ; chaque génération s'appelle un degré.

736. — La suite des degrés forme la ligne : on appelle *ligne directe* la suite des degrés entre personnes qui descendent l'une de l'autre ; *ligne collatérale,* la suite des degrés entre personnes qui ne descendent pas les unes des autres, mais qui descendent d'un auteur commun.

On distingue la ligne directe, en ligne directe descendante et en ligne directe ascendante.

La première est celle qui lie le chef avec ceux qui descendent de lui : la deuxième est celle qui lie une personne avec ceux dont elle descend.

737. — En ligne directe, on compte autant de degrés qu'il y a de générations entre les personnes : ainsi le fils est, à l'égard du père, au premier degré ; le petit-fils, au second ; et réciproquement du père et de l'aïeul à l'égard des fils et petits-fils.

738. — En ligne collatérale, les degrés se comptent par les générations, depuis l'un des parents, jusque et non compris l'auteur commun, et depuis celui-ci jusqu'à l'autre parent.

Ainsi deux frères sont au deuxième degré ; l'oncle et le neveu sont au troisième degré ; les cousins germains au quatrième ; ainsi de suite.

de très longs développements [9]), mesure toujours l'éloignement de la parenté par le nombre de degrés ou de générations, qui a été nécessaire pour l'établir, sans y comprendre la souche. Le droit canon s'écarte de ce mode de computation, mais seulement en ligne collatérale : on ne compte dans cette ligne, que le degré du parent le plus éloigné, ou mieux encore, le degré de chaque parent en remontant jusqu'à la souche. Ainsi, en droit canon, le grand'oncle et le petit-neveu sont parents *du premier au troisième*, tandis qu'en droit civil ils sont parents *au quatrieme degré.*

Les alliés sont les parents du mari et de la femme, par rapport au conjoint. L'alliance est limitée à la relation existant entre le mari ou la femme et les parents de son conjoint : ainsi les maris de deux sœurs, bien que désignés habituellement sous le nom de beaux-frères, ne sont pas alliés; il n'y a d'alliance, à ce point de vue, qu'entre chaque sœur et le mari de l'autre. D'où il suit que l'allié de la femme n'est pas l'allié du mari [10]. Le degré de l'alliance est, d'ailleurs, le même que celui de la parenté.

L'alliance et ses effets, c'est-à-dire les incapacités ou prohibitions qui en sont la suite [11], ne cessent point (sauf exception expresse de la loi) par le décès sans enfants du conjoint qui la produisait [12], quand même son conjoint survivant ait convolé en seconde noces [13] ; elle subsiste également après le décès des enfants issus du mariage [14].

21. Au point de vue de leur capacité, qui est distincte de leur état [1], les personnes se divisent en capables et incapables.

On appelle *capables* (il s'agit de la capacité civile absolue), celles qui ont à la fois la jouissance et l'exercice des droits civils; et incapables les personnes qui ont la jouissance des droit civils, sans en posséder l'exercice. Et en effet, tout français *jouit* des droits civils [1], c'est-à-dire qu'il est apte à les posséder. L'*exercice* de ces droits, en d'autres termes le pouvoir actuel de s'en servir, n'appartient qu'aux personnes capables : quant aux incapables, une circonstance indépendante de leur volonté, les empêche de faire valoir ces droits par eux-mêmes et à leur gré.

9. V. D. 38. 10. *de grad. et affin.*

10. Cass. 11 avril 1811, 10 sept. 1812, 16 mars 1821 ; Pau, 9 nov. 1831 (S. 32. 2. 385, D. 32. 2. 29).

11. V. civ. 161 et ss. ; pr. civ. 66 ; L. 25 vent. XI-8 ; L. 5 avril 1884-35, etc.

12. Cass. 16 juin 1834, 4 nov. 1868 ; Dijon, 6 janv. 1827 ; Vaucluse, 10 avril 1836 ; Lettre min. 18 juil. 1843 ; Paris, 18 mars 1850 ; C. d'Et. 9 nov, 1889, 16 juin 1893 (S. 95. 3. 47). — V. cep. Paris, 12 mars 1830.

13. Bruxelles, 11 juin 1813 ; — v. Nîmes, 28 janv. 1831 (S. 31. 2. 292, D. 31. 2. 131).

14. Cass. 4 nov 1868 (S. 69. 1. 18) ; Caen, 14 août 1867.

1. V. n. 20 et civ. 8 (7952 a).

21. .... majeurs et mineurs ;

Tantôt cette circonstance résulte de l'âge de la personne. Sous ce rapport, les articles 388 et 488 du code civil[a] divisent les personnes en majeures ou mineures, suivant qu'elles ont ou qu'elles n'ont pas l'âge de *vingt-un ans accomplis*. Le sens des mots *majeur* et *mineur*, qui était simplement relatif, en droit romain *(major* ou *minor viginti* ou *viginti quinque annis)*, est devenu absolu, et ces mots signifient capable ou incapable à raison de l'âge. L'âge se compte jour par jour à partir de la naissance [2], à moins que l'heure ayant été indiquée dans l'acte de naissance, la computation par heures ne soit possible [3].

A l'âge de vingt-un ans, on est capable de *tous les actes de la vie civile*. Le législateur a supposé qu'ordinairement, à cet âge, l'intelligence est suffisamment développée. Il a cependant excepté : 1° certains actes qui sont assujettis à des conditions spéciales, tels que le *mariage* [4], l'adoption [5] ; et 2° certaines personnes qui, qui malgré la majorité, se trouvent dans quelqu'une des autres circonstances qui produisent l'incapacité [6].

Les mineurs ne peuvent accomplir seuls aucun acte de la vie civile ; et la loi les protège contre les actes et les négligences préjudiciables à leurs intérêts [7]. Toutefois, il est fait exception à cette règle : 1° relativement à certains actes (délits [8], contrats de mariage [9]), et aux actes qui, au lieu d'être préjudiciables, sont favorables aux mineurs [10] ; 2° au profit de certains mineurs qui, se trouvant placés dans un état spécial, sont capables de faire certains actes : ce sont les mineurs émancipés, dont l'état, la capacité juridique restreinte seront examinés au livre V [11].

Abstraction faite de l'âge, l'incapacité résulte encore de certaines causes prévues par la loi, savoir : les condamnations pénales [12], la qualité

2. V. n. 19 5.
3. Nancy, 10 mars 1888 (S. 89. 2. 105). Marc., art. 388, n. III ; Demol. VIII, n. 408 ; Laurent, IV, n. 362. *Quid* du *jour bissextile* ? V. Merlin, Rép. h. v°.
4. Civ. 148 (3018 a).
5. Civ. 343 (3449 a).
6 V. ci-après.
7. V. n. 3461 et ss.
8. V. n 134.
9. Civ. 1398 (3231 a).
10. Namque placuit, meliorem quidem conditionem licere eis facere, etiam sine tutoris auctoritate : deteriorem vero non aliter quam tutoris auctoritate. Inst. *de auct. tut.* pr.
11. V. n. 3532 et ss.
12. V. n. 172 et ss.

a. *Civ.* **388**. — Le mineur est l'individu de l'un ou l'autre sexe qui n'a point encore l'âge de vingt et un ans accomplis.

488. — La majorité est fixée à vingt et un ans accomplis ; à cet âge on est capable de tous les actes de la vie civile, sauf la restriction portée au titre *du Mariage* [3018 a].

de femme mariée [13], l'aliénation mentale [14], l'interdiction [15], la prodigalité [16], l'absence [17], la faillite [18], la seule qualité de personne morale [19] et la qualité d'étranger [20]. Ces différentes causes d'incapacité appartiennent, au droit de famille soit au droit spécial et public. Il importe seulement de préciser ici le sens du mot *absent*.

Bien qu'une personne soit toujours censée présente à son domicile pour l'exercice de ses droits, elle peut, en fait, ne pas s'y trouver actuellement. Si elle n'y est pas, la loi prend parfois des mesures spéciales pour la conservation de ses droits [21]. Si, de plus, elle est tellement et depuis si longtemps éloignée de son domicile, qu'on n'en ait plus de nouvelles, et que son existence même soit devenue incertaine, elle est alors juridiquement absente : c'est-à-dire que, pour la protection de ses droits et l'exercice des droits des tiers, la loi l'assimile, plus ou moins complètement, à une personne décédée, ainsi qu'on l'expliquera au sujet des droits de famille [22].

Il s'agit jusqu'ici des droits civils. Quant aux droits politiques, qui permettent de participer à l'exercice de l'autorité [23], leur possession confère la qualité de *citoyen ;* et, suivant le nouvel article 7 du code civil [b], qui a cru devoir effacer du texte antérieur cette dernière qualification, ils ne résultent pas nécessairement de l'exercice, même le plus complet, des droits civils : les lois *constitutionnelles* et *électorales* [25], imposent, à cet égard, des conditions spéciales qui seront examinées plus loin.

22. Enfin, on distingue les personnes d'après leurs professions.

La profession est le genre d'occupation ou de travail utile auquel une personne emploie, d'une manière habituelle et persistante, son temps et son activité. La loi économique de la division du travail a multiplié les professions à l'infini : on en trouve une énumération, incomplète quoique très longue, dans les tableaux qui accompagnent la législation des patentes [1] et celle des établissements insalubres [2].

13. Civ. 217 (3055 a).
14. Civ. 501 (3856 a).
15. Civ. 502 (3552 a).
16. Civ. 513 (3562 a).
17. Civ. 120 (3573 a).
18 Com. 446 (4079 a).
19. V. n. 7004 et ss.
20. V. n. 7974 et ss.
21. Civ. 810, 840 ; pr. civ. 942.
22. V. n. 3556 et ss.
23. V. n. 10.
24. L. L. 24, 25 fév., 16 juil. et 4 avril 1875 (T. chron.).
25 D. D. 2, 2 fév. 1852 (T. chron.).

1. V. n. 5299 et ss.
2. V. n. 6435.

b. *Civ.* **7** [L. 26 juin 1889]. L'exercice des droits civils est indépendant de l'exercice des droits politiques, lesquels s'acquièrent et se conservent conformément aux lois constitutionnelles et électorales.

22. .... professions. — **23.** Choses, objets des droits ;

Au point de vue du droit général, les professions, — dont l'indication doit souvent être portée dans les actes, pour désigner les parties [3], — ont toujours une influence très sensible sur les droits et les obligations. Mais les deux professions qui produisent cet effet, avec le plus d'intensité, sont celles de fonctionnaire public [4] et de commerçant [5], attendu que toutes les deux ont des rapports plus nombreux avec le public. Il suffit de signaler ici cet effet, d'une manière générale, sauf, le moment venu, à définir ces deux professions et à préciser leurs conséquences multiples.

SECTION III

DES CHOSES *

§ 1. — Des choses en général

23. Les personnes ne sont qu'exceptionnellement l'objet d'un droit [1] ; en général, les droits et obligations ont pour objet des choses ou biens de toute espèce : terres, maisons, meubles, et ainsi de suite. Un droit lui-même, s'il est considéré comme étant l'objet d'un autre droit, a la nature et mérite la qualification de bien.

« Il ne peut y avoir d'obligation, qu'il n'y ait quelque chose qui soit dû, qui en fasse l'objet et la matière [2]. » Si la chose n'existe pas actuellement, il faut au moins qu'elle soit possible, comme une maison à construire, une récolte de tel champ.

Mais le droit et l'obligation peuvent porter sur toutes choses, ainsi que le déclarent les articles 1126, 1127, 1129 et 1130 du code civil [a] : soit sur

* **Bibliographie.** V. sur les biens, les traités particuliers de Baudry-L. et Chauveau, et de Malapert.

3. Pr. civ. 61 (781 [a]) ; L. 25 vent. XI-13 (810 [a]).
4. V. n. 235.
5. V. n. 40.

1. V. n. 15.
2. Pothier, *Oblig.*, n. 129.

a. *Civ.* **1126.** Tout contrat a pour objet une chose qu'une partie s'oblige à donner ou qu'une partie s'oblige à faire ou à ne pas faire.

1127. Le simple usage ou la simple possession d'une chose peut être, comme la chose même, l'objet du contrat.

1129. Il faut que l'obligation ait pour objet une chose au moins déterminée quant à son espèce.

La quotité de la chose peut être incertaine, pourvu qu'elle puisse être déterminée.

Civ. **1130.** Les choses futures peuvent être l'objet d'une obligation.

On ne peut cependant renoncer à une succession non ouverte [2719], ni faire aucune stipulation sur une pareille succession, même avec le consentement de celui de la succession duquel il s'agit [2741].

5

une chose proprement dite, c'est-à-dire une substance ; — soit sur un fait, comme le simple usage ou la simple possession d'une chose (ex. le droit d'usage de l'emprunteur, la possession du dépositaire, la jouissance du fermier) ; — soit sur une chose présente ou sur une chose future, comme la récolte que produiront telles vignes, l'année prochaine. Il faut remarquer ici que les règles, appliquées par la loi au *contrat*, s'appliquent beaucoup plus exactement à l'*obligation*, que les textes précédents paraissent avoir quelquefois confondu avec le *contrat* [3].

Il faut que la chose, objet du droit, soit d'un intérêt appréciable en argent, au profit de l'ayant-droit. D'où il suit qu'elle doit être *déterminée quant à son espèce*, c'est-à-dire que sa quantité, sa qualité ou ses caractères individuels doivent être assez précisés, pour qu'il y ait intérêt pécuniaire à l'obtenir. Ainsi, on s'oblige à donner un cheval : la chose est suffisamment déterminée. Au contraire, si l'on est obligé à livrer « du blé, du vin, de l'argent », sans qu'aucune quantité soit fixée, comme on peut alors se libérer en donnant un grain de blé, une goutte de vin, un centime, l'obligation est tellement illusoire et a si peu d'intérêt pour l'ayant-droit, qu'elle est considérée comme n'ayant pas d'objet [4].

Mais il suffit que la chose puisse être déterminée : ainsi on peut être valablement obligé à fournir « le nécessaire pour nourrir une famille pendant un an [5] ».

24. Les biens se divisent de plusieurs manières : et d'abord en corporels et incorporels.

On appelle corporels, ceux qui tombent sous les sens, tels qu'une maison, un fonds de terre, un vêtement.

Les biens incorporels sont ceux qui, étant immatériels, ne peuvent être perçus que par l'intelligence : tels sont un droit de passage, une créance, un usufruit. Les biens incorporels ne sont autre chose que des droits considérés sous la forme de biens [1].

On distingue, en second lieu, les biens qui se consomment et ceux qui ne se consomment pas par l'usage qu'on en fait. Ainsi se consomment par l'usage, le vin, le blé, l'argent ; et ne se consomment pas, une maison, un fonds de terre.

3. Sur les choses qui peuvent, ou non, faire l'objet des consentements et des contrats, v. n. 490.
4. De minimis non curat prætor.
5. Pothier, *Oblig.* n. 131.
1. V. n. 23.

24. .... fongibles ou non fongibles. — **25.** Fruits et revenus ;

Il ne faut pas confondre cette distinction avec celle des choses fongibles ou non fongibles. Les choses sont fongibles ou non fongibles, suivant qu'il est permis, ou qu'il n'est pas permis, dans la restitution qui doit en être faite, de les remplacer par autant de choses de même espèce et qualité [2]. Ainsi vous me prêtez mille francs : l'argent que vous me prêtez est une chose fongible, puisque je ne suis pas obligé de vous rendre les mêmes espèces. Au contraire, le cheval emprunté pour une promenade est une chose non fongible : il faut que je restitue le même cheval.

Cette distinction des choses a pour fondement le caractère particulier qu'elles revêtent, quand elles forment l'objet d'une obligation de restitution. Aussi, dans le cas où cette obligation dérive d'un consentement, la fongibilité dépend de l'intention expresse ou présumée des parties. Par suite, un même objet peut être fongible ou non fongible, suivant les conditions de la restitution. Par exemple, j'entends que le livre que j'ai prêté à l'un de mes amis me soit restitué *in specie* : ce livre est donc une chose non fongible. Mais qu'un libraire emprunte un ouvrage à l'un de ses confrères, il peut facilement arriver que l'objet de la restitution soit un exemplaire semblable, et non le même exemplaire : le livre est, dans ce cas, une chose fongible.

Souvent les choses qui se consomment par l'usage sont fongibles : tel est même, à moins de circonstances particulières, l'intention présumée des parties. Mais cette intention peut quelquefois être contraire : ainsi il arrive qu'une chose qui se consomme par l'usage est non fongible, comme le vin, le blé qu'on emprunte pour montre ; et qu'à l'inverse, une chose qui ne se consomme pas par l'usage est fongible, ainsi que le prouve l'exemple cité plus haut du prêt d'un livre entre deux libraires. Il ne faut donc point confondre ces deux distinctions, comme l'ont fait d'excellents auteurs et la loi elle-même [3].

25. Un autre division importante est celle des biens en fruits ou revenus, et en fonds ou capitaux.

On appelle *fruit ou revenu*, tout ce qu'on retire successivement d'une chose sans en consommer la substance, de telle sorte que la chose reste moralement la même : ex., les fruits d'un arbre, la récolte d'une ferme, les intérêts des créances.

2. Quorum una alterius vice fongitur. L. 2 pr. et § 1. *de reb. credit.* D. 12. 1.

3. Pothier, *Oblig.* n. 624 ; civ. 1874, 1892 et 1894 ; — V. Pont, *Prêt*, n. 7 et ss.

25. .... fonds ou capitaux ; fruits naturels ou civils ; intérêt légal ou conventionnel, moratoire ou compensatoire, simple ou composé (anatocisme). — **26**. Meubles ou immeubles.

On nomme *fonds ou capital*, la chose qui produit les fruits ou revenus. Le mot *fonds* s'applique plus spécialement aux valeurs individualisées, pour ainsi dire, dans un objet déterminé, comme les fonds de terre ; et le mot *capital* désigne plus particulièrement des valeurs dont l'objet individuel est indéterminé, comme les créances de sommes d'argent.

Une chose, qui est un revenu à un moment donné, peut devenir capital par l'effet de circonstances : comme si un créancier fait un placement au moyen de ses revenus. De plus, un même objet peut être fonds ou fruit, suivant sa destination [1] : ainsi les arbres et bois sont des fruits du fonds, quand ils sont mis en coupes réglées ; ils constituent un fonds, dans le cas contraire.

Les fruits sont des accessoires du fonds qui les a produits. Ils se divisent en *naturels* ou *civils*, suivant qu'ils naissent réellement de la chose, ou qu'ils sont censés produits par la chose, en vertu d'un titre spcial. Les moissons, les fruits des arbres, les bois à couper sont des fruits naturels. Les intérêts de sommes d'argent, les arrérages des rentes, les loyers d'une maison, et même ceux d'une ferme, sont des fruits civils [2].

Les fruits civils des sommes d'argent, c'est-à-dire les intérêts, se divisent de différentes manières, au point de vue de leur taux, de leur cause et de leur mode de calcul.

L'intérêt est *légal* ou *conventionnel*, suivant que le taux en est fixé par la loi ou par la convention des parties.

On appelle *moratoire (de mora*, retard) l'intérêt qui a pour cause le retard ; et *compensatoire*, celui qui est alloué en compensation d'un dommage ou d'une jouissance.

Enfin l'intérêt est *simple* ou *composé*, suivant qu'il est calculé, ou sur e capital seulement, ou sur les intérêts réunis au capital. L'opération qui fait ainsi produire des intérêts aux intérêts, se nomme *anatocisme*.

Les règles concernant le taux et les différentes espèces d'intérêt sont développées au chapitre II [3].

26. Sous un autre point de vue, encore plus important, tous les biens d'après l'article 516 du code civil [a], sont *meubles ou immeubles* [1].

1. V. prescription, civ. 2262 et 2277 (87 [a], 93 [a]).
2. V. civ. 547 (1593), 584.
3. V. n. 54, 69 et 70.

1. V. aussi L. 21 avril 1810-8 et 9 (6978 [b]), sur les mines.

a. *Civ.* **516**. Tous les biens sont meubles ou immeubles.

26. .... meubles ou immeubles. — **27.** Quatre classes d'immeubles;

Les biens meubles sont ceux qui peuvent être transportés d'un lieu à un autre, comme un vêtement, une table.

On appelle immeubles, les biens qui ne peuvent se mouvoir ni être transportés d'un endroit à un autre, sans que leur nature soit altérée: tels sont le sol, les arbres et les édifices.

Cette distinction s'applique facilement aux biens corporels. Quant aux biens incorporels, qui n'ont ni forme, ni figure, et n'occupent aucune place dans l'espace, l'idée de déplacement leur est étrangère [2], en sorte que, de leur nature, ils ne sont ni meubles ni immeubles. Mais comme ces biens ne sont que des droits, la loi les a rangés dans l'une ou l'autre de ces deux classes, suivant que leur objet est mobilier ou immobilier. Il est donc vrai de dire que *tous les biens* sont meubles ou immeubles.

La distinction entre les meubles et les immeubles n'est pas et ne peut être très précise. En effet, les immeubles sont, pour ainsi dire, de moins en moins immeubles: par exemple, le sol est certainement plus immeuble que les arbres et les récoltes sur pied. Les immeubles se rapprochent donc insensiblement des meubles, et le point de séparation n'est pas toujours facile à saisir: de même que, dans la nature, le moment précis où le jour finit et où la nuit commence est impossible à déterminer. Il s'est donc élevé des controverses sur l'application de la présente distinction à certains objets: elles seront résolues en principes dans les deux paragraphes suivants.

D'ailleurs, l'importance de la distinction des biens en meubles et en immeubles se mesure par ses effets, qui sont presque innombrables: ainsi les modes d'acquisition des biens, les conditions de leurs transmission, les droits d'enregistrement, la juridiction, la procédure, les privilèges, les hypothèques et l'exécution forcée, ont des règles différentes, suivant qu'il s'agit de meubles ou d'immeubles.

§ 2. — **Des différentes espèces d'immeubles**

27. Le code civil [a] divise les immeubles en trois classes: immeubles *par nature*, — *par destination*, — ou *par l'objet auxquels ils s'appliquent*. Trois décrets, l'un du 16 janvier, l'autre du 1er mars 1808, et le troisième

2. Marcadé, sur l'art. 516.

a. *Civ.* **517**. Les biens sont immeubles, ou par leur nature, ou par leur destination, ou par l'objet auquel ils s'appliquent.

du 16 mars 1810, ont créé une quatrième espèce d'immeubles, qu'on a appelé très exactement immeubles *par déclaration*

La distinction qui précède n'est pas purement méthodique, elle a aussi son intérêt. Par exemple, les immeubles par destination et par déclaration deviennent, ou cessent d'être tels, suivant des règles spéciales [1].

Les immeubles *par leur nature* sont, aux termes des articles 518 à 521 du code civil [b] :

1° *Les fonds de terre ;*

2° Tout ce qui est adhérent au sol, quelle que soit la cause de cette adhérence, son but ou sa durée projetée [2], et abstraction faite de la personne qui l'a produite. Le caractère immobilier persiste tout le temps de l'adhérence au sol ; si cependant celle-ci était purement passagère et transitoire, comme les installations des marchands et directeurs de cirques dans les foires, on ne pourrait leur attribuer la qualité d'immeubles [3].

Parmi les choses adhérentes au sol, et par conséquent, immeubles par nature, la loi mentionne expressément :

Les *bâtiments* et leurs matériaux qui restent immeubles jusqu'à la démolition ; de plus, les matériaux arrachés des bâtiments pour être replacés presque aussitôt, restent immeubles même pendant la séparation : telles sont, les fenêtres d'un bâtiment, momentanément détachées du fonds [4].

Les *moulins à vent ou à eau* : la seule adhérence au sol, ne résultât-elle que du propre poids de l'objet, suffit pour attribuer à un moulin et à

1. V. n. 28, 1951.
2 V. Baudry-L., I., 1017. — V. cep. Lyon, 14 janv. 1832 (S. 33. 2. 190).
3. Laurent, V, 406. — V. sur les simples baraques en planches : Riom, 12 novembre 1892 (D. 94. 2. 137).
4. L. 17 § 10, *de act. empt. vend.*, D. 19. 11. — V. Cass. 5 fév. 1878 (S. 78. 1. 353, D. 78. 1. 156). — V. cep. Lyon, 23 déc. 1811 (S. 13. 2 307, D. A. 2. 476).
5. V. Cass. 19 juill. 1893 (S. 94. 1. 241, D. 93, 1. 603) ; Angers, 6 juin 1894 (S. 96. 2. 25, G. P. 94. 2. 374).

b. *Civ.* **518.** Les fonds de terre et les bâtiments sont immeubles par leur nature.

519. Les moulins à vent ou à eau, fixés sur piliers et faisant partie du bâtiment, sont aussi immeubles par leur nature.

520. Les récoltes pendantes par les racines, et les fruits des arbres non encore recueillis, sont pareillement immeubles.

Dès que les grains sont coupés et les fruits détachés, quoique non enlevés, ils sont meubles.

Si une partie seulement de la récolte est coupée, cette partie seule est meuble.

521. Les coupes ordinaires de bois taillis ou de futaies mises en coupe réglées, ne deviennent meubles qu'au fur et à mesure que les arbres sont abattus.

tous ses accessoires, le caractère d'immeuble, quand même il ne réunirait pas les deux conditions d'être fixé sur piliers et de faire partie du bâtiment : c'est ce qu'indique implicitement [6] l'article 531 [7].

Les *récoltes pendantes par les racines* : elles ne sont immeubles que pendant le temps de leur adhérence au sol. Le législateur insiste sur ce point, à cause que précédemment, dans certaines coutumes, les récoltes et fruits, quoique non détachés du fonds, devenaient meubles à l'époque de leur maturité, époque fixée d'une manière uniforme, à la mi-juin, par exemple, dans la coutume d'Artois. La disposition de la loi étant très précise, les fruits et récoltes sont immeubles tant qu'ils adhérent au sol, quand même ils soient mis en vente séparément du sol [8].

Les arbres sur pied, *bois taillis* ou *futaies*. On appelle *taillis*, les arbres et arbustes destinés à être coupés tout jeunes et à des époques périodiques ; et *futaies*, les vieux et grands arbres qu'on a laissé grandir. Ces dispositions seront précisées au sujet des bois et forêts [9].

Une futaie est mise en *coupe réglée* ou aménagée, lorsque, à des époques périodiques, on en coupe certains arbres choisis, soit sur une fraction du terrain, soit çà et là parmi les arbres qui présentent le même âge.

Ce qui est dit des récoltes et des arbres s'applique aussi à toute espèce de plantes sur pied, c'est-à dire à toutes celles qui prennent actuellement leur nourriture dans le sol. Ainsi les arbres d'une pépinière [10] et ceux qui sont transplantés dans un terrain, ne serait-ce que pour s'y fortifier, sont immeubles par leur nature [11]. Il en est autrement des arbustes déposés dans un fonds, dans le but unique de tenir leurs racines fraiches ; et des arbustes en caisse, même mis en terre, à moins qu'en cet état, ils ne soient devenus immeubles par destination [12], conformément aux règles qui vont être exposées.

28. La différence entre les immeubles par leur nature et les immeubles par destination n'est pas facile à déterminer dans le système du code civil.

Rationnellement, on ne devrait appeler immeubles par nature que le sol. Tout ce qui est destiné à rester uni au sol serait immeubles par desti-

6. V. Cass. 12 mai 1834 (S. 34. 1. 489, D. 34. 1. 213).
7. V. n. 31e. — Cpr. cep. Cass. 19 avril 1864 (D. 64 1. 178).
8. V. cep. Cass. 8 mars 1820 ; Amiens, 19 fév. 1829 ; Paris, 16 mai 1829 (S. 29. 2. 153.)
9. V. n. 6722.
10. Cass. 5 juil. 1880 (S. 81. 1. 105, D. 81. 1. 3. 321) ; Chambéry, 17 août 1881.
11. Aubry et Rau, § 161-16 ; v. cep. Marcadé, 521-II.
12. Pont, *Hypoth.*, 361. V. Cass. 5 jui . 1880 ; Chambéry, 17 août 1881 (S. 12. 2. 210).

28. .... principes ; immobilisation ; mobilisation ;

nation. On pourrait distinguer deux espèces d'immeubles par destination : les uns unis physiquement au sol, comme un édifice, une plante ; les autres moralement et intentionnellement, comme la clef d'une maison.

Le code civil semble se rattacher à cette distinction dans les articles expliqués jusqu'ici, à cette différence près, qu'il appelle immeubles par leur nature le sol et les objets physiquement unis au sol. Il devrait donc réserver le nom d'immeubles par destination aux objets destinés à rester unis au sol par suite d'une union morale. Mais il applique ce nom à des immeubles dont la connexité avec le sol résulte d'un lien physique [1]. Il est donc difficile de comprendre quel système le code a suivi.

Toute la difficulté consiste à concilier les articles 518 et 523 à 525. Dans ce but, on a proposé d'appeler immeubles par nature, tout ce qui est nécessaire pour compléter un édifice, *ad integrandam domum* ; et le reste, immeuble par destination [2]. A ce compte, la clef d'une maison serait un immeuble par nature ; et les chénaux, des immeubles par destination ! Conséquence tellement extraordinaire qu'elle réfute à elle seule le système proposé.

Le mieux est de convenir que les articles de la loi ne peuvent se concilier avec aucun système absolu et complet. Il y a donc lieu d'appliquer d'abord les textes tels qu'ils sont, puisque la volonté du législateur doit toujours prévaloir ; et dans le silence de la loi, d'appeler immeubles par destination, ou mieux par accession, les accessoires d'autres biens immeubles par leur nature, unis et destinés à être unis moralement avec ces derniers [3].

Il faut que cette union résulte d'une intention légitime dûment manifestée par les faits. Il est donc nécessaire que la volonté émane du vrai propriétaire du meuble et de l'immeuble réunis [4] ; et que ce propriétaire ait placé les objets mobiliers pour le service et l'exploitation du fonds, avec une destination spéciale et une affectation nécessaire à ce fonds [5], de telle sorte que sa volonté apparaisse dans les faits eux-mêmes.

Quand la volonté du propriétaire cesse, par exemple, en cas de vente, d'enlèvement ou de déplacement régulier, et de changement de destination, le caractère immobilier disparaît aussi [6]. Mais la mobilisation ne résulte-

1. Voy. art. 523 et 525 § 1, au n. 28.

2. Aubry et Rau, § 164-62.

3. V. Marcadé, art. 522 et ss. ; Cpr. Pont, *Hyp.*, 372 et 373.

4. Lyon, 10 août 1888 (S. 90. 2. 113) ; trib. Lyon, 7 déc. 1899 (Mon. Lyon, 9 mars). — Voyez civ. 524 (28 c).

5. Cass. 1er avril 1879 ; Toulouse, 15 mai 1879 ; cpr. Cass. 31 juil. 1879 (S. 80. 1. 408, D. 80. 1. 273).

6. Cass. 3 août 1831, 17 juil. 1838, 27 juin 1882 (S. 83. 1282, D. 83. 1. 169), 21 nov. 1894 (S. 95. 1. 530, D. 95. 1. 277, G. P. 95. 2. 684) ; Bourges, 31 janv. 1843 ; Alger, 19 mars 1884. — V. cep. Trèves, 30 nov. 1807 ; Douai, 3 janv. 1815 ; Cass. 4 fév. 1817.

rait pas du décès du propriétaire [7], ni de sa simple déclaration faite en vue d'éviter les droits de mutation ou une saisie [8], ni de pures stipulations intervenues entre le propriétaire et son créancier [9], ou entre le vendeur et l'acheteur [10], si ces faits n'étaient pas suivis d'un changement légitime dans les rapports extérieurs des choses elles-mêmes.

Ces principes posés, venons maintenant aux textes de la loi.

Les *animaux* [a], suivant l'art. 522, ne sont immeubles par destination, que s'ils restent attachés au fonds par la volonté du propriétaire lui-même, et non du fermier [11] : peu importe d'ailleurs qu'ils soient nécessaires pour la *culture* [c], ou seulement pour la consommation des fourrages [12], l'engraissement, ou la vente du lait. Mais les chevaux et charrettes d'un brasseur, pour la vente de sa bière [13], et en général les chevaux et voitures attachés à une usine [14], ne sont pas des immeubles par destination, quand ils ne sont pas indispensables à son exploitation [14].

Les *tuyaux* servant à la conduite des eaux [b] ou du gaz [15] sont immeubles : ils devraient être immeubles par nature, puisqu'ils *font partie du fonds auquel ils sont attachés ;* mais la place qu'occupe l'article 523 indique assez que le législateur les classe, contrairement aux principes, au rang des immeubles par destination [15].

7. Cass. 1er avril 1835 (S. 36. 1. 55, D. 35. 1. 212).

8. Cass. 20 juin 1832, 20 déc. 1875 (S. 76. 1. 208, D. 76. 1. 343) ; Paris, 22 mai 1868.

9. Cass. 31 juil. 1879 (no 5) ; Nancy, 1er juil. 1899 (G. P. 99. 2. 346).

10. Limoges, 29 juin 1888 (S. 88. 2. 205). — Cpr. Besançon, 13 avril 1892 (D. 92. 2. 551).

11. Liège, 14 fév. 1824 (S. 25. 2. 377, D. A. 2. 471).

12. Riom, 28 avril 1827 ; Bourges, 24 fév. 1837 (S. 38. 2. 108) ; — v. cep Limoges, 15 juin 1820 ; Bordeaux, 19 mai 1897 (Mon. Lyon, 11 nov.) ; Alger, 18 déc. 1899 (Mon. Lyon, 14 avril).

13. Bruxelles, 21 juin 1807 ; Metz, 2 juin 1866 (S. 66. 2. 275), 27 juin 1866 (D. 66. 2. 171). — V. cep. Cambrai, 28 oct. 1885 (G. P. 86. 1. supp. 34).

14. Paris, 3 avril 1875 (S. 76. 2. 72). — Cpr. Gand 19 mars 1887 (D. 89. 2. 118) ; trib. Chambéry, 9 mai 1888 (Mon. Lyon, 26 juin) ; Bordeaux, 1er juillet 1891 (Rec. 91. 1. 466).

15. Trib. Limoges, 10 fév. 1888 (S. 8?. 2. 205). On les a cependant classés parmi les immeubles par nature : Cass. 9 mai 1887 (G. P. 87. 1. 803), 18 juin 1891 (S. 91. 1. 488), 9 nov. 1898 (S. 00. 1. 446) ; Caen, 26 mai 1885 ; Cass. Belg. 8 mai 1886.

a. *Civ.* **522**. Les animaux que le propriétaire du fonds livre au fermier ou au métayer pour la culture, estimés ou non, sont censés immeubles tant qu'ils demeurent attachés au fonds par l'effet de la convention.

Ceux qu'il donne à cheptel, à d'autres qu'au fermier ou au métayer, sont meubles.

b. *Civ.* **523**. Les tuyaux servant à la conduite des eaux dans une maison ou un autre héritage, sont immeubles, et font partie du fonds auquel il sont attachés.

28. ... ustensiles aratoires ; semences ; ustensiles d'usine ;

Son classement est plus régulier, en ce qui concerne les *ustensiles aratoires* c, et *pressoirs* y compris les tonneaux et les futailles affectées au service d'une ferme [16].

Les *semences* sont immeubles, bien qu'elles n'aient pas été *données au fermier* ou colon partiaire, si elles sont destinées à l'ensemencement du domaine [17].

Par application du texte ou de l'esprit de l'article 524, on classe encore parmi les immeubles par destination : les *ustensiles* d'une manufacture ou d'une *usine* scellés à fer et à plâtre, ou *nécessaires à son exploitation* et placés par les propriétaires [18] ; les tuyaux, cabines, chaudières, baignoires, robinets, et autres objets mobiliers attachés au service, et accessoires indispensables d'un établissement de bains [19] ; les cuves, chaudières et ustensiles d'un teinturier [20] ; les tonnes des brasseries [21] ; les cuves, foudres et appareils, employés dans un chai affecté exclusivement à la

16. Caen, 18 nov. 1863 (S. 64. 2. 201); Grenoble, 22 janv. 1897 (Loi 12 mai 1898) — V. cep. Grenoble, 3 fév. 1821. — L'incorporation d'un *pressoir* à un édifice peut aussi en faire un immeuble par nature : Caen, 4 nov. 1891 (S. 92. 2. 195). — Quant aux machines à battre, v. Argentan, 28 juin 1898 (*Loi* 8 oct.) ; Cass. 12 déc 1893 (G. P. 99. 1. 310).

17. Lyon, 29 juil. 1848 (S. 49. 2. 366, D. 49. 2. 163) ; Cass. 21 juil. 1874 (S. 75. 2. 135, D. 76. 2. 57).

18. Cass. 27 mars 1821, 15 juil. 1867 ; Paris, 1 flor. X ; Lyon, 8 déc. 1826 (S. 27. 2. 205, D. 27. 2. 35) ; Gand, 19 mars 1887 (D. 89. 2. 118) ; Paris, 23 janv. 1895 (G. P. v° *Biens*, 4) ; Tarbes, 19 déc. 1898 (G. P. 99. 1. 321). — Cpr. cep. Cass. 19 oct. 1898 (S. 99. 1. 163).

19. Rennes, 19 mars 1821 ; Caen, 1er avril 1879, 26 mai 1886 (D. 87. 2. 51) ; Toulouse, 15 mai 1879 (S. 80. 2. 331, D. 79. 2. 176).

20. Grenoble, 26 fév. 1808 (S. 7. 2. 1010, D. A. 2. 468).

21. Cass. 4 avril 1817 (S. 17. 1. 359, D. A. 467) ; Douai, 3 janv. 1815 ; — v. cep. Bruxelles, 27 avril 1809.

c. *Civ.* **524**. Les objets que le propriétaire d'un fonds y a placés, pour le service et l'exploitation de ce fonds, sont immeubles par destination.

Ainsi, sont immeubles par destination, quand ils ont été placés par le propriétaire pour le service et l'exploitation du fonds :

Les animaux attachés à la culture ;

Les ustensiles aratoires ;

Les semences données aux fermiers ou colons partiaires ;

Les pigeons des colombiers [1653] ;

Les lapins des garennes [1650] ; les ruches à miel [1654] ;

Les poissons des étangs [6645 et ss.] ;

Les pressoirs, chaudières, alambics, cuves et tonnes ;

Les ustensiles nécessaires à l'exploitation des forges, papeteries et autres usines ;

Les pailles et engrais.

Sont aussi immeubles par destination, tous effets mobiliers que le propriétaire a attachés au fonds à perpétuelle demeure.

28. . .. pailles et engrais ; glaces ;

manipulation et à la distillerie des vins [22] ; les chemins de fer, les wagons et les ustensiles destinés exclusivement à l'exploitation d'une carrière [23] ; les machines à vapeur et les rayons d'une imprimerie [24]. Il est reconnu en effet, que les termes de l'article 524 ne sont pas limitatifs. [25].

On a exclu, au contraire, de la catégorie des immeubles par destination : les orangers et les citroniers en caisse [26] ; les meubles d'un hôtel garni [27], ou d'un café [28] ; les objets simplement nécessaires au logement et à la nourriture des personnes qui fréquentent un établissement d'eaux thermales [29], le fourneau d'une habitation bourgeoise [30].

Les *pailles et engrais* sont immeubles par destination [31], ainsi que les foins destinés à la propriété [32].

Les *glaces* d'un appartement sont immeubles, lorsqu'elles font corps avec la boiserie [d] ; et aussi, lorsqu'il existe quelque autre signe matériel de l'intention du propriétaire de les placer à perpétuelle de-

22. Cass. 8 déc. 1885 (S. 86. 1. 202, D. 87. 1. 294, G. P. 86. 1. 110).
23. Bourges, 22 mars 1867 (S. 67. 2. 358, D. 67. 2. 76). — Le chemin de fer est même immeuble par nature *(Ibid)*. Mais voy. sur les sacs de ciment : Lyon, 17 fév. 1900 (*Loi* 1er juin).
24. Limoges, 29 juin 1888 (S. 88. 2. 205, *Loi*, 25 juil.)
25. Besançon, 13 avril 1892 (D. 92. 2. 251).
26. Caen, 8 avril 1818 (S. C. N. 3. 2. 272.)
27. Nancy, 27 mars 1878 ; Toulouse, 15 mai 1879 ; — v. cep. Cass. 9 déc. 1885, 2 août 1886 (S. 86. 1. 417, D. 87. 1. 293) ; Toulouse, 4 août 1883.
28. Cpr. cep. Montpellier, 21 nov. 1898 (G. T. 2e p. 99. 1. 316).
29. Cass. 14 nov. 1845, 9 déc. 1885 (S. 86. 1. 201, D. 86. 1. 125, G. P. 88. 1. 88) ; Caen, 1er avril 1879 (S 80. 2 331) ; — v. cep. St-Girons, 21 fév. 1888 (G. M. 25 mars).
30. Cass. 19 oct. 1896 (S. 97. 1. 128, D 97. 1. 16, G. P. 96. 2. 518).
31. Cass. 30 août 1882 (S. 84.1.383, D. 83. 1. 213) ; Caen, 7 mars 1883 (G. P. 83. 1. 467) ; Cass. 1er juillet 1896 (*Droit* 4 août).
32. Demol. IX, 250 ; v. cep. Aubry et Rau § 164-43 ; Bourganeuf, 21 juil 1849 (D. 49. 3. 95) ; Gray, 19 juil. 1898 (Loi 8 oct.).

d. *Civ.* **525**. Le propriétaire est censé avoir attaché à son fonds des effets mobiliers à perpétuelle demeure, quand ils y sont scellés en plâtre ou à chaux, ou à ciment, ou lorsqu'ils ne peuvent être détachés sans être fracturés et détériorés, ou sans briser ou détériorer la partie du fonds à laquelle ils sont attachés.

Les glaces d'un appartement sont censées mises à perpétuelle demeure, lorsque le parquet sur lequel elles sont attachées fait corps avec la boiserie.

Il en est de même des tableaux et autres ornements.

Quant aux statues, elles sont immeubles lorsqu'elles sont placées dans une niche pratiquée exprès pour les recevoir, encore qu'elles puissent être enlevées sans fracture ou détérioration.

meure [33]. Mais la simple intention ne suffit pas [34]; il en est de même de quelques pointes retenant les glaces à des encadrements plus grands que leurs dimensions [35].

Des règles identiques s'appliquent aux rideaux [36].

Les *statues* sont immeubles dans les conditions indiquées à l'article 525; mais celles qui font partie d'une collection sont meubles [37].

On considère encore comme immeubles par destination les tapisseries encadrées et clouées au mur [38]; les compteurs à gaz et les bronzes pour l'éclairage des escaliers [39].

Indépendemment des applications générales qui précèdent, la distinction si délicate des immeubles par destination se retrouve encore dans une foule d'autres matières, telles que les hypothèques [40], le louage [41], les saisies [42], les fonds de commerce [43], les cultes [44], les moulins à eaux [45], et ainsi de suite [46].

29. Les immeubles par l'objet auquel ils s'appliquent, énumérés dans l'article 526 [a], sont les droits et actions qui portent sur un immeuble par nature ou par destination. Ces biens, étant incorporels, ne sont eux-mêmes ni meubles ni immeubles; ils acquièrent l'une ou l'autre de ces qualités par la volonté du législateur [1]. Ce sont :

Les droits réels immobiliers, comme l'*usufruit*, *les servitudes ou services*

33. Cass. 8 mai 1850, 11 mai 1853, 17 janv. 1859; Paris, 10 avril 1834, 19 juin 1843; Seine, 2 janv. 1886 (*Droit* 8); Douai, 1.er fév. 1900 [G. P. 00. 1. 568] — V. cep. Cass. 5 fév. 1878; Paris, 20 fév. 1833.

34. Cass. 17 janv. 1859 (S. 59 1. 519, D. 59. 1. 68). — Cpr. cep. Cass. 8 mai 1850, 11 mai 1853; Paris, 4 août 1852; Versailles, 21 juin 1853.

35. Limoges, 29 juin 1887 (S. 88. 2 205).

36. Lyon, 19 déc. 1873 (D. 76. 2. 89). — V. aussi pour les scellements des objets d'art, faits par simple précaution : Paris, 31 oct. 1894 (D. 96. 2. 58, G. P. 94. 2. 629). — Cpr. Orléans, 28 déc. 1888 (G. P. 89. 1. 99).

37. Cass. 5 fév. 1878 (S. 78. 1. 353).

38. Trib. Nancy, 11 juil. 1883 (S. 85. 2. 208); Seine, 8 déc. 1892 (G. P. 93. 1. 15). — Mais voy. Cass. 19 oct. 1896 (S. 97. 1. 128, D. 97. 1. 15, G. P. 96. 2. 258).

39. Seine, 6 août 1888 (G. P. 89. 1. supp. 4).

40. V. n. 1947, 1951.

41. V. n. 2202.

42. V. n. 3766.

43. V. n. 6624.

44. V. n. 5794.

45. V. n. 6711.

46. V. table alphab , v° *Immeubles*.

1. V. n. 26.

a. *Civ.* **526**. Sont immeubles, par l'objet auquel ils s'appliquent :

L'usufruit des choses immobilières;

Les servitudes ou services fonciers;

Les actions qui tendent à revendiquer un immeuble.

fonciers, le droit d'hypothèque, le droit de propriété, quand on le considère comme distinct de son objet d'immobilier, et ainsi de suite.

Les actions qui tendent à revendiquer un immeuble, comme l'action en résolution d'une vente immobilière pour défaut de paiement du prix [2], ou l'action en révocation d'une donation [3] ayant pour objet un immeuble par nature ou par destination.

On appelle enfin immeuble *par déclaration* un droit de créance mobilier, transformé en immeuble au moyen d'une déclaration conforme aux lois.

L'immobilisation n'est possible (et alors elle s'opère suivant les dispositions spéciales de différentes lois) que pour les actions de la Banque de France [4], les rentes sur l'État faisant partie d'un majorat [5], les actions des canaux d'Orléans, de Loing et du Midi [6].

§ 3. — Des différentes espèces de meubles

30. Tous les biens étant meubles ou immeubles [1], la détermination des immeubles indique, en même temps, à quels biens il faut attribuer le caractère mobilier. Cette question s'éclaircira encore par l'énumération des différentes espèces de meubles.

Or, l'article 527 du code civil [a] en distingue deux sortes.

Les meubles *par leur nature*, définis dans l'article 528 [b], ne sont autres que des meubles corporels. Quant à la distinction entre les meubles *qui se meuvent par eux-mêmes*, et ceux qui ne peuvent changer de place que *par l'effet d'une force étrangère*, elle n'est, en droit, d'aucune utilité.

Les meubles sont et restent tels, quelque soit leur volume ou l'impor-

2. V. n. 2063 et ss.
3. V. n. 2805 et ss.
4. D. 16 janv. 1808-7 [6337 b].
5. D. 1er mars 1808-73. Institutions de majorats interdites, L. L. 12 mai 1845 et 7 mai 1849 (3693 et ss.).
6. D. 16 mars 1810-13. Rachat de ces actions, L. L. 1er avril 1860 et 20 mai 1863.

1. V. n. 26.

a. *Civ.* **527**. Les biens sont meubles par leur nature, ou par la détermination de la loi.

b. *Civ.* **528**. Sont meubles par leur nature, les corps qui peuvent se transporter d'un lieu à un autre, soit qu'ils se meuvent par eux-mêmes, comme les animaux, soit qu'ils ne puissent changer de place que par l'effet d'une force étrangère, comme les choses inanimées.

31. Meubles par détermination de la loi.

tance de leur aglomération. Tels sont les bateaux et navires [c], y compris les barques lavandières [2], et les matériaux des bâtiments tant qu'ils ne sont pas employés [d] : — sous réserve toutefois des règles spéciales aux barques et navires, quant à leur saisie ou leur hypothèque [3].

31. Les biens meubles *par la détermination de la loi* [a] ne sont autre chose que les meubles incorporels, les droits et actions mobiliers, c'est-à-dire ceux qui ont pour objet un meuble par nature.

Sont donc meubles par la détermination de la loi, parmi les droits réels, les droits de propriété [1] ou d'usufruit [2] portant sur des meubles corporels, les droits de propriété littéraire ou artistique [3], et les offices ministériels [4].

Et parmi les droits de créance, sont meubles de la même manière les *obligations ou actions*, c'est-à-dire les dettes ou créances, même hypothécaires [5]; les *actions ou intérêts* dans les *compagnies de finance* [6], qui forment une personne morale, etc.

2. Besançon, 28 juil. 1877 (S. 78. 2. 133, D. 78. 2. 50).
3. Pr. civ. 628 (3775 [a]); Com. 191, 197 (7411 [a], 7414); L. 10 juil. 1885 (7418).

1. V. n. 1629 et ss.
2. V. n. 1751 et ss.
3. V. n. 6266 et ss.
4. V. n. 4481 et ss.
5. Cass. 21 déc. 1813 (S. 14. 1. 83, D. A. 7. 104).
6. V. n. 2408, 2459. — Cpr. cep. Paris, 19 fév. 1810 (S. c. N. 3. 2. 212).

c. *Civ.* **531.** Les bateaux, bacs, navires [7409] moulins et bains sur bateaux, et généralement toutes usines non fixées par des piliers, et ne faisant point partie de la maison, sont meubles : la saisie de quelques uns de ces objets peut cependant, à cause de leur importance, être soumise à des formes particulières, ainsi qu'il sera expliqué dans le code de la procédure civile [3775 [a]].

d. *Civ.* **532.** Les matériaux provenant de la démolition d'un édifice, ceux assemblés pour en construire un nouveau, sont meubles jusqu'à ce qu'ils soient employés par l'ouvrier dans une construction.

a. *Civ.* **529.** Sont meubles par la détermination de la loi, les obligations et actions qui ont pour objet des sommes exigibles ou des effets mobiliers, les actions ou intérêts dans les compagnies de finance, de commerce ou d'industrie, encore que des immeubles dépendant de ces entreprises appartiennent aux compagnies. Ces actions ou intérêts sont réputés meubles à l'égard de chaque associé seulement, tant que dure la société [2408].

Sont aussi meubles par la détermination de la loi, les rentes perpétuelles ou viagères, soit sur l'Etat [2550 et ss.], soit sur des particuliers [2319 et ss.].

32. Dispositions interprétatives.

§ 4. – De l'interprétation des mots meubles, meubles meublants, biens meubles, mobiliers, effets mobiliers.

32. Dans les articles 533 à 536 [a], le code civil s'est attaché à fixer le sens des mots *meubles*, *meubles meublants*, *mobilier*, *effets mobiliers*. Mais ces définitions, au lieu d'être absolues, ne sont que générales : elles doivent fléchir devant l'intention contraire de la loi ou de l'homme, intention qui est la seule mesure rigoureuse des effets d'une disposition législative ou d'un acte de consentement [2].

1. Paris, 6 janv. 1807 ; Bruxelles, 9 mars 1813 ; Nîmes, 28 juil. 1857 ; Dijon, 30 déc. 1869 (S. 70. 2. 123, D. 74. 5. 307).

2. Cass. 24 déc 1844, 5 janv. 1847, 20 mars et 20 juin 1854, 27 janv. 1862, 10 fév. 1873 (D. 73. 1. 248) ; Grenoble, 52 janv. 1873 ; Dijon, 30 déc. 1869. — Voy. sur l'interprétation des consentements, n. 493 ; et, sur celle des testaments, n. 2830, 2834.

a. *Civ.* **533**. Le mot *meuble*, employé seul dans les dispositions de la loi ou de l'homme, sans autre addition ou désignation, ne comprend pas l'argent comptant, les pierreries, les dettes actives, les livres, les médailles, les instruments de sciences, des arts et métiers, le linge de corps, les chevaux, équipages, armes, grains, vins, foins et autres denrées ; il ne comprend pas aussi ce qui fait l'objet d'un commerce.

534. Les mots *meubles meublants* ne comprennent que les meubles destinés à l'usage et à l'ornement des appartements, comme tapisseries, lits, sièges, glaces, pendules, tables, porcelaines, et autres objets de cette nature.

Les tableaux et les statues qui font partie du meuble d'un appartement y sont aussi compris, mais non les collections de tableaux qui peuvent être dans les galeries ou pièces particulières.

Il en est de même des porcelaines : celles seulement qui font partie de la décoration d'un appartement sont comprises sous la dénomination de *meubles meublants*.

535. L'expression *biens meubles*, celle de *mobilier* ou d'*effets mobiliers*, comprennent généralement tout ce qui est censé meuble d'après les règles ci-dessus établies.

La vente ou le don d'une maison meublée ne comprend que les meubles meublants.

536. La vente ou le don d'une maison, avec tout ce qui s'y trouve, ne comprend pas l'argent comptant, ni les dettes actives et autres droits dont les titres peuvent être déposés dans la maison ; tous les autres effets mobiliers y sont compris.

SECTION IV

DES ACTES

§ 1. – Conditions des actes

33. Considérés comme éléments essentiels des obligations [1], les actes supposent une loi, un sujet actif et passif, un objet, et une forme spéciale qui se réalise dans un temps et dans un lieu déterminé.

C'est la loi du jour de l'acte qui en détermine les conditions et la forme : en effet, l'acte une fois accompli, les parties ont un droit acquis à son efficacité [2]. Mais les formalités complémentaires, nouvellement imposées pour l'efficacité complète d'un acte, pourraient être appliquées, sans aucune rétroactivité [3].

Les sujets des actes (appelés *parties*) doivent posséder les mêmes qualités que tout sujet d'un droit en général, et de plus être capables d'accomplir les actes dont il s'agit. Il a été déjà question, à plusieurs reprises, des conditions de capacité [4].

Les actes portent sur le même objet que les droits : il faut donc que l'objet d'un acte ne soit pas impossible, et qu'il soit d'un intérêt appréciable en argent pour chacune des parties [5].

34. La forme des actes diffère suivant leurs espèces : ainsi la prescription s'accomplit différemment de la vente [1]. Les formalités sont donc diverses et plus ou moins nombreuses : on les appelle *substantielles* ou *accidentelles*, suivant que, dans l'intention du législateur, elles sont, ou non, nécessaires pour constituer l'acte et le rendre valable [2].

La qualification fausse, donnée à un acte, n'en change pas la nature [3].

1. V. n. 2.
2. V. n. 8 ; Caen, 25 fév. 1883 (S. 86. 2. 29.) ; trib. com. Seine, 1er avril 1895 (*Droit*, 22 et 23).
3. Cass. 27 avril 1814, 17 déc. 1816 : Bordeaux, 7 mai 1836 ; Grenoble, 6 juil. 1882 (S. 84. 2. 209, D. 83. 2. 89 90). — Cpr. cep. L. 23 mars 1855-11 ; Cass. 18 août 1810.
4. V. n. 16, 21.
5. V. n. 16.

1. V. n. 84 et n. 1999 et ss.
2. V. Laurent, I, 67 à 68.
3. Plus valet quod in veritate est quam quod in opinione. Inst. *de leg.* § 11 ; Pau, 4 juin 1873 (S. 73. 2. 140, D. 74. 2. 84). — V. n. 454.

34 ... temps (heure, jour, jour férié, nuit, mois, année); délai;

Les circonstances de temps influent quelquefois sur la validité des actes. Pour mesurer le temps, on l'a toujours divisé en heures, jours, mois et années, quelle qu'ait été la différence des calendriers [4].

Une *heure* est écoulée au premier coup de l'horloge qui sonne l'heure suivante, sans qu'il soit nécessaire d'attendre que cette heure ait complètement sonné [5].

Le *jour* est *naturel* ou *civil*, suivant qu'il se compte du lever au coucher du soleil, ou de minuit à minuit suivant. Le mot *jour*, employé par la loi, doit s'entendre ordinairement du jour civil [6]. — Les jours fériés sont ceux affectés par la loi au repos des fonctionnaires publics [7].

Le temps de *nuit* est également pris en considération pour la validité de certains actes et la criminalité de certaines infractions [8]. On peut distinguer, à ce sujet, la nuit *naturelle*, qui complète le jour naturel et se compte du coucher au lever du soleil ; et la nuit *civile*, qui est comprise dans le jour civil et qui est légalement fixée à différentes heures, suivant les saisons [9]. Le sens dans lequel le mot *nuit* doit être entendu, dépend des différentes espèces d'actes ou d'infractions [10].

Le mot *mois*, dans le texte de la loi, désigne toujours l'espace de temps correspondant à l'époque indiquée, quand même, d'après le calendrier en usage, tous les mois ne soient pas d'égale durée [11].

Les années sont communes ou bissextiles, suivant qu'elles se composent de 365 ou 366 jours.

Le nombre d'heures, de jours, de mois ou d'années, en un mot le temps accordé pour accomplir un acte, se nomme *délai* *.

S'il est composé d'heures, le délai se compte *de momento ad momentum* [12].

Le délai composé de jours se calcule de minuit à minuit. Le jour bissextile fait nombre [12]; et les jours fériés comptent également, réserve

* **Bibliographie**. V. sur les délais, les dict. et traités suivants : Boulbet et Mage, Chaffin, de Leymarie, Mancelle, Mendoucc, Michaux, Raviart.

4. V. sur les différents calendriers, n. 224 et 225.
5. V. Merlin, Rép. v° *Prescription*, etc II, § 1. Sur l'heure légale, v. n. 224.
6. L. 8 *de feriis*, D. 2. 12.
7. Voy. sur les jours qui sont actuellement fériés, et sur le repos qu'ils imposent, n. 225 a.
8. Pr. civ. 1037 (726 a); Pén. 381 (1696 a); 388 (1700 a).
9. Pr. civ. 1037 (726 a).
10. V. Pr. civ. 1037 préc. ; L. 3 mai 1844-9 (6855 a).
11. Aubry et Rau, § 49-11.
12. Cass. 2 mai 1895 (S. 95. 1. 383, G. P. 95. 1. 657) ; Merlin, Rép. v° *Jour bissextile*.

34. ... date ; lieu.

faite des règles spéciales aux actes de juridiction et de procédure[13]. Le jour fixé comme point de départ du délai ne compte pas : *Dies a quo non computatur in termino* [14]. Il en est autrement du jour de l'échéance [15], à moins que la loi n'accorde un délai *franc ;* dans ce dernier cas, le délai n'expire que le lendemain de l'échéance. Le délai désigné dans la loi comme composé *de tant de jours*, doit être considéré comme franc ; si au contraire, la loi porte que l'acte doit être accompli *dans tant de jours*, le délai expire le jour de l'échéance [16].

Les délais composés de mois ou d'années, se comptent par jours et par quantièmes, malgré l'inégalité des mois et des années [17], non par heures. Le jour bissextile, qui ne fait qu'un avec le jour à la suite duquel il est intercalé, doit être considéré comme ne changeant pas la durée du délai [18].

La date est la détermination du jour auquel un acte a été accompli : la précision de l'heure et du lieu n'est pas nécessaire, sauf disposition spéciale. La date se détermine par l'indication de l'année, du mois et du quantième du mois, ou par la mention d'un événement dont la date est certaine : *Idem est esse certum per se vel per relationem ad aliud.*

La connaissance de la date d'un acte est souvent nécessaire pour plusieurs motifs ; et notamment, afin de déterminer la loi qui régit sa forme, et de savoir si la capacité des parties a réellement existé à l'époque de son accomplissement.

Enfin dans la forme des actes, les circonstances de lieu doivent être prises en considération pour l'examen de leur validité, non seulement au point de vue international [19], mais encore au point de vue civil ordinaire. Il est, en effet, des actes dont la validité dépend de leur accomplissement dans un certain lieu, comme ceux relatifs à la compétence à raison du lieu [20], ou aux paiements [21]. Le lieu qui est pris le plus souvent en considération est le domicile, dont il a été précédemment question [22].

13. V. n. 726 a.
14. Cass. 20 janv. 1863, 19 juin 1890 (S. 90. 1. 493) ; Merlin, Rép. v° *Délai*, § 3, n. 1 ; Besançon, 20 mars 1809 ; Caen, 19 fév. 1825 ; Rouen, 12 déc. 1862 ; Nancy, 20 mai 1863.
15. V. Cass. 19 oct. 1885 (S. 86. 1. 119).
16. Cass. 4 déc. 1865 ; 4 août 1886 (S. 90. 1. 390) ; Angers, 7 juil. 1876 ; trib. Caen, 2 avril 1890 (S. 92. 2. 295) ; Confolens, 19 mai 1899 (S. 00. 2. 117, D. 99. 2 340) ; Rodière, *Proc. civ.* I. 141 et ss. ; Cpr. Bastia, 8 déc. 1883 ; V. Bordeaux, 15 juil. 1864.
17. Cass. 27 déc. 1811, 17 fév. et 21 juil. 1818 ; Paris, 9 août 1811 ; Orléans, 3 mars 1819 (S. 19. 2. 165 ; D. A. 6. 629) ; Merlin, Rép. v° *Mois*. — *Quid* des délais indiqués par *semaines ?* V. Lyon, 17 juil. 1834.
18. Merlin, Rép. v° *jour bissextile*.
19. V. n. 7910.
20. V. n. 241.
21. Civ. 1247 (543 c).
22. V. n. 17.

35. Détermination de l'effet des actes ; charges et frais ; objet.

§ 2. — Effets des actes

35. L'effet propre des actes est de créer, de conserver, de modifier, d'étein-re ou de transmettre des droits, obligations ou actions, entre des personnes et pour des choses déterminées.

Ces effets varient d'après la nature des actes. Ils se déterminent, d'abord, par la considération de l'acte en lui-même ; ensuite, par l'application des lois qui ont pour objet d'en régler les conséquences. Ces effets sont essentiels, naturels ou accidentels, suivant qu'il dérivent : — ou de l'essence du titre, sans pouvoir être absolument modifiés, si le titre reste le même ; — ou de lois dont la portée peut être modifiée ; — ou de modalités spéciales à l'acte considéré individuellement.

Il est rare que les actes ne transmettent pas, avec des avantages et des droits, des charges et obligations corrélatives : ainsi une succession oblige l'héritier à payer les dettes du défunt et les frais de la transmission [1]. Ces effets sont indivisibles : et il n'est pas permis de retenir les avantages, sans accepter les charges [2]. La règle s'applique spécialement aux frais accessoires de la transmision, et aux frais des écrits qui très souvent la constatent. Ces frais sont exclusivement à la charge de ceux qui en profitent, dans la mesure de l'avantage qu'ils en retirent.

Mais s'ils étaient causés par la faute ou la négligence de l'une des parties, celle-ci devrait seule les supporter [3].

Les actes n'ont d'effet qu'entre les parties et ceux que les parties représentent, suivant la maxime : *Res inter alios acta, aliis nec nocere nec prodesse potest* [4]. Ainsi les actes ne sont jamais opposables aux *tiers*. On appelle ainsi, au point de vue de l'application de la présente règle, ceux qui ne sont, ni parties à l'acte, ni représentés, c'est-à-dire, ni mandataires, ni ayants cause, ni héritiers, ni créanciers, ni acquéreurs à titre particulier [5]. Ici le sens du mot est simple et clair ; mais il y aura lieu de le préciser, avec soin, en matière d'antidate d'acte (écrit) [6].

L'effet des actes est aussi limité à leur objet. Seulement les effets ap-

1. V. n. 2704 et ss.

2. *Ubi est emolumentum, ibi quoque debet esse onus.* Æquum est ut cujus participavit lucrum, participet et damnum. L. 55, *pro socio*, D. 17. 2.

3. Civ. 1382, 1383 (65 a).

4. Non deberet alii nocere quod inter alios actum esset. L. 10, *de jurejur.* (D. 12. 2).

5. V. n 16.

6. V. n. 420.

plicables à la chose principale, s'appliquent aussi à ses accessoires : *Accessorium sequitur principale* [7].

§ 3. — Inefficacité des actes

36. L'inefficacité de l'acte résulte, ou de la loi, ou du fait.

L'inefficacité de la loi ne produit celle de l'acte que s'agit d'une simple expectative, les droits acquis étant soustraits aux vicissitudes des lois positives [1].

Les vices qui s'attachent à l'acte en lui-même, sont l'inexistence, la nullité, la révocation et la suspension.

L'inexistence est le vice résultant de l'absence d'un élément essentiel : par exemple, si l'acte n'est pas réel et prouvé [2]. Ce vice opère de plein droit [3] ; il peut être invoqué par chaque partie prétendue, et le juge a même la faculté de prononcer l'inexistence d'office, avant qu'elle ait été demandée.

L'acte inexistant est non avenue, et nul ne peut s'en prévaloir : *Cessante causa, cessat effectus.* Mais il faut observer que l'acte inexistant sous un certain point de vue, peut avoir, sous un autre rapport, quelque réalité et produire ainsi quelque effet. Ainsi, l'acte inexistant civilement peut donner naissance à des obligations naturelles ; l'acte inexistant comme contrat, par exemple, peut être valable comme quasi-contrat et produire les effets civils de ce dernier acte ; enfin les actes apparents ont effet au profit des tiers de bonne foi, à cause d'un délit ou quasi-délit de leur auteur [4].

Le vice d'inexistence est irréparable : il ne peut cesser en vertu d'aucune exception, soit confirmation, soit prescription [5].

37. La nullité consiste dans l'absence de quelque élément de validité de l'acte, qui n'est pas incompatible avec son existence et sa notion même, par exemple, l'incapacité des parties.

7. Quæ accessorium locum obtinent extinguuntur, quum principales res peremptæ fuerint. L. 2. *de pec. leg.* (D. 33. 8).

1. V. n. 8.
2. V. n. 2. V. Pize, *Distinction de l'inexistence et de l'annulabité des contrats.*
3. V. Cass. 6 déc. 1813, 5 juin 1823 (S. 23. 1. 362, D. A. 4. 418) ; Baudry-L. II, 387 à 389 ; Laurent, Table, v° *Actes inexistants* et renvois. — Cpr. Civ. 146 (3032 a). — V. cep. Cass. 15 fév. 1854 (S. 54. 1. 272, D. 54. 1. 51).
4. V. Civ. 2005 (610 a) ; héritier apparent, n. 2699.
5. Metz, 1er juin 1821 (S. 24. 2. 154, D. A. 12. 769).

37. ... conditions ; effets ; cessation.

Les nullités * n'existent pas de plein droit, elles n'ont d'effet que si elles sont prononcées par la loi [1] et appliquées par le juge, sur la demande des parties [2]. Mais si la loi doit alors être inerprétée dans un sens restrictif [3], il suffit que la nullité soit prononcée d'une manière implicite et par l'effet de la rédaction prohibitive du texte. En général, toute formule légale prohibitive (*ne peut, il est defendu*, etc.), édictée d'une manière absolue, sans condition ni tempérament, emporte nullité virtuelle de l'acte contraire. En effet, dire qu'un acte est défendu ou ne peut avoir lieu légalement, c'est dire implicitement que la loi lui refuse toute existence efficace [4]. La nullité virtuelle résulte également de l'absence de quelque formalité substantielle [5]. Mais les formalités inutiles ne nuisent pas à l'efficacité des actes [6] ; et si la loi prononce une peine, autre que la nullité, celle-ci est par cela même exclue [7].

La nullité est absolue ou relative, selon qu'elle peut être invoquée par toute personne intéressée [8], ou seulement par la partie du chef de laquelle ce vice existe [9]. Il est nécessaire, dans tous les cas, que le demandeur soit intéressé à la nullité [10].

La déclaration de son existence rétroagit au jour de l'acte : à partir de cette époque, ce dernier ne produit, en tant que nul, aucun effet : *Quod nullum est nullum producit effectum*. Mais la nullité n'empêche pas l'efficacité de l'acte, lorsqu'il est valable sous un point de vue différent de celui qui a donné lieu à la déclaration d'annulation. Ainsi, ce qui est nul comme vente, pour être valable et produire des effets comme délit ou quasi-délit.

L'acte doit être exécuté comme s'il était valable, tant que la nullité n'en est pas prononcée. Celle-ci, à la différence de l'inexistence, peut d'ailleurs

* **Bibliographie**. V. Biret, Perrin, Solon.

1. Cass. 8 brum. XII, 9 mai 1823 (S. 23. 1. 347, D. A. 9. 637), 11 mars 1812 ; Grenoble, 5 avril 1824 ; Turin, 12 janv. 1811 ; Cpr. Nîmes, 12 juil. 1826.

2. Cass. 28 avril 1826 (S. 27. 1. 174, D. 26. 1. 354).

3. Cpr. Cass. 19 juil. 1826, 20 janv. 1863 (S. 63. 1. 177, D. 63. 1. 247).

4. Cass. 4 déc. 1818, 13 fév. 1819, 10 avril 1823 (S. 23. 1. 276, D. A. 4. 102) ; Merlin, v° *Nullité*, § 2 ; Laurent, I, 58 à 67. — V. cep. Cass. 17 juil. 1811.

5. Cass. 19 juin 1815, 30 août 1816, 13 juin 1817, 7 déc. 1822, 26 déc. 1823, 2 déc. 1824 ; Nancy, 10 sept. 1814 ; Limoges, 3 janv. 1820 ; Paris, 19 mars 1823. — Cpr. Cass. 5 janv. 1810, 3 janv. 1814, 22 janv. 1829.

6. Utile per inutile non vitiatur. L. 15, § 3 *de verb. oblig.* D. 45. 1.

7. Bruxelles, 15 janv. 1850 (D. 50. 2. 42). — V. aussi n° 1.

8. Cpr. Riom, 26 mai 1818 (S. 20. 2. 6, D. A. 11. 784).

9. Cass. 29 mars 1815, 12 juil. 1816 (S. 16. 1. 320, D. A. 4. 409).

10. Cass. 19 août 1814 (S. 15. 1. 43, D. A. 11. 711).

38. Révocation ; suspension. — **39.** Actes au point de vue de la forme ; solennels ou non solennels, privés ou publics ; consensuels ou non consensuels.

être couverte de différentes manières, notamment par la prescription, la confirmation et la chose jugée.

38. La révocation est le vice qui résulte, non de l'acte lui-même, mais d'un autre acte qui s'oppose à l'exécution du premier. Cet acte peut être ou antérieur, ou postérieur, ou de même date que le titre révoqué.

On dit que la révocation opère *ex tunc (ex causa antiqua)*, ou *ex nunc (ex causa nova)*, suivant qu'elle produit, ou qu'elle ne produit pas, d'effet rétroactif au jour de l'existence de la cause qui lui a donné naissance. Elle reçoit plus particulièrement, et à l'égard de certains actes, le nom de résolution dans le premier cas, et de résiliation dans le second [1].

En dehors des trois causes qui viennent d'être signalées, l'efficacité de certains actes est quelquefois suspendue en vertu de causes spéciales [2].

§ 4. — Différentes espèces d'actes

39. On distingue plusieurs espèces d'actes, au point de vue de leur forme, de leur objet et de leurs effets.

Au point de vue de leur forme, les actes se divisent en *solennels* ou *non solennels*, suivant que l'écriture est ou n'est pas requise, non seulement pour leur preuve, mais encore pour leur validité : tels sont les jugements et certains contrats.

Au point de vue de leur écriture, les actes sont *privés* ou *publics*, suivant que les personnes privées seules, ou l'intervention des fonctionnaires publics, leur donnent leur dernière forme.

Spécialement, les actes privés se subdivisent en *consensuels* ou *non consensuels*. Les premiers dérivent d'un consentement donné dans l'intention immédiate et directe de créer, d'éteindre, de modifier, de transmettre un droit ou une obligation. Tous les actes qui n'ont pas cette origine sont non consensuels. La présente distinction est principalement importante au point de vue de la preuve [1].

De leur côté, les actes publics se divisent en actes *civils, judiciaires* et *extra judiciaires*. Il sera question de cette distinction dans le titre IV [2].

1. V. Baudry-L. II, 166. V. cep. Rouen, 17 mai 1899 (Rec. 99. 1. 107).
2. V. Civ. 1653 (2072 a).

1. V. n. 399 et ss.
2. V. n. 398.

40. Actes au point de vue de leur objet ; actes de commerce ; en eux-mêmes ;

40. Relativement à leur objet, les actes sont commerciaux ou non commerciaux : cette distinction a une grande importance, surtout au point de vue de la compétence [1], de la preuve [2], de la profession des personnes et de leurs obligations [3], et des voies d'exécution [4]. Elle est précisée dans les articles 632 et 633 du code de commerce [a], qui, à raison de leur influence sur presque toutes les matières du droit, doivent trouver ici leur explication générale.

Il faut distinguer, d'après ces textes, les actes commerciaux en eux-mêmes, et les actes commerciaux en vertu de la qualité de ceux qui les ont faits.

La loi répute actes de commerce par eux-mêmes, et abstraction faite de la personne qui les a accomplis, de la volonté de leurs auteurs [5] et de la qualification qui leur a été donnée [6], une série d'actes, dont il faut rete-

1. V. n. 330.
2. V. n. 405.
3. V. ci-après.
4. V. n. 4055 et ss.
5. Grenoble, 27 nov. 1879 (D. 82. 2. 17).
6. Rennes, 30 déc. 1893 (D. 94. 2. 504).

a. *Com.* **632**. La loi répute actes de commerce,

Tout achat de denrées et marchandises pour les revendre, soit en nature, soit après les avoir travaillées et mises en œuvre ; ou même pour en louer simplement l'usage ;

Toute entreprise de manufactures, de commission [626], de transport par terre ou par eau [7244 et ss.] ;

Toute entreprise de fournitures, d'agences, bureaux d'affaires [632], établissements de ventes à l'encan [6573], de spectacles publics [6246] ;

Toute opération de change [2341], banque [6328 et ss.] et courtage [6564 et ss.] ;

Toutes les opérations des banques publiques [6363 et ss.] ;

Toutes obligations entre négociants, marchands et banquiers ;

[Mod. L. 7 juin 1894]. Entre toutes personnes, les lettres de change [2341 b].

633. La loi répute pareillement actes de commerce,

Toute entreprise de construction [7416] et tous achats, ventes et reventes de bâtiments pour la navigation intérieure et extérieure [7413] ;

Toutes expéditions maritimes [6936, 7449 et ss.] ;

Tout achat ou vente d'agrès, apparaux et avitaillements [7442] ;

Tout affrétement ou nolissement [7450], emprunt ou prêt à la grosse [7492 et ss.] ; toutes assurances [7476 et ss.] et autres contrats concernant le commerce de mer [7451 et ss.] ;

Tous accords et conventions pour salaires et loyers d'équipages [7438 et ss.] ;

Tous engagements de gens de mer, pour le service de bâtiments de commerce [7438 et ss., 7442].

40. .... en eux-mêmes ; meubles ; travail, accessoire ;

nir ici le plus général, le plus usuel et le plus important, que la loi désigne sous le nom d'*achat* : c'est la spéculation *(spe peculi actio)* sur la transmission d'une valeur, en vue de se procurer un bénéfice. Cette expression d'*achat* n'est pas exclusive, et comprend également l'échange et même la revente, qui est le complément nécessaire de l'opération commerciale [7].

Mais il faut que la spéculation porte sur des *denrées et marchandises* : ce qui comprend tous les meubles corporels ou incorporels [8], et même les constructions achetées en vue de les démolir et d'en revendre les matériaux [9]. Les immeubles seuls sont exclus [10], sauf spéculation accessoire mobilière [11]. Les actes immoraux ne peuvent avoir, d'ailleurs, le caractère d'actes de commerce [12].

L'intention de spéculer, et de *revendre* avec bénéfice, est de l'essence de l'acte commercial. Il faut et il suffit, même à l'égard d'un non-commerçant [13], que cette intention existe au moment de l'acquisition [14], alors même qu'elle n'aurait pas été réaliséepar des actes postérieurs de revente : à plus forte raison, elle existe, quand même il y aurait eu perte au lieu de profit.

Il importe peu, d'ailleurs, que les marchandises soient revendues en *nature*, ou après avoir été *travaillées et mises en œuvre*. Sans doute, celui qui ne vendrait que son travail ne ferait pas acte de commerce. Mais la revente de la matière travaillée est un acte commercial [15], pourvu que le travail soit un accessoire de la matière. Si, au contraire, le travail était d'une valeur de beaucoup supérieure, l'acte cesserait d'être commercial. Ainsi un peintre qui achète des couleurs [16], un statuaire ou sculpteur, qui

7. Voy. Rivière, *Code de commerce*, p. 741-742 ; Boistel, *Droit comm.* n. 34.

8. Cpr. Cass. 23 avril 1813 (S. 16. 1. 165, D. A. 2. 698). Créances, effets publics ou actions : Cass. 29 janv. 1856 (D. 56. 1. 110) ; Paris, 22 nov. 1852 ; Bastia, 30 janv. 1856. — Cpr. Riom, 8 mars 1845 ; Dijon, 25 juil. 1866 (D. 66. 2. 138). — V. Rivière, p. 738 ; Boistel, n. 36.

9. Bourges, 19 mars 1831. De même, les bois et récoltes sur pied, Nîmes, 28 août 1874 (S. 75. 2. 147.)

10. Cass. 4 juin 1850, 18 avril 1882 (S. 82. 1. 407) ; Lyon, 26 fév. 1829 ; Bourges, 4 déc. 1829, 10 mai 1834 ; Paris, 28 nov. 1851, 19 mai 1855, 15 fév., 17 et 29 août 1868 ; Annecy, 24 juil. 1886 (G. P. 87. 1. supp. 74) ; Pau, 16 juin 1887 (G. M. 27 nov.) ; Poitiers, 30 janv. 1889 (S. 89. 2. 80) ; Boistel, n. 36. — V. cep. Paris, 18 oct. 1851 ; Aix, 23 juil. 1881 (S. 83. 2. 35) ; Bruxelles, 12 juin 1882 (S. 82. 4. 43).

11. Cass. 8 nov. 1876 (S. 77. 1. 20, D. 77. 1. 184) ; Paris, 10 juil. 1873. V. n. 2259.

12. V. n. 7659.

13. Cass. 21 avril 1852 (D. 54. 5. 447).

14. Amiens, 8 avril 1823, 28 mai 1887 (Rec. 87. 116) ; Bruxelles, 12 juin 1882 préc. ; — v. cep. Rouen, 30 juil. 1840, 28 nov. 1856.

15. Colmar, 28 mai 1850 ; Orléans, 25 juil. 1850 ; Bourges, 20 juin 1856 ; Réunion, 2 avril 1897 (*Droit*, 16 sept.).

16. Paris, 5 mai 1855 (D. 56. 2. 119) ; Toulouse, 7 mai 1888 (G. M. 10 juin).

achète des terres ou des marbres, ne fait pas acte de commerce [17]. Il en est autrement d'un peintre en bâtiments ou d'un marbrier.

La transformation de la matière, quand même elle ne change pas de maître, est une *entreprise de manufacture*, et par conséquent un acte commercial [18].

Si la matière achetée n'est pas destinée à être travaillée, mais à être jointe à une autre, la question doit également être décidée au moyen de la considération de la chose principale. Ainsi le propriétaire qui achète des tonneaux pour loger sa récolte, alors même qu'il spéculerait sur la revente des tonneaux, ne fait pas acte de commerce, son but principal étant d'écouler ses produits [19]. Le propriétaire ou fermier qui achète des bestiaux pour les revendre, fait, ou ne fait pas, acte de commerce, suivant qu'il a pour but d'améliorer son fonds et de consommer ses fourrages [20], ou bien de gagner simplement sur la revente des troupeaux achetés [21].

En résumé, l'acte est commercial, quand il est le but principal, l'accessoire ou le moyen d'une spéculation ou exploitation commerciale [22].

Après cette précision générale, la loi répute spécialement *actes de commerce*, suivant des conditions déterminées, les *louages*, *entreprises*, *opérations de banque*, transactions *maritimes*, et autres actes qu'il suffit de mentionner ici, attendu qu'au sujet de chacun d'eux, il y aura lieu de revenir sur leur caractère et sur celui d'un grand nombre d'autres, qui ne sont pas mentionnés dans les textes ci-dessus [23].

Pour s'en tenir aux principes généraux, il est seulement très important d'observer que les actes de commerce répétés constituent la profession de commerçant, dont l'influence est si grande sur tous les droits et sur tous

17. Grenoble, 28 mars 1859 ; Metz, 7 août 1862 (S. 63. 2. 103, D. 63. 5. 7) ; Lyon, 13 mai 1881 (D. 82. 2. 54).

18. Caen, 7 avril 1886 (Rec. Rouen, 87. 2. 50) ; Lyon, 21 juin 1888 (Mon. 29 déc.) ; Rennes, 8 déc. 1890 (Rec. Nantes, 91. 1. 344).

19. V. n. 1586.

20. Cass. 7 avril 1869 ; Dijon, 15 fév. 1847, 11 mars 1881 (S. 81. 2. 156) ; Caen, 14 janv. 1840 ; Bourges, 14 fév. 1840, 9 fév. 1885 (S. 85. 2. 216, D. 86. 2. 88, G. P. 86. 1. supp. 33) ; Montpellier, 6 juin 1895 (G. P. 95 1. 315). — V. n. 1586.

21. Gand, 21 nov. 1885 (*J. faillites*, 86. 170) ; voy. Rivière, p. 739 ; v. n. 1586-1 à 15 ; (G. P. v° *Acte de com.* 1892 à 1897, n. 82 et ss.).

22. V. Cass. 29 janv. 1883, 21 mars, 1892 (S. 93. 1. 229).

23. Voy. les renvois indiqués ci-dessus au texte des art. 632 et 633 ; et encore, louage, n. 2259 ; propriété, n. 1586 ; sociétés par actions, n. 2525 ; femmes mariées, n. 3037, 3073 ; mineurs, n. 3540 ; propriété littéraire, n. 6275 ; enseignement, n. 5980 ; opérations de bourse, n. 6575 ; fonds de commerce, n. 6627 ; débits de tabac, n. 5476 ; pharmaciens, n. 7697, etc., etc. — V. aussi table alph., vis *Acte de commerce* et *Commerçant*.

40. .... exercices d'actes commerciaux ; habitude ; cas douteux :

les titres [24]. Or, aux termes de l'article 1 du Code de commerce [b], cette profession suppose l'*exercice* et l'*habitude* d'actes commerciaux.

En ce qui concerne l'*exercice*, il n'y a pas lieu de distinguer s'il est licite, ou illicite, c'est-à-dire, si les lois spéciales ne défendent pas à leur auteur de se livrer au commerce : ces lois, en effet, ne peuvent tourner au profit de celui qui les a violées ; et après les avoir enfreintes, on ne peut les invoquer pour se soustraire aux obligations plus rigoureuses des commerçants. Il peut donc arriver que cette dernière qualité appartienne à un fonctionnaire public, ou à un officier ministériel, comme un huissier, un avoué ou un notaire [25]. — Il importe peu également que l'exercice du commerce ait été notoire ou clandestin, et qu'il ait eu lieu directement ou par mandataire [26].

Ce qui est essentiel, c'est qu'il y ait *habitude*. Or, l'habitude dépend d'une série d'actes à apprécier par le juge [27]. Dans tous les cas, un certain nombre d'opérations est indispensable [28] ; il ne suffirait, ni de quelques actes isolés [29], ni de la publicité de l'intention de devenir commerçant, encore que la manifestation de cette intention résultât d'enseignes, d'affiches, de circulaires, du paiement de la patente [30], ou même d'actes publics [31]. Au reste, l'habitude doit être suivie à titre de *profession* lucrative [32], et dans un but de spéculation, sans qu'il y ait lieu toutefois de distinguer si la profession commerciale est principale ou accessoire [33].

Il est quelquefois difficile de savoir si telle personne est un ouvrier ou un commerçant. Cette question se décide d'après les faits, en recherchant, dans les circonstances, si l'intention principale était de spéculer, ou seu-

24. V. ci-après n[es] 38 et ss.
25. V. n. 4058.
26. V. Boistel, n. 55.
27. V. Cass. 23 nov. 1898 (D. 99. 1. 38) ; Dijon, 12 janv. 1897 (S. 97. 2. 157).
28. Cpr. Cass. 8 juil. 1874 ; Metz, 5 août 1856 (S. 56. 2. 590, D. 57. 2. 15).
29. Douai, 8 juin 1891 (D. 92. 2. 315). — V. Bordeaux, 9 mai 1888 (Rec. 88. 1. 306).
30. Bordeaux, 4 déc. 1846 (D. 47. 2. 120), 12 mai 1897 (Rec. 97. 1. 332). V. n. 5290.
31. Cass. 5 nov. 1850 ; Paris, 11 germ. XI ; Turin, 20 mai 1807 ; trib. com., Nantes, 15 avril 1882 (G. P. 83. 1. 490) ; voy. Rivière, p. 26. Cpr. cep. Boistel, n. 55, et ci-après n. 330.
32. Les cautionnements de complaisance, même souvent répétés, sont insuffisants : Rouen, 27 août 1877 (D. 78. 2. 148) ; Rennes, 30 déc. 1893 (D. 94. 2. 504). — Cpr. Nîmes, 7 juil. 1882 (G. P. 83. 2. 83. 2e p.)
33. Cpr. Cass. 1er avril 1829 ; trib. com. Seine, 3 juil. 1885 (G. P. 85. 2. 385).

b. *Com.* **1**. Sont commerçants ceux qui exercent des actes de commerce, et en font leur profession habituelle.

40. .... obligations ; actes commerciaux comme émanés de commerçants ;

lement d'obtenir un salaire [34]. La déclaration des juges, cet égard, peut, d'ailleurs, être formulée en termes équivalents à ceux de l'art. 1 [35] du code de commerce [36], quoique non identiques.

Pendant qu'elle existe [37], la profession commerciale impose des obligations particulières, telles que la tenue des livres [38], la publicité du régime matrimonial [39], et la patente [40] ; elle expose le commerçant à des rigueurs exceptionnelles, notamment en cas de faillite [41]. Mais elle confère quelques privilèges, comme une juridiction élue par les intéressés eux-mêmes [42], et des facilités particulières de preuves [43].

De même que la qualité des actes fait les commerçants, de même la qualité de commerçant influe sur celle des actes. En effet, ceux qui ne sont pas commerciaux par eux-mêmes peuvent le devenir en vertu de la qualité de celui qui les a faits [44]. Ainsi on doit considérer comme actes de commerce, avec l'art. 632 précité [44] et l'art. 638 § 2 [c], *toutes obligations entre négociants*, tous *billets souscrits* par les commerçants, si aucune autre cause n'y est énoncée.

Ce ne sont pas seulement les billets, mais, d'une manière générale, *toutes obligations* [45] sous-seing privé, notariées [46], ou même verbales [47], qui

34. Bruxelles, 11 mai 1811 ; voy louage, n. 2259.
35. V. n^e b.
36. Cass. 23 déc. 1884 (S. 85. 1. 272, D. 85. 5. 81).
37. V. Bordeaux, 4 déc. 1846 (S. 47. 2. 266, D. 47. 2. 120).
38. V. n 424.
39. V. n. 3236.
40. V. n. 5290.
41. V. n. 4055 et ss.
42. V. n. 329.
43. V. n. 405.
44. V. com. 632 § 7, au n. 40 [a].
45. Cass. 29 avril 1889 (S. 89. 1. 425, D. 90. 1. 19).
46. Cass. 11 fév. 1834, 6 juil. 1836 (S. 36. 1. 694, D. 36, 1. 407) ; Douai, 27 fév. 1825 ; Paris, 6 août 1829.
47. Douai, 11 juil. 1821 ; Bourges, 21 mai 1824 ; Rennes, 2 juil. 1848 ; Poitiers, 20 mars 1877 ; Lyon, 18 fév. 1886, 30 mars 1892 (S. 93. 2. 280, D. 93. 2. 326) — V. cep. Bourges, 21 janv. 1812, Poitiers, 22 mai 1829.

c. *Com.* **638.** Ne seront point de la compétence des tribunaux de commerce, les actions intentées contre un propriétaire, cultivateur ou vigneron, pour vente de denrées provenant de son cru, les actions intentées contre un commerçant pour paiement de denrées et marchandises achetées pour son usage particulier [330].

Néanmoins les billets souscrits par un commerçant seront censés faits pour son commerce, et ceux des receveurs, payeurs, percepteurs ou autres comptables de deniers publics, seront censés faits pour leur gestion, lorsqu'une autre cause n'y sera point énoncée.

40. .... actes commerciaux comme émanés de commerçants ; et comme accessoires à la profession ;

revêtent ainsi le caractère d'actes commerciaux [48], à défaut de preuve [49] ou de présomption [50] contraire, à la charge du commerçant [51]. Bien plus, les délits, quasi-délits et quasi-contrats [52], survenus à l'occasion de faits se rattachant à l'exercice du commerce ou de l'industrie, donnent naissance à des obligations commerciales [53] : tels sont, par exemple, les faits de concurrence déloyale [54].

Il n'est même pas nécessaire que les obligations se soient produites *entre négociants* ; il suffit qu'elles soient à la charge d'un commerçant [55].

Mais il est indispensable qu'aucune *cause* civile ne soit *énoncée* [56], ou plus généralement que l'obligation n'ait aucune cause civile qu'il soit facile ou d'assigner, ou de prouver [57] : car alors, malgré l'habitude de son auteur de faire des actes de commerce, la fiction ne pourrait l'emporter sur la réalité [58]. Toutefois, l'obligation qui a, par elle-même, un caractère civil deviendrait commerciale, si elle était l'accessoire d'une opération de commerce [59].

Quel caractère faut-il attribuer à l'achat ou au louage des ustensiles, outils, instruments, chevaux, charrettes et fournitures de toute espèce, nécessaires pour le commerce ? Bien que ces objets ne soient pas destinés à être revendus, leur acquisition doit être considérée comme acte de commerce, soit parce qu'elle est accessoire à la profession, soit parce qu'elle

48. Cass. 8 fév. 1869, 22 nov. 1894 (D. 95. 1. 78). — V. Dalloz, table 1845 à 1867, v° *Acte de com.* n. 187 à 199.

49. Cass. 29 avril 1889 (S. 89. 1. 425, D. 90. 1. 19).

50. Cass. 20 janv. 1885 (S. 85. 1. 295, D. 86. 1. 319) ; Bordeaux, 22 janv. 1885 (G. P. 85. 2. supp. 24).

51. Cass. 10 janv. 1894 (S. 98. 1. 506, D. 95. 1. 17).

52. Cass. 26 fév. 1845, 5 août 1875, 11 juil. 1877 (S. 77. 1. 468, D. 78. 1. 122); Bourges, 23 fév. 1844 ; Amiens, 4 mai 1858 ; Paris, 21 août 1855.

53. Cass. 4 mars 1845, 24 et 24 août 1863, 11 mai 1868, 3 janv. 1872, 20 janv. et 5 août 1875, 11 juil. 1877, 11 déc. 1895, 20 mai 1896 (S. 96. 1. 336, D. 96. 5. 134), 28 octobre 1896 (S. 97. 1. 436) ; Rouen, 13 avril 1853 ; Paris, 10 mars 1854, 28 avril 1866, 31 mars 1882 (S. 82. 2. 139), 19 mars 1885 ; Orléans, 13 mars 1857, 27 avril 1881 ; Dijon, 25 juil. 1866 ; Nîmes, 3 août 1874 ; Alger, 2 juil. 1877 ; Caen, 15 juil. 1884 (S. 85. 2. 149) ; Toulouse, 24 mai 1888 ; Bruxelles, 26 nov. 1880, 1er juil. 1881 ; Aix, 27 nov. 1889 (*Loi* 17 nov.) ; Lyon, 26 déc. 1892 (S. 95. 2. 231). — V. cep. Bordeaux, 27 déc. 1893 (S. 95. 2. 39). — V. à ce sujet le *Traité des actes des commerce par relation*, de Duchange.

54. Alger, 2 juil. 1877 ; Bruxelles, 18 mai 1881 (S. 82. 4. 15) ; Boistel, n. 49 et ss. — V. n. 6621.

55. Cass. 10 janv. 1859 (S. 60. 1. 445, D. 59. 1. 225) ; Bruxelles, 24 janv. 1809.

56. Cass. 8 janv. 1812 ; Bruxelles, 5 mars 1823 (S. 25. 1. 374).

57. Cass. 30 juin 1836, 20 janv. 1885 (S. 85. 1. 295, D. 86. 1. 319) ; Bordeaux, 19 avril 1836 ; Metz, 22 mars 1839.

58. Metz, 10 déc. 1819 ; Liège, 21 janv. 1813 ; Rouen, 5 avril 1838 (S. 39. 2. 300, D. 39. 2. 204).

59. Cass. 28 janv. 1879, 29 janv. 1883 (S. 85. 1. 482, D. 83. 1. 314-315).

entraîne une obligation de commerçant, soit enfin parce que leur usage fait l'objet d'une spéculation [60]. C'est donc avec raison qu'on a aussi attribué le caractère commercial aux constructions, réparations et embellissements d'un établissement industriel ou commercial [61], si du moins la qualité de commerçant était antérieure aux travaux [62].

L'acte serait, au contraire, purement civil, dans le cas où les fournitures seraient étrangères au commerce [63].

Enfin, l'acte émané d'un non-commerçant est réputé civil, s'il n'y a preuve de sa commercialité [64].

41. Au point de vue de leurs effets, les actes sont *déclaratifs* ou *attributifs*, selon qu'ils constatent simplement un droit préexistant, ou qu'ils entraînent la naissance ou l'extinction d'une obligation nouvelle. Ainsi les jugements, les actes (écrits) sous-seing privé ou authentiques sont déclaratifs ; la prescription, la vente sont des actes attributifs.

Parmi les actes attributifs, les uns emportent simplement libération d'une obligation, comme la prescription et la renonciation. Les autres font acquérir un droit : on appelle *acquisition* l'opération qui investit une personne d'un droit qu'elle n'avait pas auparavant.

Les actes d'acquisition se divisent en originaires ou dérivés.

Les premiers sont ceux qui font acquérir un droit qui n'appartenait à personne. Ils ne supposent la perte de ce droit pour aucun possesseur antérieur : tel est l'occupation en matière de propriété [1].

Les actes dérivés sont ceux qui font acquérir un droit appartenant précédemment à une autre personne. Ils supposent acquisition et *tranmis-*

60. Cass. 1er déc. 1851, 11 avril 1854, 28 janv. 1878 (S. 79. 1. 289, D. 78. 1. 461), 21 mars 1892 (D. 92. 1. 228) ; Bruxelles, 3 mars 1810, 3 janv. 1820 ; Rennes, 19 août 1819 ; Paris, 6 oct. 1813 ; Limoges, 21 fév. 1829 ; Aix, 6 août 1829 ; Lyon, 6 janv. 1838 ; Caen, 25 nov. 1836 ; — v. cep. Metz, 9 juil. 1813, 4 janv. 1823 ; Bruxelles, 28 nov. 1813, 12 juin 1882 (S. 82. 2. 43) ; Limoges, 2 mars 1837 ; Rouen, 9 déc. 1836, 1er mars 1844 ; Paris, 22 mars 1851 ; Angers, 21 mars 1867 ; trib. Anvers, 23 août 1881 (S. 82. 4. 16) ; trib. com. Nantes, 18 déc. 1836 (Rec. 87. 1. 117) ; Rennes, 26 juin 1894 (G. P. 94. 2. 111). — V. Dalloz, table 1845 à 1867, v° *Acte de com.* n. 171 à 182.

61. Cass. 28 janv. 1878 (n° 60) ; Lyon, 14 août 1827 ; Bourges, 15 fév. 1842 ; Rouen, 2 janv. 1858 ; Toulouse, 11 fév. 1896 (G. M. 17 mai).

62. Cass. 28 janv. 1878 (n° 60) ; Angers, 21 mars 1867 ; Dijon, 15 avril 1879. Cpr. Aix, 1er mai 1879 ; Orléans, 19 mars 1896 (G. P. 96. 2. 76). — V. cep. Alger, 27 avril 1890 (Rev. 91. 452).

63. Lyon, 30 mai 1849 ; Paris, 17 avril 1852 ; Orléans, 9 mars 1852 ; Caen, 19 juil. 1854 (D. 55. 5. 97.) — V. com. 638, (n° c).

64. Rennes, 8 avril 1886 (G. T. 8 juin.)

1. V. n. 1619 et ss.

sion, c'es-à-dire changement du titulaire du droit, par conséquent perte de ce droit pour celui qui le possédait antérieurement. — Le mot *subrogation* s'applique indifféremment à la substitution d'une personne ou d'une chose à une autre [2].

La *novation* est la substitution d'un titre à un autre titre [3].

42. Les actes *dérivés*, ou *transmissifs*, ou *translatifs* (ces termes sont synonymes), ont des règles particulières qui méritent de fixer l'attention.

En fait d'actes translatifs, le sujet qui transmet le droit se nomme *auteur*, et celui à qui le droit est transmis *successeur* ou *acquéreur*. En dehors des conditions, générales ou spéciales à chaque acte, de capacité et d'aptitude [1], il est, de plus, nécessaire, en fait d'actes translatifs, que l'auteur et le successeur aient qualité pour acquérir et transmettre. Et ici cette qualité consiste, du chef de l'auteur, en ce que le bien qu'il transmet doit être à sa libre disposition, suivant la maxime : *Nemo plus juris in alium transferre potest quam ipse habet* [2] ; — du chef du successeur, en ce que ce dernier ne doit pas posséder déjà l'objet de la transmission [3].

Il faut, de plus, que l'objet de l'acte translatif soit dans le commerce [a]. On appelle *choses dans le commerce*, celles dont aucune loi ne défend la vente et l'achat, et par extension la transmission et l'acquisition. Toute chose est dans le commerce, s'il n'y a prohibition contraire. Tout ce qui est contraire aux bonnes mœurs, tout ce qui est relatif à la liberté, à l'honneur, à l'état des personnes et aux fonctions publiques, est de plein droit hors du commerce. Des lois spéciales placent aussi hors du commerce certains objets, en vue de l'utilité publique [4].

Les actes translatifs exigent le plus souvent, pour leur efficacité absolue, l'observation de certaines formalités destinées à rendre publique la transmission : par exemple, une transcription ou des notifications [5].

Il faut encore que, dans les actes translatifs, la date soit certaine. En effet, par application de la maxime, *Nemo plus juris*, qui vient d'être citée,

2. V. n. 574 et ss.
3. V. n. 580 et ss.

1. V. n. 16.
2. L. 54 *de reg. jur.* (D. 50. 17).
3. Quod meum est, meum amplius fieri non potest.
4. V. vente, n. 2008, 2009.
5. V. n. 478 [13].

a. *Civ.* **1128.** Il n'y a que les choses qui sont dans le commerce qui puissent être l'objet des conventions.

c'est le premier acquéreur régulier, dans l'ordre des dates, qui doit être préféré à l'acquéreur postérieur.

L'effet des actes translatifs est de changer le titulaire du droit ; mais le droit reste le même, et il n'est modifié sous aucun autre rapport.

L'acte translatif a encore pour effet de rendre le successeur ayant cause de l'acquéreur : c'est-à-dire que l'acquéreur est à considérer comme ayant été représenté dans les actes antérieurs à l'acquisition où l'auteur a été partie ; quant aux actes postérieurs, ils ne peuvent lui être opposés. Toutes ces propositions sont une suite évidente de la maxime, *Nemo plus juris.*

L'acte translatif est inexistant, s'il a pour objet une chose hors du commerce, ou qui ne se trouve pas la libre disposition de l'auteur. De même, la transmission qui n'a pas date certaine, ou qui est postérieure à une transmission précédente efficace, n'existe point par rapport à l'acquéreur. Celle qui provient d une personne dont l'acte d'acquisition était annulable se trouve révoqué alors que ce titre est annulé [1] : *Nemo plus juris...*, et *Resoluto jure dantis résolvitur jus accipientis* [2].

43. Les actes, principalement les actes translatifs, se divisent encore, au point de vue de leurs effets : 1° en actes à titre onéreux ou à titre gratuit ; 2° en particuliers ou universels.

Un acte est à titre onéreux, lorsqu'il procure à chacune des parties un avantage compensé par un sacrifice. Ainsi le titre onéreux augmente les droits de chaque partie, mais en retour il les diminue d'un autre côté, soit en privant l'une ou l'autre de quelques biens, soit en imposant à l'une ou à chacune d'elles quelques obligations parfaites (exemple : vente [1], échange [2]).

Un acte est à titre gratuit, lorsqu'il procure à l'une des parties un avantage qui ne lui coûte aucun sacrifice, en d'autres termes, lorsqu'il augmente simplement les droits de l'une ou l'autre des parties, sans les diminuer en rien, sans lui imposer aucune obligation parfaite, sans attribuer en retour aucun droit ni aucun avantage à l'autre partie (exemple, donation [3], testament [4]).

Il faut observer ici qu'un titre ne cesse pas d'être gratuit, bien qu'il im-

1. V. civ. 2125, au n. 1996 [a].

2. Sur les exceptions à cette règle, fondées sur l'intérêt public, voy. n. 117, 498 [5].

1. V. n. 1999 et ss.

2. V. n. 2129 et ss.

3. V. n. 2755 et ss.

4. V. n. 2822 et ss.

pose quelque obligation imparfaite à la partie qui en profite : ainsi, le devoir de reconnaissance du donataire envers le donateur n'attribue pas à la donation le caractère d'acte à titre onéreux. De même, un titre ne devient pas onéreux, bien que des faits postérieurs, combinés avec lui, produisent des obligations parfaites contre la partie avantagée; en effet, ces obligations ne dérivent pas simplement du titre. Ainsi, l'obligation du déposant de rembourser au dépositaire les dépenses que ce dernier a faites pour la conservation de la chose, n'empêche pas le dépôt [5] de rester un acte à titre gratuit.

Au lieu d'être purement onéreux ou purement gratuit, c'est-à-dire, au lieu de procurer à chacune des parties un avantage égal, ou de ne procurer un avantage qu'à l'une d'elles, il peut arriver qu'un titre attribue quelque avantage à chacune des parties, mais un avantage inégal. Dans ce cas, le titre est appelé *mixte*. Telle est la donation onéreuse [6].

Les actes à titre onéreux et ceux à titre gratuit sont sujets, à certains égards, à des règles différentes.

Les titres onéreux produisent une obligation de garantie [7] : tandis que cette obligation ne résulte pas de la nature des actes à titre gratuit.

Celui qui peut réclamer une chose en vertu de deux titres onéreux, ou d'un titre onéreux et d'un titre gratuit, peut faire valoir deux actions différentes : pour avoir la chose, et ce que la chose lui a coûté. Mais si une même chose (l'identité se détermine d'après les faits et l'intention [8]) est attribuée à une personne en vertu de deux titres gratuits, l'ayant-droit ne peut réclamer que la chose, et ses deux actions se réduisent à une seule : de telle sorte que l'un des titres gratuits ne peut produire aucun effet. C'est le sens de la maxime. *Duæ causæ lucrativæ in eumdem hominum et eamdem rem concurrere non possunt* [9].

Une troisième différence existe aussi vis-à-vis des créanciers : elle sera expliquée ci-après [10].

44. Les actes sont particuliers ou universels, suivant qu'ils portent sur un objet particulier, ou sur la totalité ou une quote-part du patrimoine d'une personne [1].

5. V. n. 633 et ss.
6. V. n. 2819 et ss.
7. V. n. 54.
8. Cass. 27 avril 1852; Paris, 29 avril 1851; Rouen, 16 nov. 1875 (S. 76. 2. 47, D. 76. 2. 154).
9. Poth. *Oblig.*, n. 652.
10. V. n. 72.

1. V. n. 18.

44. .... leurs effets différents. — **45**. Conditions des preuves ; sujet ;

Les transmissions particulières ou universelles produisent des effets différents.

Le successeur particulier peut se prévaloir des droits qui appartenaient à son auteur et qui sont un accessoire de la chose transmise : il ne peut, à ce titre, exercer aucun des autres droits qui ont pu appartenir à l'auteur. Réciproquement, la chose est transmise avec ses charges réelles ; mais les charges personnelles, même celles opposables à l'auteur, ne sont pas obligatoires pour le successeur. En effet, ce dernier ne succède qu'à la chose, et non à toutes les obligations de son auteur.

Il en est autrement du successeur universel, qui, succédant à la personne et au patrimoine, est tenu de toutes les obligations et peut profiter de tous les droits de son auteur, suivant les règles qui seront exposées au sujet des successions [2].

SECTION V

DES PREUVES *

§ 1. — Des preuves en général

45. Non moins essentielles que l'acte lui-même pour l'existence du droit social, puisque, sans elles, l'acte ne peut produire effet qu'au for intérieur, les preuves ont pour objet de manifester extérieurement la réalité du titre, par des moyens de nature à entraîner la conviction du juge.

La preuve, à tout degré de l'instance [1], est à la charge de celui qui affirme l'existence du titre [a] : *Onus probandi incumbit ei qui dicit,*

* **Bibliographie**. Bentham, Bonnier, 5e édit., par Larnaude (S 89. 6. 21), Gabriel, Le Gentil.

2. V. n. 2692 et ss.

1. V. Cass. 1er juin 1892 (S. 96. 1. 492, D. 93. 1. 311).

a. C. civ. **1315**. Celui qui réclame l'exécution d'une obligation doit la prouver.

Réciproquement, celui qui se prétend libéré, doit justifier le paiement [544] ou le fait qui a produit l'extinction de son obligation.

45. .... sujet ; fait négatif ; objet ;

et non ei qui negat [2]. S'il s'agit d'une créance, celui qui la réclame doit en établir à la fois l'existence et le chiffre [3]. Celui qui nie le titre n'est tenu à aucune preuve [4]. C'est seulement au cas où le titre est prouvé contre celui qui le nie, que ce dernier est tenu à son tour de faire preuve de la défense par lui alléguée : *Reus excipiendo fit actor* [5].

Que le fait soit positif ou négatif, c'est toujours à celui qui invoque l'existence du titre, basée sur ce fait, à en fournir la preuve. Seulement, lorsqu'il s'agit d'un fait négatif, et que la partie qui en dénie l'existence peut facilement donner la preuve du fait positif contraire, le juge ne doit pas exiger une preuve aussi rigoureuse, puisque le refus du défendeur de s'expliquer, rend déjà le fait probable [6].

La preuve a pour objet le titre.

Comme le titre se compose de plusieurs éléments, chacun de ceux qui sont contestés doit faire l'objet d'une preuve spéciale. Il est vrai qu'en France, toutes les lois étant écrites, le juge a connaissance de la loi comme homme public : ce n'est donc que dans le cas où il s'agit de l'application d'un usage local ou d'une loi étrangère ou ancienne, que l'existence de la loi, ou sa publication [7], doit être prouvée.

En cas de contestation, la preuve doit porter également sur le domicile des personnes [8], sur leur capacité [9], et leur qualité de commerçant [10], ou autre.

Mais c'est surtout la preuve de l'acte juridique qui est toujours nécessaire, que cet acte consiste dans un fait ou dans une abstention. Le fait à prouver doit être *relevant*, c'est-à-dire de nature à influer sur la décision : autrement la preuve serait inutile et inadmissible, suivant la règle de droit : *Frustra probatur, quod probatum non relevat.* Le fait doit, d'ailleurs, être prouvé d'une manière complète : ainsi celui qui prétend avoir

2. L. 2. *de probat.* D. 22. 3 ; Cass. 11 août 1862, 13 janv. 1868, 19 janv. 1874, 21 nov. 1877, 5 fév. 1894 (S. 94. 1. 277, D. 94. 1. 134) ; C. d'Et. 8 juil. 1887 (L. 87. 565). — Cpr. cep. Cass. 1er avril 1862 (D. 62. 1. 433). — Mais cette obligation peut être, dans certains cas, facile à remplir, au moyen des présomptions, dont il est question ci-après, n. 51. — V. Cass. 13 mars 1876 (S. 77. 1. 13).

3. Cass. 21 nov. 1877, 25 mai 1892 (S. 92. 1. 520, D. 92. 1. 326).

4 *Quod gratis asscritur, gratis negatur.* — Factum negantis probatio nulla est. L. 23. C. *de probat.* — V. Cass. 7 mars 1877 (S. 78. 1. 361) ; Lyon, 28 fév 1884 (G. P. 84. 2. 160).

5. L. 1, *de exceptione.* D. 44-1 ; Cass. 6 avril 1869, 3 mars 1873 (D. 73. 1. 248) ; 29 janv. 1879 (D. 79. 1. 76).

6. V. Cass. 21 nov. 1826 (S. 27. 1. 34, D. 17. 1. 62).

7. Cass. 1er et 28 flor. X, 27 nov. 1812 (S. 16. 1. 59, D. A. 3. 497). — Arrêtés, v. n. 703.

8. Rennes, 27 janv. 1819 (S. c. N. 6. 2. 14).

9. Mais elle peut être facile, à l'aide de simples présomptions, v. n. 53.

10. V. Boistel, n. 58 ; Rennes, 18 déc. 1886 (Rec. Nantes, 87. 1. 342).

livré un fût de vin, doit établir que le fût contenait, au moment de la livraison, du vin et non de l'eau, qui plus tard y a été trouvée [11]. — S'il s'agit de prouver la *notoriété* d'un fait, c'est-à-dire la croyance publique à cet égard, il ne suffit pas d'en établir la réalité, il faut encore prouver que le public croit à son existence.

46. Quant à la forme de la preuve, elle est très différente, suivant les différentes espèces de preuves, énumérées ci-après [1]. Les juges peuvent ordonner d'office toutes les justifications et mesures d'instructions nécessaires pour éclairer leur conscience [2], pourvu qu'elles soient autorisées par la loi [3]. Il est, de plus, au choix des parties d'employer à ce sujet les moyens qu'elles jugent convenables, pourvu qu'ils soient admissibles, présentés en justice, agréés par le juge et convaincants.

L'admissibilité est la règle : et toute preuve est admissible, sauf prohibition contraire. Il n'y a de prohibition ou de restriction qu'en matière civile, d'après le genre de preuves ou de faits, conformément aux distinctions précisées, en principe, dans le paragraphe suivant. En matière commerciale ou répressive, tout dépend, au contraire, de la conviction du juge [4], tous les modes de preuve étant admis. — Il faut entendre par matière commerciale, celle qui est relative à un acte de commerce [5], soit du chef des deux parties, soit du chef de la partie contre laquelle la preuve est offerte. Par suite, si l'acte n'est commercial que d'un côté, l'admissibilité de la preuve, vis-à-vis de l'autre partie, doit se décider suivant les règles admises en matière civile [6]. Il n'y a lieu, en aucun cas, de tenir compte de la différence des juridictions [7].

Si pendant le temps qui s'est écoulé entre l'acte et la preuve, les lois ont été changées, l'admissibilité se détermine d'après la loi du jour de

11. Cass. 18 janv. 1875 (S. 75. 1. 364).

1. V. n. 47 et 48.
2. Pr. civ. 254 (1871 b) ; Cass. 15 nov. 1898 (S. 00. 1. 326) ; trib. Lyon, 3 juin 1882 (G. P. 83. 1. 255). Cpr. cep. D. 73. 1. 195 n^e 3.
3. Limoges, 14 mars 1894 (*Rec. pr. civ.* 95. 200).
4. V. Com. 109 (405a) ; I. cr. 342 (1425a) ; Cass. 27 avril 1885 (S. 87. 1. 12).
5. V. n. 40.
6. Cass. 19 nov. 1862, 31 mars 1874, 26 oct. 1886 (S. 87. 1. 153) ; Rouen, 8 mars 1878. — Cpr. cep. Agen, 6 janv. 1828 ; et pour demandes reconventionnelles, Cass. 8 août 1860.
7. Voy. pour les matières commerciales, Bourges, 23 janv. 1824 ; Orléans, 25 juin 1850 ; Douai, 6 août 1851 ; Rouen, 8 mars 1878 (S. 78. 2. 237) ; Bordeaux, 5 juil. 1881 (G. P. 82. 1. 231) ; et pour les matières répressives, voy. abus de confiance (661). — Cpr. cep. Cass. 3 mai 1843.

46. .... présentation ; admission ;

l'acte, puisque les parties ont pu légitimement compter sur tous les moyens de preuves admissibles à cette époque [8].

La preuve doit toujours être offerte en termes précis [9], et présentée en justice, de telle sorte que la partie adverse puisse en avoir connaissance, la contredire et se défendre librement [10]. Par suite, la preuve est nécessaire, encore que le juge ait connaissance, comme simple particulier et hors de l'audience [11], de la chose à prouver [12] : car la dignité de la justice et l'efficacité morale du jugement, comme la liberté de la défense, exigent, non seulement que la décision soit vraie, mais encore qu'elle paraisse publiquement vraie. Aussi les investigations personnelles des juges, en dehors de l'audience [13], et en dehors des pièces produites [14] contradictoirement [15] et dans l'instance même [16], n'ont aucune valeur.

Quand ils sont admissibles et régulièrement présentés, les moyens allégués peuvent être acceptés par le juge, à la condition que la preuve soit administrée avec toutes les formes et garanties légales de sa sincérité [17]. Le juge peut en admettre successivement plusieurs [18], ou, au contraire, refuser la première offre en preuve, lorsque, sa conviction étant déjà formée, ou les faits n'étant pas relevants, cette offre lui parait inutile [19].

8. Cass, 18 nov. 1806, 22 mars 1810, 9 avril et 8 mai 1811, 24 août 1813, 17 nov. 1829, 16 août 1831, 23 mai 1832 (S. 32. 1. 600) ; Bruxelles, 24 nov. 1819 ; Rennes, 20 avril 1820. — Cpr. cep., pour les présomptions : Pau, 6 août 1834 (S. 35. 2. 123, D. 35, 2. 28).

9. Pau, 9 juil. 1888 (D. 89. 2. 252).

10. V. Cass. 13 avril 1892 (S. 95. 1. 359) ; Limoges, 14 mars 1894 (S. 97. 2. 49).

11. Mais il peut constater le fait qui s'est passé en plein tribunal et sous ses yeux, Cass. 31 août 1831 (32. 1. 271, D. 31. 1. 338), le réprimer, le cas échéant (v. n. 870 et ss.), et en donner acte (877).

12. Secundum allegata et probata judex judicare debet. — Cass. 28 avril 1874, 21 mai et 23 nov. 1878, 8 juil 1885 (S. 85. 1. 480), 20 nov. 1889 (S. 90. 1. 7) ; Riom, 3 nov. 1809 ; Montpellier, 23 nov. 1852, 16 fév. 1894 (G. P. 94. 1. 431) ; Bastia, 7 fév. 1855. — V. n. 866-1.

13. Cass. 21 mai 1878, 8 juil. 1885, 3 août 1887 (S. 87. 1. 320), 13 avril 1892 (G. P. 92. 2. 340, S. 95. 1, 359), 4 août 1893 (D. 96. 1. 436 ; Nancy, 30 janvier 1886.

14. V. Cass., 8 déc. 1885 (S. 86. 1. 214).

15. Cass. 20 nov. 1889 (S. 90. 1. 7, D. 90. 1 53), 22 fév. 1897 (S. 97. 1. 327 et 343).

16. Cass. 26 juil 1887 (S. 90. 1. 375, G. P. 87. 2. 150). Mais cpr. n. 53.

17. Cass. 28 avril 1874, 21 déc. 1878, 25 janv 1881, 2 mars 1886, 25 mai 1886 (S. 89. 1. 407). 3 août 1887, 22 fév. 1897 (G. P. 97. 1. 407) ; Limoges, 22 fév. 1896 (S. 97. 2. 49).

18. Montpellier, 28 mai 1900 (G. P. 00. 2. 377).

19. Cass. 24 août 1831, 18 et 23 juin 1839, 15 nov. 1853, 11 nov. 1861, 16 fév. 1864 (v. n. 775), 20 fév. 1866, 22 juillet 1872, 16 fév. et 10 nov. 1874, 13 mars 1876, 26 mars 1877, 25 janv. 1881, 15 mars 1882, 6 août 1883, 2 mars et 29 déc. 1886, 26 juil. et 3 août 1887, 27 et 27 mars 1889 (S. 89. 1. 199), 20 nov. 1889, 29 juil. 1891 (D. 92. 1. 260), 3 avril 1900 (G. P. 00. 1. 641), 27 mars 1901 (S. 01. 1. 228). — Cpr. Toulouse, 25 juil. 1863.

46. .... admission ; conviction. — **47.** Effets des preuves ; inefficacité ; différentes espèces preuves et présomptions.

La preuve, quand elle est admise, ne devient efficace que si elle entraîne la conviction du juge. Or le juge doit fonder sa conviction, non pas seulement sur des moyens démonstratifs, qui lui donnent une certitude absolue et métaphysique, mais aussi sur de très grandes et très fortes probabilités. En un mot, le titre est prouvé, lorsque son existence mérite l'approbation *(probatio)* des hommes sages et prudents. Si les juges exigeaient une certitude absolue, l'abord des tribunaux serait fermé aux plus justes réclamations.

47. La preuve, souverainement appréciée par les juges quant à sa portée [1], rend judiciairement certain le fait allégué. Mais elle ne produit cet effet qu'entre les parties qui l'ont donnée et reçue, et seulement dans l'instance où elle a été fournie [2]. C'est une suite des deux maximes : *Res inter alios acta*, et *Secundum allegata et probata*. Ainsi la preuve n'est pas opposable à la personne qui n'a pas été appelée à sa réception, lors même qu'elle serait, d'ailleurs, partie au procès.

La preuve est sans effet, lorsqu'il manque quelque condition de sa validité. Elle devient encore inefficace par l'effet d'une preuve contraire. Or, celle-ci est toujours admissible, si la loi ne la prohibe par une disposition expresse.

A défaut de preuves valables, le défendeur doit être renvoyé des fins de la demande : *Actore non probante, reus absolvitur* : — sauf au demandeur à faire valoir, s'il y a lieu, un titre différent dont il devra prouver l'existence.

Les preuves, dont l'article 1316 [a] contient une énumération incomplète [3], se divisent en *preuves proprement dites* et en *présomptions*.

Les preuves proprement dites sont celles qui dérivent de la constatation directe de faits matériels manifestant la vérité du titre.

Les présomptions ne sont, aux termes de l'article 1349 du code civil [b],

1. Cass. 4 mai 1825 (S. 26. 1. 199, D. 25. 1. 324).

2. Cass. 26 juil. 1887 (S. 90. 1. 375).

3. V. n. 48.

a. *Civ.* **1316**. Les règles qui concernent la preuve littérale [48], la preuve testimoniale [49], les présomptions [50], l'aveu de la partie [1055] et le serment [1060], sont expliqués dans les sections suivantes.

b. *Civ.* **1349**. Les présomptions sont des conséquences que la loi ou le magistrat tire d'un fait connu à un fait inconnu.

48. Preuves littérales ;

que des inductions tirées d'un fait connu à un fait inconnu, sans que, dans l'intention des auteurs de ces faits, le premier ait été accompli dans le but de manifester la vérité du second.

Le plus souvent, les preuves proprement dites supposent elles-mêmes des présomptions. Si, par exemple, un acte authentique fait foi, c'est que, communément et ordinairement, la confection de l'acte est intrinsèquement liée avec la vérité des faits et déclarations, et les déclarations elles-mêmes avec la sincérité des parties et avec la vérité des choses déclarées. De là vient que certains moyens de preuves, tels que l'aveu et le serment, sont rangés par les uns au nombre des preuves proprement dites, et par les autres au nombre des présomptions.

§ 2. — Des preuves proprement dites

48. Les règles relatives aux preuves en général s'appliquent, sans aucune modification, aux preuves proprement dites, qui se divisent en *littérales* et *non littérales*.

Les preuves littérales sont celles qui se font à l'aide de l'écriture ou d'un autre signe permanent. Elles résultent, soit d'un acte, soit d'un signe permanent qui ne constitue pas un acte.

On appelle ici *acte*, ou *acte instrumentaire*, un écrit dressé dans le but de créer, d'éteindre, et surtout de constater entre les parties, d'une manière permanente, un droit ou une obligation. Les actes se divisent en actes authentiques et en actes sous-seing privé. Leurs règles sont assez importantes pour faire le sujet d'explications spéciales [1].

La preuve littérale, faite autrement que par acte, résulte notamment : des livres de commerce [2], des livres domestiques [3], des bordereaux [4], factures [5], et écritures non signées valant quittance [6], des lettres missives [7] et de la correspondance [8] ; des tailles [9], des pierres bornes [10] et des marques de mitoyenneté [11]. L'aveu [12], l'interrogatoire sur faits et articles [13] et le serment [14] peuvent aussi être considérés comme des preuves littérales. Sauf pour ces dernières, qui font partie des règles de la procédure, les explications concernant presque toutes les autres preuves littérales seront données avec celles relatives aux actes et à leurs formalités.

1. V. n. 398 à 439.
2. V. n. 424.
3. V. n. 423.
4. V. n. 422.
5. V. n. 422.
6. V. n. 544.
7. V. n. 421.
8. V. n. 422.
9. V. n. 2120.
10. V. n. 1681.
11. V. n. 1835 ; Aubry et Rau, § 754.
12. V. n. 1055.
13. V. n. 1068.
14. V. n. 1060.

48. .... admissibilité. — **49.** Preuves non littérales ; preuve testimoniale ; admissibilité ;

La preuve littérale par acte est admissible en toutes matières, dans tous les cas et pour toute espèce de faits, quelle que soit l'importance du litige.

49. Les preuves non littérales sont celles qui se font autrement qu'à l'aide de l'écriture ou d'un autre signe permanent. On distingue les descentes et vues de lieux [1], les expertises [2] et la preuve testimoniale. Les deux premières appartenant exclusivement à la procédure, il ne sera question ici que de la preuve testimoniale en général, et abstraction faite des formalités judiciaires qu'elle suppose.

La preuve testimoniale* est celle qui se fait par la déposition régulière des témoins.

Elle n'est pas admissible en toutes matières et dans tous les cas : depuis longtemps, on l'a considérée, en France, comme un moyen exceptionnel de preuve [3]. Elle présente, en effet, deux inconvénients. Rien n'est plus dangereux que la subornation des témoins, et l'expérience montre que ce fait n'est pas impossible : *Qui mieux abreuve, mieux preuve*, dit le proverbe. De plus, cette preuve a pour conséquence de prolonger la durée des procès : elle en augmente les frais et permet aux plaideurs d'articuler des faits sans nombre ; enfin la déposition des témoins peut donner lieu à une foule d'incidents [4].

La preuve testimoniale est toujours admissible, même vis à vis des tiers [5], en matière commerciale [6] et en matière répressive [7] ; mais en matière civile, on doit distinguer entre les titres non consensuels et les titres consensuels.

Pour tous les actes et faits qui ne sont pas fondés sur un consentement donné en vue de créer, éteindre ou modifier un droit ou une obligation, la preuve testimoniale est admissible, en règle générale et sauf restriction expresse. Malgré les termes de l'article 1341 [8] du code civil *(toutes choses)*, qui paraissent si absolus, les autres textes de lois et tous

* **Bibliographie**. V. note * avant n. 45 ; et de plus, Latreille.

1. V. n. 1053 et ss.
2. V. n. 1082 et ss.
3. V. Merlin, v° *Preuve*, sect. II, § 3, art. 1.
4. V. n. 1071 et ss.
5. Cass. 2 juin 1863 (D. 63. 1. 337).
6. V. n. 46 ; Cass. 8 juil. 1879, 7 janv. 1885 (S. 85. 1. 152, D. 85. 1. 424). — V. n. 405.
7. V. n. 138.
8. V. n. 399 a.

49. ..... admissibilité ; forme ;

les auteurs [9], avec la jurisprudence [9], sous différentes restrictions qui ne touchent qu'à la forme, consacrent explicitement la règle que tout titre non consensuel peut être prouvé par témoins. Et en effet, il est presque toujours impossible de se procurer une autre preuve, pour les faits qui ne sont pas volontaires.

Par application de cette règle, on peut prouver par témoins, qu'elle que soit l'importance du litige, l'identité d'une personne ou d'une chose, l'existence du domicile, les faits matériels de possession, la cause d'un incendie [10], ainsi de suite. Mais en vertu de dispositions spéciales qui seront expliquées en leur lieu, certains faits non consensuels ne sont pas susceptibles d'être établis *de plano* par témoins : tels sont la naissance [11], le décès [12], la filiation [13].

A la différence des titres non consensuels, ceux qui dérivent d'un consentement obligatoire ne peuvent, en général, se prouver par témoins. Cette différence s'explique par la facilité de constater par écrit un consentement obligatoire. Les titres consensuels ne peuvent donc s'établir par témoins, que sous des conditions et des restrictions particulières, qui seront exposées dans le titre V [14] : c'est là aussi que sera tracée la limite précise qui sépare, sous le rapport de la preuve, les titres consensuels des titres non consensuels.

Dans le cas où elle est admise, la preuve testimoniale est assujettie aux règles de la procédure sur les enquêtes [15]. Il suffit d'observer ici que la loi n'exige plus la pluralité des témoins, comme condition d'efficacité de la preuve. L'ancienne règle, *Testis unus, testis nullus* [16], est rejetée par le nouveau droit. Un seul témoin est donc suffisant [17], pourvu que son témoignage, conformément à la règle générale [18], soit de nature à convaincre le juge.

La déposition doit être faite en justice et admise par le juge, qui pos-

9. Aubry et Rau, § 762-1 ; Marcadé, 1341-I ; Laurent, XIX, 405-408 ; Baudry-L. II, 576 ; Cass. 2 mars 1881 (S. 82. 1. 23, D. 81. 1. 410), 2 mai 1892 (S. 92. 1. 304, D. 93. 1. 316) ; Lombez, 5 août 1891 (D. 93. 2. 491). — Applications diverses, v. n. 399, et table alph., v° *Preuve testimoniale*.

10. Cass. 19 juil. 1876 (S. 77. 1. 147, D. 77. 1. 21).

11. V. n. 2988 et ss.

12. V. n. 2991 et ss.

13. V. n. 3381 et ss.

14. V. n. 399 et ss.

15. V. n. 1071 et ss.

16. *Deuteron.* XVII, 6 et XIX, 1 ; L. 12, *de testibus*, D. 22. 5 ; Merlin, Rép., v° *Preuve*, sect. II, § 3, art. 2, n. 1.

17. Cass. 22 nov. 1815, 11 juin 1825, 13 nov. 1834, 11 déc. 1851, 10 juin 1864, 23 janv. 1873 ; Metz, 10 juin 1820 ; — V. n. 775, 1297, 1370, 1453.

18. V. n. 46.

49. .... effets et inefficacité ; commune renommée ; notoriété publique. — **50.** Présomptions en général.

sède à ce sujet un pouvoir discrétionnaire[19]. Celle qui serait constatée dans un écrit du témoin, présenté en justice, ne constituerait pas une preuve testimoniale proprement dite : sauf à avoir tel égard que de raison, à cet écrit, considéré comme simple présomption [20].

La preuve testimoniale a les mêmes effets que toute autre espèce preuve.

Elle ne peut en produire aucun, lorsqu'elle n'est pas admissible, ou que la disposition des témoins n'est pas régulière. Au reste, l'inefficacité de la preuve n'entraîne pas l'inexistence du titre, quand sa réalité peut être établie de quelque autre manière.

La preuve par *commune renommée*, très distincte des présomptions [21], est une espèce de preuve par témoins, qui doit être faite dans les mêmes formes [22]. « Elle est fondée sur de simples ouï-dires, ou sur l'opinion que les témoins se sont formée au sujet du point en litige [23]. » Elle n'est admissible que dans des cas particuliers et exceptionnels déterminés par la loi [24].

Quant à la notoriété publique, elle n'est, même en matière commerciale, qu'un commencement de présomption, insuffisante par elle-même, si elle n'est appuyée sur d'autres faits positifs et matériels, ayant la nature d'une présomption complète [25].

§ 3. — Des présomptions

50. La première condition de toute présomption [1], c'est que les faits et les circonstances qui lui servent de base soient préalablement établis. Ainsi, de même que toute preuve suppose logiquement une présomption, de même, il peut arriver qu'en fait la validité d'une présomption nécessite une preuve préalable à la charge du demandeur.

La présomption (le texte de l'art. 1352 [2] ajoute *légale*, mais l'effet dont il s'agit est général) dispense de toute preuve proprement dite, puisque celle-ci ferait double emploi avec la présomption, qui étant elle-même une preuve, en produit tous les effets.

19. V. n. 46 : Cass. 22 juil. 1872, 30 mars 1874, 9 août 1880, 20 janv. 1885 (S. 85. 1. 108, D. 85. 5. 386).

20. V. sur l'autorité des certificats produits en justice, n. 1085 bis.

21. V. n° de M. Labbé s. Cass. 3 janv. 1893 (S. 93. 1. 33).

22. Douai, 11 avril 1884 (S. 84. 2. 156). — V. n. 1081 bis.

23. Aubry et Rau § 769-9 à 11.

24. V. Civ. 1415, 1442, 1504 (3133 a, 3150 b, 3253 a) ; Douai, 13 janv. 1865 (S. 66. 2. 61).

25. Cass. 22 juil. 1873 (S. 74. 1. 127). — Cpr. Cass. 6 juil. 1891 (S. 95. 1. 403). — Mais voy. quant aux actes de notoriété, n. 3021 a, 5555 a.

1. Voy. pour leur définition, n. 47 a.

2. V. Civ. 1352 (52 b).

51. Présomptions naturelles.

Les présomptions peuvent être combattues par la preuve contraire, à l'exception de quelques-unes dont il sera fait mention tout à l'heure [3].

On peut les diviser en naturelles, légales ou judiciaires, suivant qu'elles sont principalement fondées, ou sur la nature et le cours ordinaire des choses, ou sur la loi, ou sur l'appréciation des juges.

51. Bien qu'il ne soit question des présomptions naturelles, ni dans la loi, ni dans la plupart des auteurs, elles sont cependant si conformes au sens commun, et si nécessaires pour la décision d'un grand nombre de contestations, que leur admissibilité ne doit pas faire doute ; est-ce que, dans l'appréciation des faits portés devant lui, le juge ne doit pas tenir compte des lois de la nature, et des règles qui déterminent la conduite des hommes et des évènements ?

En raison même de leur fondement, les présomptions naturelles imposent l'obligation de ne pas s'écarter de la décision qu'elles impliquent. Ainsi un juge ne serait pas libre de décider, malgré l'absence de tout texte de loi, qu'une source coule dans un sens inverse à l'inclinaison du terrain [1], ou que l'accusé, qui a prouvé son alibi, a néanmoins commis l'infraction [1].

Les présomptions naturelles expliquent et restreignent la portée de la maxime, *Onus proban di incumbit ei qui dicit*. Si le demandeur, sur qui retombe le fardeau de la preuve, allègue un fait conforme au cours ordinaire des choses, cette allégation se justifie par ses termes mêmes, et l'énonciation du fait en constitue la preuve suffisante : de telle sorte que c'est alors au défendeur à faire la preuve de la non-existence de ce fait.

La preuve contraire est admissible contre les présomptions naturelles, pourvu que les intéressés allèguent des motifs suffisants pour faire présumer quelque dérogation au cours ordinaire des évènements. C'est là une pure question du fait.

C'est notamment une présomption naturelle, que tout acte est accompli par une personne capable et qu'il est régulier, s'il n'y a preuve du contraire [2]. En effet, la capacité est l'état normal, de même que la régularité. Par suite, celui qui se prévaut d'un acte n'est pas tenu de prouver la capacité des parties : c'est, au contraire, à celui qui prétend que l'acte est irrégulier, qu'il incombe d'établir l'incapacité.

3. V. n. 52.

1. De même, In toto et pars continetur (L. 113, *de regulis juris*, D. 56. 17). Sur l'alibi, v. n. 138.

2. Arg. civ. 1123 ; L. 5 § 1, *de probat.* D. 22-3 ; L. 11 Cod. h. t. — Cpr. Cass. 7 fév. 1888 (S. 90. 1. 331).

52. Présomptions légales ; *juris tantum*, — *juris et de jure* ;

52. La présomption légale dérive d'une disposition spéciale de la loi : l'énumération contenue à ce sujet dans l'art 1350 [a] n'est pas limitative : on peut citer, en effet, d'autres cas comme celui de la paternité [1].

Le juge est tenu de se conformer à la présomption légale, pourvu que, conformément à la règle générale [2], celui qui l'invoque ait établi l'existence des faits qui y donnent lieu.

Les effets de ces présomptions sont les mêmes que ceux de toute présomption en général [3].

Toutes les présomptions légales n'admettent pas de preuve contraire. Il résulte, à cet égard, de l'art. 1352 du code civil [b] qu'on doit en distinguer deux espèces : les unes, — qui n'admettent pas de preuve, ou du moins toute espèce de preuve contraire, — sont appelées absolues, ou *juris et de jure* ; les autres, — qui peuvent toujours être combattues par toutes preuves contraires — sont nommées simples ou relatives, ou encore *juris tantum*.

Une présomption est *juris et de jure*, lorsque la loi, sur le fondement de cette présomption, *annule certains actes* : ainsi, il n'est pas permis de prouver que la donation faite au père d'un incapable s'adresse réellement au donateur apparent et non à l'incapable [4] ; — ou *dénie l'action en justice*, c'est-à-dire accorde au défendeur un moyen de défense absolue contre l'action, comme dans le cas de prescription [5], ou de chose jugée [6].

1. Civ. 312 (3381 a).
2. V. n. 50.
3. V. n 50.
4. Civ. 911 (2769 a).
5. V. n 84 et ss.
6. V. Civ. 1351 (900 a).

a. *Civ.* **1350.** La présomption légale est celle qui est attachée par une loi spéciale à certains actes ou à certains faits ; tels sont :

1° Les actes que la loi déclare nuls, comme présumés faits en fraude de ses dispositions, d'après leur seule qualité ;

2° Les cas dans lesquels la loi déclare la propriété ou la libération résulter de certaines circonstances déterminées ;

3° L'autorité que la loi attribue à la chose jugée [901] ;

4° La force que la loi attache à l'aveu [1055] de la partie ou à son serment [1060].

b. *Civ.* **1352.** La présomption légale dispense de toute preuve celui au profit duquel elle existe [50].

Nulle preuve n'est admise contre la présomption de la loi, lorsque, sur le fondement de cette présomption, elle annule certains actes ou dénie l'action en justice, à moins qu'elle n'ait réservé la preuve contraire, et sauf ce qui sera dit sur le serment [1063] et l'aveu judiciaires [1096].

Cette règle de l'inadmissibilité de la preuve contre la présomption *juris et de jure*, est applicable, à moins que la loi n'ait *réservé la preuve contraire* pour un cas spécial et sous certaines conditions, auquel cas cette preuve est admissible dans les limites et de la manière indiquée : par exemple, la présomption de paternité peut être combattue par le désaveu [7] ; — et *sauf ce qui sera dit sur le serment et l'aveu judiciaires* : ces mots du texte, qui ont donné lieu à difficulté, réservent l'efficacité de l'aveu et du serment contre les présomptions *juris et de jure* [8].

Les présomptions *juris tantum* sont celles sur le fondement desquelles la loi n'annule pas certains actes et n'accorde aucune défense absolue contre l'action. Il résulte, par argument *a contrario* de l'article 1352, que ces présomptions admettent la preuve contraire. Et comme il n'y a aucune raison de distinguer, il faut en conclure qu'elles peuvent être combattues par toute espèce de preuves, même par témoins ou par des présomptions judiciaires, dans le cas où elles sont admissibles. Sans doute, le juge ne peut rejeter, en principe, une présomption légale, sous prétexte qu'elle n'est pas concluante en elle-même, et qu'elle est contraire à la raison ou à l'expérience ; il est obligé d'admettre la vérité de la conclusion générale tirée par la loi. Mais il peut néanmoins, en se fondant sur les circonstances particulières de la cause, et sur des présomptions judiciaires réellement existantes et qui lui paraissent plus fortes, décider que telle présomption légale se trouve inexacte, dans tel cas particulier [9].

53. Les présomptions judiciaires, qu'on appelle plus communément présomptions *de fait* ou *de l'homme*, sont subordonnées aux lumières et à la prudence des magistrats [a].

Il faut d'abord, pour leur admissibilité, que la *preuve testimoniale* soit *admissible*, suivant les règles déjà énoncées [1] : d'où il suit que les pré-

7. Civ. 313 (3417 a).

8. V. n. 1056, 1061 ; Cass. 13 janv. 1875 (D. 75. 1. 117, S. 75. 1. 244) ; Aubry et Rau § 751-11.

9. Cass. 24 fév. 1846 (D. 46. 1. 98) ; Nîmes, 22 mai 1819 ; Marc. 1352-IV ; Aubry et Rau § 750-6, 7 ; v. n. 467-11 et 12.

1. V. n. 49.

a. *Civ.* **1353**. Les présomptions qui ne sont point établies par la loi, sont abandonnées aux lumières et à la prudence du magistrat, qui ne doit admettre que des présomptions graves, précises et concordantes, et dans les cas seulement où la loi admet les preuves testimoniales, à moins que l'acte ne soit attaqué pour cause de fraude ou de dol [66].

53. .... présomptions judiciaires ;

somptions de fait sont toujours recevables en matière commerciale [2]. La loi ajoute : *à moins que l'acte ne soit attaqué pour cause de fraude ou de dol*, ce qui semblerait impliquer que la fraude et le dol ne peuvent être prouvés par témoins ; mais une telle conséquence est inadmissible, ainsi qu'on l'établira ci-après [3].

Il faut encore que les présomptions de faits soient *graves*, c'est-à-dire basées sur une supposition qui ait du poids, et qui mérite en elle-même de fixer l'attention d'un homme raisonnable ; — *précises*, c'est-à-dire fondées sur une supposition qui soit la seule possible, ou au moins la plus raisonnable ; — *graves et précises*, c'est-à-dire concluantes ; — enfin *concordantes*, s'il y en a plusieurs, car une seule pourrait suffire, de même qu'un témoin peut mériter autant et plus de foi qu'un grand nombre d'autres : *non numerantur, sed ponderantur*.

Il faut enfin que le juge veuille bien les admettre : elles sont, en effet, abandonnés *aux lumières et à la prudence du magistrat*, d'une manière absolue, autant en ce qui concerne leur admissibilité, que relativement à leur force probante [4]. C'est en ce point là surtout qu'elles diffèrent des présomptions naturelles ou légales, dont l'admission est imposée au juge par la nature ou par la loi.

Ces conditions remplies, le juge peut admettre des présomptions de fait non expressément formulées par les parties, ou même puisées en dehors de l'instance. Ainsi il peut les déduire d'actes étrangers aux parties en cause [5], d'une procédure civile, ou enquête, faite devant un autre tribunal et entre d'autres parties [6] ; de procédures administratives [7], criminelles [8] ou correctionnelles même abandonnées [9], enfin d'un jugement étranger,

2. Com 109 (2246a) ; Cass. 26 août et 29 déc. 1835, 27 janv. et 31 mai 1836, 27 mai 1837, 13 juil. 1868, 14 juil. 1875, 25 août 1880, 30 mai 1883, 10 nov. 1884 11 juil. 1892 (S. 92. 1. 508), 5 mars 1894 (S. 94. 1. 413, D. 94. 1. 168).

3. V. n. 66.

4. Cass. 14 juin 1869, 19 octobre 1897 (S. 98. 1. 168).

5. Cass. 3 fév. 1879, 5 nov. 1883 (S. 86. 1. 22).

6. Cass. 2 mai 1864, 19 juil. 1876, 3 déc. 1878 (S. 1879. 1. 31) ; Agen, 5 janv. 1886 (Rec. 86. 81).

7. Cass. 2 avril 1879 (S. 80. 1. 116, D. 80. 1. 32).

8. Cass. 31 janv. 1859, 2 mai 1864, 2 mars 1874, 10 avril 1875, 9 janv. 1882, 7 fév. 1888, 29 nov. 1893 (D. 94. 1. 351, G. P. 94. 1. 9, S. 94. 1. 279) ; 20 nov. 1899 (D. 00. 1. 19) ; Agen, 14 janvier 1851 ; Besançon, 4 juil. 1857 ; Rouen, 20 fév. 1867 ; Toulouse, 8 juil. 1867 ; Aix, 4 mai 1874, 7 juin 1882 (S. 83. 2. 218) ; Riom, 30 janv. 1883 ; Orléans, 21 juil. 1888 ; Paris, 7 juin 1890 (*Loi*, 17 juil.). — V. cep. Cass. 18 nov. 1854 ; Colmar, 23 juil. 1811 ; Paris, 13 août 1836.

9. Cass. 10 et 22 fév. 1876 ; 15 juil. 1878 (D. 79. 1. 23) ; Rouen, 20 fév. 1867 ; Montpellier, 7 mai 1900 (G. P. 00. 2. 377).

53. .... présomptions judiciaires.

alors même qu'il n'a pas été rendu exécutoire en France [10]. Il suffit que ces pièces aient été communiquées aux parties [11]. — On n'accorde pas les mêmes facilités aux juges répressifs [12].

Les présomptions de fait peuvent servir à combattre une présomption légale *juris tantum* [13]. Les règles de ces dernières déterminent les effets et l'inefficacité des présomptions judiciaires.

---

10. Paris, 7 déc. 1885 (G. P. 86. 1 supp. 158). V. n. 8024 et ss.

11. Amiens, 16 nov. 1898 (Rec. 98. 177). — Cpr. Bordeaux, 31 janv. 1899 (Rec. 99. 1. 220).

12. Cass. 7 janv. 1888 (G. P. 88. 2. 288); Cpr. trib. Lyon, 8 mai 1885 (S. 87. 2. 104).

13. V. n. 52.

CHAPITRE II

DES EFFETS DES DROITS ET OBLIGATIONS

Les effets des droits dûment établis et prouvés, se manifestent dans l'exécution et l'inexécution, soit volontaire, soit forcée, des obligations correspondantes.

SECTION I

DE L'EXÉCUTION DES OBLIGATIONS

L'obligation qui est exécutée produit ce qu'on peut appeler ses effets directs. Or, elle est exécutée, entre les parties, de deux manières : volontairement ou par contrainte ; elle est ensuite exécutée, au profit des tiers, au moyen de l'exercice par les créanciers des droits et actions des débiteurs. Cette section sera ainsi divisée en trois paragraphes.

§ 1. — De l'exécution volontaire des obligations

54. Toute obligation doit être exécutée de la manière exprimée par le titre. Quand elle a été exactement et pleinement accomplie, le débiteur est libéré : de telle sorte que l'obligation cesse et s'éteint par son exécution même.

Le mode d'exécution est d'ailleurs différent, suivant qu'il s'agit des obligations de donner, de faire ou de ne pas faire.

Si l'obligation consiste à faire ou à ne pas faire, l'obligé est tenu d'accomplir le fait ou d'omettre l'acte prescrit par le titre [1].

Si l'obligation consiste à donner, l'obligé doit remettre la chose que les partie ont eue en vue, à la personne qui a le droit de la réclamer, de la manière et à l'époque convenues, et de telle sorte que cette personne puisse en jouir conformément aux effets propres du titre.

1. V. quant à l'exécution forcée, n. 59.

54. .... livraison ; conservation ; garantie.

L'obligation de *donner*, suivant l'art. 1136 [a], emporte celle de livrer et de conserver la chose [a], et quelquefois aussi celle de garantir l'acquéreur.

L'obligation de *livrer* diffère selon la nature et les effets des actes [2].

L'obligation de *conserver* suppose certains soins de la part de l'obligé ; ces soins sont également différents, suivant la nature de la chose, et plus ou moins rigoureux suivant l'énergie du titre. Le défaut de l'insuffisance de soins rend l'obligé passible de *dommages et intérêts envers le créancier*, conformément aux explications qui seront données dans la section suivante [3].

L'obligation de garantie, imposée à celui qui livre la chose, consiste à faire en sorte que l'acquéreur puisse en jouir et disposer, après la livraison, de la manière exprimée par le titre. La garantie est due, dans les actes à titre onéreux, par une suite propre de leur nature [4] : il n'est pas équitable, en effet, que l'une des parties perde ce qu'elle a reçu par la faute de l'autre, et que celle-ci néanmoins conserve entière la chose qui lui a été transmise. Au contraire, la garantie n'est pas due dans les actes à titre gratuit, puisque aucun équivalent n'a été fourni. D'ailleurs, dans les deux cas, un titre spécial et accessoire peut détruire l'obligation de garantie inhérente à un titre onéreux [5], ou l'ajouter, au contraire, à celles qui résultent d'un titre gratuit [6].

En vertu de son obligation, le garant est tenu de faire cesser les poursuites qui tendraient à priver le garanti de la chose acquise ; et à le dédommager, s'il ne peut jouir ou disposer de la chose suivant l'étendue de ses droits.

Elle se divise en garantie de *droit* ou de *fait*, selon qu'elle dérive de la loi combinée avec la nature du titre, ou d'un titre formel et accessoire. Sous un autre rapport, la garantie est *simple*, lorsque le garant n'est obligé que personnellement envers le garanti ; et *formelle* quand le garant est obligé réellement [7].

2. Voy. vente, n. 2022 ; louage, n. 2195.
3. V. n. 65.
4. V. n. 43.
5. V. n. 2022.
6. Civ. 1440 (3366 [a]).
7. V. n. 1001.

a. *Civ.* **1136**. L'obligation de donner emporte celle de livrer la chose et de la conserver jusqu'à la livraison, à peine de dommages et intérêts envers le créancier.

54 bis. Intérêts ; taux : légal ; conventionnel ;

54 bis. Pour être exécutée d'une manière complète, les obligations doivent être accomplies eu égard à tous leurs accessoires et à toutes leurs dépendances. Par suite, s'il s'agit d'une somme d'argent [1], le débiteur doit acquitter, avec le capital, les intérêts afférents à la dette principale.

L'intérêt, comme on l'a déjà vu [2], est légal ou conventionnel.

Il est et il a été toujours utile de fixer le taux de l'intérêt légal, à cause des intérêts moratoires ou compensatoires alloués par un grand nombre de dispositions de la loi, par exemple, en matière de compte de tutelle, de rapport à succession, de dot ou de mandat [3]. C'est ce qu'avait fait l'ancien droit, et ce qu'a fait aussi la loi du 3 septembre 1807 [a], qui a suivi de près la publication du code civil. Suivant l'art. 2 de cette loi, aujourd'hui remplacé par l'art. 1er de la loi du 7 avril 1900, le taux est de *quatre pour cent* en matière civile, et de *cinq pour cent* en matière de commerce [4] : ce qui doit s'entendre par année de 365 jours, sans qu'il soit permis de le calculer sur une année réduite à 360 jours, malgré tout usage contraire [5].

Tel est le taux légal. Quant à l'intérêt conventionnel, sa légitimité a été longtemps contestée, conformément aux développements qui seront donnés au sujet du prêt [6]. L'ancien droit ne l'admettait qu'exceptionnellement [7], tandis que le droit intermédiaire alla jusqu'à donner aux parties la faculté d'en fixer le taux à leur gré [8]. Mais les abus qui suivirent cette liberté sans limite donnèrent lieu à l'art. 1er de la loi du 3 septembre 1807 [b], qui réduisit le taux maximum de l'intérêt conventionnel au taux même de l'intérêt légal : la même loi accorda la répétition pour l'excédant, et réprima l'usure, c'est à-dire l'habitude de prêter à un taux supérieur [9]. Ces sanctions civiles et pénales furent renforcées par la loi du 19 décembre 1850 [10].

1. La loi sur le taux de l'intérêt ne s'applique pas aux titres d'actions ou obligations industrielles : Aix, 26 juil. 1871 (S. 72. 2. 141, D. 73. 2. 86).
2. V. n. 25.
3. V. Civ. 456, 474, 856, 1153, 1401, 1409, 1440, 1473, 1479, 1548, 1579, 1996, 2000, etc.
4. V. sur la réduction du taux de l'intérêt à 4 et 5 %, Prop. Ch. 6 juil. 1892 p. 1501 ; — ou même à 3 et 4 %, Rapp. Ch. 29 nov. 1894, p. 2010.
5. Cass. 14 mai 1852, 4 janv. 1876 ; Dijon, 5 juil. 1880 (S. 82. 2. 203). — V. n. 2313.
6. V. n. 2313.
7. V. Merlin, Rép., vo *Intérêts*, §§ 1 et 3.
8. D. 3-12 oct. 1789 ; L. 5 therm. IV-1.
9. L. 3 sept. 1807-3 et 4 (2317 a).
10. V. n. 2317 a.

a. *L. 3 sept. 1807.* **2.** (Rempl., L. 7 avril 1900-1). L'intérêt légal sera en matière civile de quatre pour cent (4 p. 100) et en matière de commerce de cinq pour cent (5 p. 100).

b. *L. 3 Sept. 1807.* **1.** L'intérêt conventionnel ne pourra excéder, en matière civile 5 pour 100, ni en matière de commerce 6 pour 100, le tout sans retenue.

54 bis. .... retenue ; matière de commerce ou civile ;

Mais un revirement s'est produit en 1886. Pour donner plus de liberté aux opérations de banque, la loi du 12 janvier [c], qui ne modifiait pas encore le taux de l'intérêt légal, et qui n'est pas d'ailleurs applicable aux conventions antérieures [11], accorde la liberté illimitée du taux de l'intérêt conventionnel, *en matière de commerce* exclusivement, et pourvu que le commerce soit sérieux et licite [12].

Les dispositions qui précèdent, sur le taux de l'intérêt légal ou conventionnel, visaient la retenue [13] ; et elles distinguent encore entre les matières de commerce et les matières civiles.

Il n'y a pas de difficulté sur la *retenue* : on appelait ainsi la portion d'arrérages que le débiteur d'une rente était autorisé à retenir pour indemnité des contributions publiques qu'il payait. C'était un impôt sur le revenu du crédi-rentier [14]. Appliquée aux rentes et aux simples intérêts, la retenue est abolie par la loi de 1807.

Quant à la distinction entre les matières de commerce et les matières civiles, elle est extrêmement délicate.

En principe, toute opération commerciale doit être considérée comme matière de commerce, quelle que soit la qualité des parties [15], commerçantes ou non commerçantes [16], et quelle que soit la juridiction saisie [17].

Il faut même aller plus loin : l'argent engagé dans une opération commerciale, ou distrait d'une telle opération, doit être assujetti exclusivement aux règles du taux de l'intérêt en matière commerciale : *Plus valet pecunia mercatoris quam pecunia non mercatoris*. En effet, pour établir le taux de l'intérêt, le législateur a dû prendre en considération deux éléments : la perte du profit faite par le prêteur, qui est plus considérable

11. Orléans, 12 janv. 1886 ; Besançon, 21 avril 1886 (S. 87. 2. 202, D. 86. 2. 268).

12. Paris, 7 et 15 juil. 1887 (*Droit* 21, et G. T. 18 août).

13. Texte primitif de la loi du 3 sept. 1807, art 1 (n° b).

14. V. n. 2322.

15. Cass. 6 nov. 1865, 9 nov. 1888 (S. 89. 1. 393, D. 89. 1. 272) ; Liège, 24 nov. 1823 ; Aubry et Rau § 396-20 ; Pont, *Prêt*, n. 277.

16. Cass. 18 fév. 1836, 7 mai 1845 ; Bourges, 27 janv. 1857 ; Lyon, 29 janv. 1858 (S. 58 2. 695).

17. Cass. 6 juil. 1817 (S. 19. 1. 15, D. A. 3. 738).

c. *L. 16 janvier 1886*. **Art. unique**. Les lois des 3 sept. 1807 et 19 déc. 1850 [2317a], dans leurs dispositions relatives à l'intérêt conventionnel, sont abrogées en matière de commerce ; elles restent en vigueur en matière civile.

54 bis. .... matière de commerce ou civile ; applications ;

lorsque l'argent est distrait d'une opération commerciale [18] ; et le danger de perdre le capital, qui est aussi plus grand lorsque l'emprunteur l'engage dans une opération de cette nature [19].

Bien que, pour décider si la matière est commerciale ou civile, on ne doive pas, en principe, tenir compte de la qualité des personnes, cette considération peut être, en pratique, d'une très grande utilité. Ainsi on doit présumer facilement que le prêt fait par un commerçant [20], ou à un commerçant [21], est fait avec de l'argent destiné à rester, ou à devenir engagé dans une opération commerciale. La présomption contraire a lieu, lorsque l'argent est livré à un non commerçant par une personne non commerçante ou même quelquefois commerçante [22].

Dans tous les cas, en effet, il appartient aux juges de décider que l'opération a un caractère différent de celui qu'indique la présomption naturelle tirée de la qualité des parties. Par exemple, si, étant commerçant, je veux placer mes bénéfices sur bonne hypothèque, ou si j'emprunte pour payer le prix d'un immeuble que j'ai acheté, ou pour acquitter mes dettes [23], l'opération est purement civile et l'intérêt ne peut excéder 5 %.

La jurisprudence a considéré comme matières commerciales, au point de vue du taux de l'intérêt, la construction d'une salle de spectacle [24] ou d'une usine [25], l'entreprise de travaux publics ordinaires [26] ou de chemins de fer [27] ; les avances faites pour achat de denrées à revendre [28] ou en exécution d'un traité commercial [29]. On a considéré, au contraire, comme matières civiles : les opérations concernant les marchés publics de l'Etat [30] et les assurances terrestres [31].

18. Cass. 10 janv. 1870, 25 juil. 1895 (G. P. 95. 2. 333, D. 96. 1. 493) ; Orléans, 17 fév. 1881 (S. 82. 1. 245, D. 82. 2. 172). — Cpr. cep. Lyon, 29 janv. 1858 ; Limoges, 25 juil. 1865.

19. Cass. 27 fév. 1864 (S. 64. 1. 331).

20. Douai, 24 janv. 1873 ; Cass. 11 mars 1856, 27 fév. 1864 (nº 24) ; Bourges, 14 fév. 1854.

21. Cpr. Cass. 27 fév. 1864 (nº 19), 23 juin 1893 (D. 94. 1. 254) ; Lyon, 20 nov. 1857.

22. Cass. 5 janv. 1859 ; Lyon, 3 juin 1889 (S. 90. 2. 41, D. 91. 2. 21). — Cpr. Seine, 11 nov. 1892 (G. P. 93. 1. 58).

23. Paris, 2 fév. 1861 ; Cass. 14 mai 1886 (S. 87. 1. 345), 12 juin 1894 (S. 94. 1. 345). — Cpr. Poitiers, 15 mars 1893 (G. P. 93. 1. 344).

24. Cass. 10 mai 1837 (S. 37 1. 1008, D. 37. 1. 338).

25. Rouen, 4 avril 1843 (S. 43. 2. 413, D. 44. 2. 8).

26. Cass. 29 juin 1853 (S. 55. 1. 493, D. 54. 1. 288).

27. Cass. 27 nov. 1871 (S. 71. 1. 204, D. 72. 1. 92).

28. Cass. 21 avril 1852 (S. 52. 1. 511, D. 54. 5. 447).

29. Cass. 6 nov. 1865 (D. 66. 1. 252, S. 66. 1. 53).

30. C. d'Et. 6 fév. 1831 (S. 31. 2. 349, D. 31. 3. 56).

31. Paris, 5 janv. 1837 (S. 37. 1. 617).

54 bis. .... dispositions transitoires ; taux hors de la France continentale.

La loi du 3 septembre 1807 sur le taux de l'intérêt ne dispose que pour l'avenir : d'après l'article 5 [d], les stipulations faites par contrats ou actes antérieurs, doivent recevoir leur effet d'une manière absolue, et tant pour les intérêts échus après la loi, quel qu'en soit le taux, que pour les intérêts échus auparavant [32].

Mais cette disposition ne s'applique pas aux quasi-contrats ; le taux de l'intérêt des sommes dues à ce titre, est fixé par la loi du 3 septembre 1807, à partir de sa promulgation : en effet, l'absence d'innovation s'applique seulement aux *stipulations* (ou conventions) d'intérêt par *contrats* ou *actes* de consentements, donations [33] ou testament. Elle ne s'applique aux conventions que pour le temps de leur durée : ainsi, dans le cas où la stipulation, au lieu d'avoir été faite pour un capital prêté pour un temps illimité, avait pour objet une somme remboursable à terme fixe, il fallait s'en tenir, après l'expiration de ce terme, au taux de la loi du 3 septembre 1807. Enfin cette même loi s'applique aux intérêts moratoires, à partir de sa promulgation [34].

La loi de 1886 est inapplicable aux conventions antérieures, et n'enlève pas aux juges le pouvoir de réduire, comme antérieurement, les perceptions abusives [35].

D'un autre côté, les lois sur le taux des intérêts n'ont d'empire que sur la France continentale et pour les prêts qui y sont réalisés [36] ; — sauf encore la faculté, pour la Banque de France, d'élever son escompte au-dessus de 6 % [37]. Des règles spéciales s'appliquent à l'Algérie [38], aux colonies [39], aux pays étrangers [40].

32. Cass. 11 avril 1810, 28 juin. 1825, 5 mars 1834, 15 nov. 1836 (S. 36. 1. 939, D. 37. 1. 46 ; Poitiers, 8 fév. 1825 ; — Cpr. Cass. 13 juill. 1829 ; Bordeaux, 13 août 1829 ; Montpellier, 30 janvier 1832.
33. Civ. 894 (2758 a).
34. Pont., *Prêt*, 265 à 269.
35. Orléans, 12 juin 1886 (S. 87. 2. 201).
36. Cass. 21 déc. 1874 (S. 75. 1. 78, D. 76. 1. 107).
37. V. n. 6340.
38-39. V. droit local, h. vis.
40. V. n. 7910.

d. *L. 3 Sept. 1807.* **5.** Il n'est rien innové aux stipulations d'intérêts par contrats ou autres actes faits jusqu'au jour de la publication de la présente loi.

55. Exécutions forcées ; voies de fait ; voies de droit ; actions.

§ 2. — De l'exécution forcée des obligations

55. Si au lieu de rendre hommage à l'irréfragabilité de droit et de se soumettre volontairement à son exécution, l'obligé résiste et trouble l'ordre social en méprisant les lois, le droit, loin de disparaître, trouve une nouvelle force dans les moyens que toute société a mis à la diepositiion de ses membres pour l'exercer et le garantir contre toute atteinte. Ces moyens sont une suite naturelle du droit lui-même : ils ont par conséquent la même étendue et la même mesure ; et de même que le droit est fondé sur la raison, de même les moyens de l'exercer et de le garantir doivent être raisonnables.

Or, les moyens d'atteindre ce but sont de deux espèces : les voies de fait et les voies de droit.

Les *voies de fait* consistent dans la mise en exercice d'une force physique, à l'aide de laquelle une personne, de son autorité privée, poursuit l'exécution ou repousse la violation de son droit.

Mais la société serait troublée par des collisions perpétuelles, où la force ne resterait pas toujours au droit, s'il était permis à chacun de se faire justice de ses propres mains. Aussi l'ordre et la raison réprouvent, en principe, l'emploi des moyens violents, soit contre les personnes, soit contre les choses, et obligent l'ayant droit à recourir à l'autorité publique, modératrice de l'ordre. Les voies de fait sont donc illicites, dans tous les cas où la société peut protéger le droit contre la violence. L'emploi de ces moyens devient permis, alors seulement que la violation du droit est imminente, et le secours de la société tardif ou impuissant : tel est le cas de légitime défense [1].

On appelle *voies de droit,* tous les moyens de poursuivre l'exécution ou de repousser la violation d'un droit, en se servant de l'autorité et de la force publique, de la manière exprimée par les lois. Les voies de droit sont de trois espèces, savoir : les *actes* ou mesures *conservatoires*, au moyen desquelles l'ayant droit assure d'avance l'exécution de son droit, ou prévient les atteintes dont il pourrait être l'objet : ils sont différents selon les droits [2] ; — en second lieu, les *actions*, dont la nature a été déjà

1. V. n. 133 ; Pén. 322 (2525 a), 328 (1524 b). — Licet vim vi repellere. L. 12 § 1. *Quod met. causa*, D. 4. 2.

2. Les actes conservatoires, les plus usuels et les plus importants, sont : les inscriptions hypothécaires (1916 et ss.), les oppositions à partage (2170), les interruptions de prescription (91), les demandes en séparation de patrimoines (2709 et ss.). Mais l'acte qui augmente les obligations du débiteur ne peut être considéré comme simplement conservatoire : Cass. 10 mai 1881 (S. 82. 1. 17, D. 82. 1. 201).

indiquée [3], et dont les règles générales seront développées dans les numéros suivants ; — enfin les exécutions forcées, auxquelles aboutissent, en définitive, les pouvoirs de l'autorité sociale, quand l'obligé s'opiniâtre à ne pas exécuter ses prescriptions légitimes, ou quand il s'agit de lui faire expier ses infractions.

56. En ce qui concerne les actions, qui tendent directement à l'obtention d'un titre exécutoire, il est avant tout nécessaire que le demandeur et le défendeur y soient intéressés personnellement et dans une mesure quelconque, appréciable en argent : *Point d'intérêt, point d'action* [1]. Mais il importe peu que l'intérêt soit matériel ou moral, pécuniaire ou relatif à l'honneur [2] : sans que toutefois l'accomplissement d'un acte de bienfaisance donne jamais lieu à une action [3].

Faut il exiger pour la recevabilité de l'action, un intérêt né et actuel, ou suffit-il d'un intérêt éventuel ? Si l'intérêt est purement éventuel, il paraît incontestable qu'on ne peut exercer d'action actuelle [4]. Mais les allégations, prétentions injustes ou menaces de la partie adverse, si elles sont extérieurement manifestées [5], peuvent transformer l'intérêt éventuel en intérêt né et actuel [6]. En effet, l'intérêt embrasse, dans sa généralité, le crédit [7], l'honneur [8], la réputation et la sécurité, comme les autres biens : celui qui y porte atteinte est donc exposé à une action, attendu que le seul sentiment de l'insécurité peut rendre subjectivement actuel un préjudice qui objectivement ne serait qu'éventuel [9].

Sans doute, la demande ne peut plus être fondée sur la loi *diffamari* [10] ; mais elle est très exactement déduite, soit du principe que tout intérêt légitime produit une action ; soit encore des articles 1382 et 1383 [11] du code civil,

3. V. n. 3.

1. V. Caen, 25 oct. 1892 (D. 93. 2. 577) ; Lyon, 6 déc. 1898 (*Loi* 18 fév).

2. Nîmes, 1er juil. 1827 ; Amiens, 15 mars 1833 (S. 33. 2. 420, D. 33. 2. 225) ; Lille, 28 avril 1854 (D. 54. 3. 68).

3. V. Lyon, 19 juil. 1853 (D. 53. 2. 233) ; Rouen, 7 janv. 1853.

4. Amiens, 23 janv. 1839 ; Liège, 3 fév. 1841 ; Toulouse, 25 nov. 1848 ; Douai, 27 mars 1878 (D. 78. 2. 86) ; Gien, 2 mai 1899 (G. P. 99. 2. 490).

5. V. Cass. 19 avril 1899 (Pand. fr. 99. 1. 310).

6. Angers, 3 juil. 1868 (D. 68. 2. 154, S. 68. 2. 318) ; Nancy, 5 juin 1869.

7. Aix, 19 juil. 1813 (S. 14. 2. 234, D. A. 10. 687).

8. V. no 2.

9. Bordeaux, 18 mai 1849 (D. 50. 2. 86, S. 50. 2. 183) ; Rouen, 15 avril 1897 (Rec. 97. 1. 146).

10. L. 5, Cod. de *ingen. manum* ; L. 30 vent. XII-7 (14a) ; Merlin, Rép. vo *Diffamari* ; Devill. vo *Action*, n. 2.

11. V. n. 64 ; — Cpr. Cass. 5 avril 1837 (S. 37. 1. 453, D. 37. 1. 305) ; Grenoble, 15 février 1816 ; Nîmes, 3 juin 1835.

56. .... loi *diffamari*; action *de jactance*; — *ad exhibendum*; titre exécutoire;

dont il sera question tout à l'heure. La légitimité de l'action n'est guère contestable, surtout lorsque le demandeur a été provoqué par une sommation ou une citation en justice [12], une signification de prétention contraire [13], ou une menace sérieuse [14], en un mot, par un trouble matériel ou juridique [15]. On a même autorisé l'action, en vue de faire décider si une obligation importante et douteuse existait ou n'existait pas [16]; mais cette solution ne peut guère être adoptée [17].

Quoiqu'il en soit, l'action fondée sur un intérêt éventuel, quand elle est recevable, doit être restreinte à des dommages-intérêts: on ne peut lui donner, à défaut de textes formels, la portée qu'avait, dans la jurisprudence ancienne, l'action dite de *jactance*, qui tendait à contraindre le tiers, à justifier de ses droits, à prouver ses imputations et à intenter l'action dans un délai qui lui était imparti, sous peine d'en être déclaré à tout jamais déchu. Une telle solution serait contraire, et aux règles concernant l'obligation imposée à tout demandeur de fournir la preuve de ses prétentions, et à la loi qui accorde un délai ordinaire de trente ans pour l'exercice des actions [18].

Que décider relativement à l'action en exhibition de titres pour en voir prononcer la nullité (*actio ad exhibendum*)? Cette demande ne peut être reçue, que s'il y a intérêt actuel, par suite de la manifestation des prétentions de la partie qui possède l'acte [19]. Cette action est, d'ailleurs, personnelle de sa nature [20].

Celui qui a un titre exécutoire peut-il agir en justice pour en obtenir un second? Il en a le droit, toutes les fois qu'il y a intérêt, comme si l'action a pour objet d'obtenir une hypothèque judiciaire [21], de faire reconnaître la validité d'un titre qui sera probablement contesté, de faire courir ou de faire liquider la créance [22] des intérêts non stipulés dans le titre, et ainsi de suite [23].

12. Bordeaux, 15 fév. et 23 août 1851 (51. 2. 193, S. 52. 2. 228).
13. Caen, 4 août 1851 (S. 52. 2. 216).
14. Angers, 3 juil. 1868 (nᵉ 6); — V. n. 828 [12].
15. Cass. 23 juin 1890 (S. 93. 1. 519).
16. Paris, 1er avril 1862 (S. 62. 2. 145).
17. Cass. 7 août 1871 (S. 71. 1. 221); Douai, 25 nov. 1868.
18. Civ. 1315 (45 a), 2262 (87 a); — Aix, 7 nov. 1887; Orléans, 15 mars 1889 (S. 90. 2. 8). — Cpr. cep. Cass. 14 mars 1888, 23 juin 1890 (D. 90. 1. 289).
19. Voy. en sens divers, Rennes, 22 nov. 1811, 2 mars 1818 et 22 janv 1821; Toulouse, 21 fév. 1854 (S. 54. 2. 169).
20. Cass. 3 fév. 1806 (S. 6. 2. 705, D. A. 1. 226).
21. Narbonne, 10 déc. 1896 (G. P. 97. 2. 195); Paris, 14 déc. 1899 (G. P. 00. 1. 133).
22. Chambéry, 19 fév. 1875 (D. 75. 2. 236).
23. Cass. 1er fév. 1830, 6 nov. 1832, 18 août 1874 (75. 1. 215); Metz, 12 mai 1818; Orléans, 17 mars 1837; Colmar, 24 juil. 1851; Nancy, 8 mars 1854; Paris, 8 déc. 1854 (S. 54. 2. 782) — V. cep. Montpellier, 12 janv. 1832; Amiens, 31 août 1826; Angoulême, 18 juil. 1873; Chambéry, 23 mars 1886 (G. T. 2 mai),

56. ... actions multiples ; objet des actions ;

Quand on a deux actions pour recouvrer le même droit, on peut les exercer l'une après l'autre : la maxime, *Electa una via non datur regressus ad alteram*, n'est pas admissible en matière ordinaire [24] ; son effet est restreint aux matières répressives [25].

Les actions ont pour objet, de même que les droits, soit une personne, soit une chose. Dans ce dernier cas, l'action s'excerce, suivant l'article 2092 du code civil [a], contre tous les biens du débiteur, lorsqu'il est *personnellement* obligé, c'est-à-dire lorsqu'il a engagé tout son patrimoine : on peut, en effet, n'être obligé que d'une manière réelle, et sur quelques uns de ses biens seulement, ou jusqu'à concurrence de leur valeur, comme il arrive dans les obligations purement hypothécaires [26], ou dans celles d'un héritier bénéficiaire [27]. Mais, sauf restriction spéciale [26], le débiteur est obligé sur tous ses biens *présents et à venir*, sans distinction entre les biens corporels et incorporels, *mobiliers* ou *immobiliers*, et quelle que soit d'ailleurs la capacité de l'obligé, pourvu que l'obligation soit valable. De là, il résulte que le créancier a l'exercice des droits et actions de son débiteur [28], et qu'il peut faire rentrer dans le patrimoine de ce dernier, au moyen de l'action révocatoire, ceux qui ont été injustement aliénés [29] ; le tout conformément aux principes qui seront énoncés dans le paragraphe ci-après [28] et dans la section II [29]. Les créanciers exercent également leurs actions sur les biens à venir, c'est-à-dire sur ceux que le débiteur pourra recueillir par voie de succession, ou par l'effet de toute espèce de titres gratuits ou onéreux.

Toutefois, malgré la généralité de la disposition actuelle, certains biens sont soustraits à la poursuite des créanciers, soit en vertu de la loi, comme les biens dotaux [30], soit en vertu d'un titre spécial, convention, donation ou autre [31].

24. Cass. 12 niv. IX, 30 avril 1827, 9 mai, 11 et 20 juin 1846, 16 août 1851, 7 mai 1852, 18 nov. 1854, 19 nov. 1861, 1er avril 1865 (D. 65. 5. 10) ; Pau, 17 mai 1830.
25. Cass. 18 juin 1812. — V. n. 1237.
26. V. Civ. 2167 et ss. (1945 a). V. aussi L. 31 mai 1854-4 (180 a).
27. V. Civ. 802 (2728 a).
28. V. n. 60 et ss.
29. V. n. 71 et ss.
30. Civ. 1554 (3295 a).
31 V. Civ. 1981 (2340 a) ; Proc. 581 3729 a).

a. *Civ.* **2092**. Quiconque s'est obligé personnellement, est tenu de remplir son engagement sur tous ses biens mobiliers et immobiliers, présents et à venir.

56. .... forme. — **57.** Effets ; jugement ; voies de recours.

La forme des actions est réglée par la procédure, qui est différente suivant les matières et suivant les juridictions [32]. Mais une règle absolue et commune à toutes les matières et à toutes les juridictions, c'est le droit de la libre défense : *Nemo condemnatus, nisi auditus vel vocatus.* Ce principe de droit naturel, fondé sur la notion même de la justice, est consacré par une foule de dispositions et d'arrêts [33] ; ses conséquences sont presque incombrables, et sa violation emporte nullité, lors même que celle-ci n'est pas expressément prononcée par la loi [33].

57. L'instance, tout le temps qu'elle dure [1], conserve les actions, conformément aux explications, qui seront données plus loin [2].

Elle est suivie du jugement, qui est la déclaration publique, dûment revêtue de la formule exécutoire [3], du droit de chacune des parties. Toute partie condamnée peut l'attaquer et le faire tomber, s'il y a lieu, par les voies de recours légalement ouvertes et régulièrement exercées.

Les trois principales voies de recours sont : l'opposition, l'appel et le pourvoi en cassation. L'opposition est employée par la personne qui a été condamnée en son absence, et elle a pour but de soumettre, de nouveau, la question au même juge: on suppose que la partie intéressée n'a pas été suffisamment avertie, et, pour assurer la libre défense, on lui accorde la faculté de saisir une seconde fois la même juridiction [4]. L'appel a pour objet de déférer à un juge supérieur la même question en son entier, au point de vue du fait et au point de vue du droit, afin de rectifier, s'il y a lieu, la décision du juge inférieur [5]. Le pourvoi en cassation soumet la question de droit seulement à une juridiction unique et suprême, chargée de conserver l'unité de jurisprudence et d'assurer l'uniformité dans l'interprétation de la loi [6].

Relativement à l'exercice des voies de recours, les jugements et condamnations reçoivent des qualifications différentes. Ainsi, le jugement est par défaut ou contradictoire, suivant qu'il est ou non susceptible d'opposition. On appelle définitif, celui qui épuise les pouvoirs de la juridiction saisie ; — en dernier ressort, celui qui n'est pas susceptible d'appel ;

32. V. n. 722.
33. Pr. 85, 149 ; I. cr. 152, 184, 335, etc. V. Dalloz, Rép. v° *Défense* ; Cass. 26 sept. 1793, 21 prair. XI, 7 août 1822, 25 nov. 1823, 7 avril 1880, 28 mars 1882 (D. 83. 1. 167).

1. *Secus*, après qu'elle est prescrite, Cass. 6 mai 1856 ; v. n. 839.
2. V. n. 839.
3. V. n. 723.
4. V. n. 915 et ss.
5. V. n. 920 et ss.
6. V. n. 938 et ss.

58. Défenses et exceptions ; fins de non-recevoir ou de non-valoir ; exceptions péremptoires ou dilatoires ;

— irrévocable enfin, celui qui est à l'abri de toute espèce de voies de recours. Les jugements irrévocables sont quelquefois appelés définitifs ; mais cette dernière expression n'est pas très exacte, et prête à équivoque.

58. A tous les degrés de l'instance et tant que le jugement n'est pas devenu irrévocable, le défendeur peut repousser l'action au moyen de défenses ou d'exceptions [1].

Les *défenses* proprement dites ont pour but d'établir, ou que le point de droit n'est pas exact ; ou que le point de fait n'est pas prouvé, ou qu'il n'est pas compris dans l'idée du point de droit, et qu'ainsi la conclusion n'est pas légitime.

Par l'allégation d'un fait nouveau, les *exceptions* changent, pour ainsi dire, le terrain de l'attaque et de la défense. Elles supposent, comme l'action, un titre [2], et par suite un point de droit, un point de fait, une conclusion ; et en ce sens, il est encore [3] vrai de dire : *Reus excipiendo fit actor*. Le demandeur peut les repousser par des défenses subsidiaires, ou par d'autres exceptions en sous-ordre.

On distingue plusieurs espèces d'exceptions, suivant leurs objets ou leurs effets.

On appelle *fins de non recevoir* les exceptions, qui, sans s'attaquer à l'existence du titre en lui-même, ont pour but de montrer qu'il est vicieux au point de vue de sa validité, ou qu'il a été détruit par un titre contraire et plus récent. Telles sont les exceptions de nullité ou de rescision [4], la prescription de l'action [5], la renonciation du demandeur [6] ou la chose jugée [7]. On appelle fin de *non-valoir* les exceptions tirées de ce que le demandeur ou le défendeur n'est pas intéressé à l'action [8], et ainsi n'a pas qualité pour l'intenter ou pour y répondre [9].

Au point de vue de leurs effets, on divise les exceptions en *péremptoires* ou *dilatoires*, suivant qu'elles éteignent l'action d'une manière absolue et pour toujours, ou qu'elles en retardent seulement l'exercice [10]. Ainsi la presciption est une fin de non-recevoir péremptoire ; et le terme, une fin de non-recevoir dilatoire.

1. Pluribus defensionibus uti permittitur. L. 5. *de exception*. D. 44. 1.
2. V. n. 2.
3. V. n. 45.
4. V. n. 37.
5. V. n. 84 et ss.
6. V. n. 520 et ss.
7. V. n. 900 et ss.
8. V n. 56.
9. V. sur le défaut de qualité, n. 968.
10. V. Pothier, Pand. 44. 1. 5. — V. n. 968.

58. .... de procédure. — **58** bis. Poursuites judiciaires ; exécution forcée ; distribution entre les créanciers.

Au lieu de s'attaquer directement à l'action, au moyen de défenses et d'exceptions, le défendeur peut encore se contenter de repousser l'instance en la forme au moyen des exceptions de procédure [11].

58 bis. Lorsque, malgré les voies de recours, les défenses, et les exceptions, un jugement irrévocable a été obtenu, à l'aide de ce titre, — ou de tout autre titre exécutoire [1], — l'ayant droit a recours à l'exécution forcée, et au besoin à la force publique, suivant les formes réglées par la procédure [2].

L'exécution forcée a pour but d'obtenir, par l'emploi de la force publique, et en vertu d'un titre exécutoire, l'accomplissement d'une obligation méconnue. Son effet est d'attribuer à l'ayant droit l'objet ou la prestation qu'il réclame, s'il s'agit d'une chose déterminée ; — ou de faire vendre les biens du débiteur, afin d'allouer à l'ayant droit, sur le prix, la somme nécessaire pour obtenir la chose indéterminée qui lui est dûe ; — ou de faire subir aux coupables les peines qu'ils ont méritées, s'il s'agit d'infractions.

En aucun cas, les créanciers ne peuvent se faire attribuer en nature les biens de leurs débiteurs. S'il y a plusieurs créanciers, le prix des biens, conformément à l'art. 2093 [a], leur est distribué au marc le franc, c'est-à-dire en proportion de leurs droits, quelle que soit la date ou la nature de leurs titres. Il faut excepter le cas où il existe des *causes légitimes de préférence* [3], telles que *les privilèges et hypothèques*, auxquelles il faut ajouter, malgré le texte trop concis [4] de l'art. 2094 [b], le droit de rétention [5] et le nantissement (gage ou antichrèse) [6] : dans ce cas, le prix des biens du débiteur, au lieu de se répartir au marc le franc entre les divers intéressés, est attribué de préférence à quelques uns d'entre eux. Cette attribution se fait d'après des règles de procédure qui sont différentes, selon qu'il s'agit de la distribution de la masse mobilière, qu'on nomme *distribution par*

11. V. n. 969.

1. V. n. 723.
2. V. n. 3709 à 4213.
3. V. n. 1842 et ss.
4. Pont., *Hyp.*, 21. 22.
5. V. n. 1603.
6. V. n. 1882 et ss.

a. *Civ.* **2093**. Les biens du débiteur sont le gage commun de ses créanciers, et le prix s'en distribue entre eux par contribution, à moins qu'il n'y ait entre les créanciers des causes légitimes [1842] de préférence.

b. *Civ.* **2094**. Les causes légitimes de préférence [1842] sont les privilèges et hypothèques.

contribution [7], ou de la distribution de la masse immobilière qu'on appelle *ordre* [8], ou du patrimoine d'un commerçant failli, qui est réparti entre ses créanciers par voie de dividendes [9].

59. Lorsque les actions correspondent à des obligations de faire ou de ne pas faire, elles sont assujetties, à certains égards, à des règles spéciales. En effet, tandis que l'action correspondante à une obligation de donner a pour résultat de mettre l'ayant droit en possession et jouissance de la chose, lorsque celle-ci est déterminée, ou de la lui procurer, aux frais du débiteur, lorsqu'elle est indéterminée : l'obligation de faire ou de ne pas faire se résout très souvent en *dommages et intérêts*, au cas d'inexécution : c'est ce que déclare l'article 1142 du code civil [a]. Cependant, cette règle n'est pas aussi absolue qu'elle parait tout d'abord : car l'article 1143 [b] ajoute que si l'obligation est de ne pas faire, le créancier a le droit de demander la destruction de ce qui a été fait ; et pour le cas où une obligation de faire peut être exécutée par une autre personne que le débiteur, l'article 1144 [c] dispose que le créancier peut-être autorisé à la faire exécuter lui-même aux dépens de l'obligé.

Ainsi et en résumé, toutes les fois que l'obligation de faire ou de ne pas faire porterait atteinte à la liberté individuelle, elle se *résout en dommages et intérêts*, si le débiteur n'offre pas d'en réaliser l'exécution [1]. Le respect dû à la liberté a fait admettre la maxime : *Nemo potest præcise cogi ad factum* [2]. Les dommages et intérêts sont dus conformément aux règles qui vont être exposées [3] ; et toute obligation disparaît, lorsque l'exécution est impossible, sans le fait ni la faute du débiteur [4].

7. V. n. 3924 et ss.
8. V. n. 3938 et ss.
9. V. n. 4055 et ss.

1. Cpr. cep. Cass. 1er mars 1876 (S. 77. 1. 160).
2. V. Cass. 28 déc. 1886, 9 juil. 1888 (S. 89. 1. 381, D. 89. 1. 156).
3. V. n. 65.
4. V. n. 80 et suiv. ; Cass. 1er août 1871 ; Cpr. Lyon, 20 juin 1845 (S. 71. 1. 51).

a. *Civ.* **1142**. Toute obligation de faire ou de ne pas faire se résout en dommages et intérêts, en cas d'inexécution de la part du débiteur.

b. *Civ.* **1143**. Néanmoins, le créancier a le droit de demander que ce qui aurait été fait par contravention à l'engagement soit détruit ; et il peut se faire autoriser à le détruire aux dépens du débiteur, sans préjudice des dommages et intérêts, s'il y a lieu.

c. *Civ.* **1144**. Le créancier peut aussi, en cas d'inexécution, être autorisé à faire exécuter lui-même l'obligation aux dépens du débiteur.

Au contraire, toutes les fois que l'obligation de faire ou de ne pas faire est possible et qu'elle ne porte pas atteinte la liberté individuelle, l'ayant droit *peut être autorisé* à la faire exécuter aux dépens du débiteur : les juges ont à cet égard toute liberté d'appréciation [5] ; ils peuvent même agir d'office [6]. On ne leur reconnait pas cependant le pouvoir d'annuler l'acte fait par le débiteur en contravention à une obligation négative [7].

De plus, dans les obligations qui ont pour objet la personne elle-même (puissance paternelle ou maritale, pouvoirs publics, exécution des peines), l'ayant droit peut employer la force armée, organisée par l'autorité sociale, et faire respecter et exécuter son droit *manu militari*, quand c'est là le dernier moyen d'en empêcher la violation.

59 bis. Les modalités des actions étant ainsi précisées, il est nécessaire d'énumérer leurs différentes espèces, en tant qu'elles se rattachent aux droits en général.

On connait déjà la distinctions des actions en personnelles, réelles et mixtes, dont le principe se rattache à la notion même des droits réels et de créances [1]. Combinée avec celle-là, ou considérée séparément, une autre division des actions est d'une haute importance, au point de vue de la compétence, des formalités des actes et de la procédure : c'est celle des actions en *mobilières* et *immobilières*.

Les actions, en effet, sont meubles ou immeubles, comme tous les autres biens corporels ou incorporels [2] ; on les distingue les unes des autres à l'aide de la règle : *Actio ad mobilia mobilis, ad immobilia immobilis*. Mais une action mobilière ne devient pas immobilière, par le seul fait que le demandeur réclame, accessoirement et à titre de garantie, une affectation hypothécaire ou quelque autre sûreté réelle [3].

§ 3. — de l'exercice des droits et actions du débiteur

60. Les créanciers ayant droit sur tous les biens de leurs débiteurs [1], et par conséquent sur leurs droits et actions, qui sont aussi des biens [2],

5. Cass. 20 déc. 1820, 19 mars 1855, 27 nov. 1877 (S. 78. 1. 102), 18 juin 1883 (D. 84. 5. 353 ; Lyon, 14 juin 1860.
6. Cass. 19 mars 1855 (D. 55. 1. 297).
7. Trib. Empire Allem. 17 mars 1891 (D. 93. 2. 71).

1. V. n. 4 15.
2. V. n. 26.
3. V. n. 35 ; Cass. 2 avril 1833 (S. 33. 1. 435, D. 33. 1. 250).

1. V. n. 56.
2. V. n. 2.

60. .... sujet ; objet ;

ils peuvent exercer aux termes de l'article, 1166, [a], ceux de ces droits qui ne sont pas exclusivement attachés à la personne.

L'exercice des droits et actions du débiteur consiste dans une action en justice tendant à augmenter le patrimoine de ce dernier [3]. Cette faculté appartient à tout *créancier*, ou plus généralement à tout ayant-cause. Comme toute autre action, [4], celle dont il s'agit ici suppose un intérêt né et actuel, tant par rapport à la créance, qu'en ce qui concerne les droits et actions du débiteur. Il est donc nécessaire, d'une part, que la créance soit subsistante, valable et exigible sans retard [5], bien qu'elle ne soit ni liquide [6], ni constatée par titre exécutoire [7] ; et que, l'intérêt du demandeur se trouvant compromis [8], l'exercice des droits et actions soit immédiatement utile. Et d'autre part, il faut que les droits et actions du *débiteur,* — capable ou incapable [9] — existent au moment de la demande [10], et en particulier que le débiteur n'y ait pas valablement renoncé [11].

Du reste, l'action des créanciers s'étend à tous les *droits*, *actions* et exceptions du débiteur [12], ce qui comprend les mesures conservatoires des voies de recours [13]. Il n'y a d'exceptés que les droits et actions *exclusivement attachés à la personne.*

Il faut considérer comme ayant ce dernier caractère, tous les droits qui, en vertu de leur nature, ou d'une disposition expresse ou implicite de la loi, ne peuvent être exercés malgré la volonté du débiteur [14] ; ceux qui ne sont pas suceptibles d'aliénation volontaire ou forcée [15] ; ceux qui résultent d'un délit ou quasi-délit commis contre la personne même du débiteur [16]. Tels sont encore les droits de la puissance paternelle ou maritale, les questions d'état [17] et les droits de famille et de filiation [18].

3. Dijon, 26 janv. 1871 (D. 71. 2. 46). — V. Baudry-L. II, 134.
4. V. n. 56.
5. Toulouse, 2 avril 1800 (G. M. 27) ; Marcadé, art. 1166-I.
6. V. Nîmes, 31 déc. 1879 (D. 80. 2. 246.)
7. Alger, 17 janv. 1900 (Loi 4 juil).
8. Cass. 13 janv. 1873 (D. 73. 1. 151).
9. V. Nantes, 27 mai 1896 (G. P. 96. 2. 275).
10. Il n'est pas indispensable qu'ils existent à la date de la créance : Cass. 4 juil. 1854 (D. 54. 1. 403).
11. Bordeaux, 4 août 1836 ; Cass. 8 mars 1854 (D. 54. 1. 191, S. 54. 1. 684).
12. Rouen, 9 janv. 1838 (S. 38. 2. 110, D. 38. 2. 78). — Cpr. ci-après n°
13. Cass. 1er juin 1858 (S. 59. 1. 417).
14. Aubry et Rau, § 312-23.
15. Cass. 13 fév. 1866 ; Grenoble, 30 déc. 1896 (D. 97. 2. 238).
16. Lyon, 7 juin 1864 ; Seine, 9 janv. 1879 (S. 81. 2. 21), 12 janvier 1882 ; Meaux, 6 déc. 1882 (G. P. 83. 2. 559).
17. Bastia, 2 fév. 1857 (S. 57, 2. 129). — V. n. 2972.
18. Cass. 6 juil. 1836 (S. 36. 1. 633, D. 36. 1. 249). — V. n. 3388, 3422 et ss.

a. *Civ.* **1166.** Néanmoins les créanciers peuvent exercer tous les droits et actions de leur débiteur, à l'exception de ceux qui sont exclusivement attachés à la personne.

60. .... objet ; forme (subrogation).

Au contraire, les actions en nullité ou en rescision des conventions, pour cause d'incapacité, [19] d'erreur, de violence ou de dol, peuvent être exercées par les créanciers. Il en est de même, de l'exception tirée du défaut de qualité [20], et des actions pour délits ou quasi-délits commis à l'égard des biens du débiteur [21].

La solution de la question dépend de la nature et de l'espèce du droit. Il convient donc, après avoir énoncé la règle et en avoir éclairé la portée par quelques exemples, d'en renvoyer les applications spéciales à chaque droit ou action.

La faculté d'exercer les droits et actions du débiteur permet-elle au créancier d'intenter immédiatement l'action contre les tiers, sans subrogation préalable ? Tout créancier, en qualité d'ayant-cause de son débiteur, est censé être intervenu aux actes consentis par ce dernier : son titre seul de créancier suffit donc, sans aucune subrogation, pour qu'il puisse agir à la place de son représentant. Telle est la décision de la jurisprudence, très exactement fondée d'ailleurs sur le texte de l'article 1166 [22].

Mais le créancier ne peut exercer directement les voies d'exécution [23], tant qu'il n'a pas personnellement de titre exécutoire [24] ; et il n'a le droit d'agir que dans le cas où le débiteur néglige ou refuse d'exercer lui-même ses droits [25] : les juges apprécient dans quelle mesure l'action du créancier est utile ou nécessaire [26], et par conséquent recevable. La mise en demeure ou en cause du débiteur n'est donc pas indispensable [28] : ce

19. Rouen, 9 janv. 1838 ; Bastia, 30 août 1854 ; Douai, 26 déc. 1853, 24 mai 1854 (S. 54. 2. 433, D. 55. 2. 51). — V. n. 505.

20. Cass. 3 août 1819 (S. 19. 1. 351, D. A. 9. 181). V. n. 968.

21. Bastia, 15 mars 1866 (S. 66. 2. 176).

22. Cass. 23 janv. 1849, 2 juil. 1851, 7 août 1860 ; 24 fév. 1869 (D. 70. 1. 64) ; C. d'Et. 9 août 1870 (S. 73. 2. 63) ; Angers, 25 août 1852 ; Grenoble, 5 janv. 1858, 24 mai 1867 ; Guadeloupe, 9 avril 1858 ; Bourges, 21 mai 1859 ; Bordeaux, 11 fév. 1890 (Rec. 90. 1. 219) ; Baudry-L. II, 134 ; Laurent, XV, 397-399. — Cpr. Bordeaux, 13 déc. 1848.

23. Orléans, 7 juin 1855 (D. 56. 2. 111) ; cpr. Seine, 18 fév. 1888 (Droit 30 mars) ; — v. cep. Charolles, 6 août 1898 (Droit 1er oct.) — L'exercice des droits sur une créance s'effectue par voie de saisie-arrêt (3722 et ss.) [Orléans, 3 juil. 1847 (D. 47. 4. 343)] directement exercée, sans subrogation préalable (Dijon, 17 fév. 1897 (G. P. 97. 1. 506).

24. Cpr. Seine, 25 avril 1899 (G. P. 99. 1. 444).

25. Cass. 14 avril 1886 (S. 87. 1. 77, D. 86. 1. 220, G. P. 8. 62. 147) ; Orléans, 16 août 1882 ; Bordeaux, 23 mai 1893 (D. 94. 2. 48).

26. Cass. 26 juil. 1854 (D. 54. 1. 303, S. 54. 1. 563), 24 fév. 1869 (D. 70. 1. 64) ; Rouen, 1er déc. 1852.

27. Trib. Lyon, 14 fév. 1874 (D. 75. 1. 147).

28. Cass. 25 août 1852 ; Caen, 29 déc. 1870 (S. 71. 2. 265) ; Seine, 28 février 1887 (G. P. 87. 1. 358). — Cpr. cep. Rouen, 1er déc. 1852 ; et, au cas de demande reconventionnelle : Cass. 1er juil. 1851 (D. 51. 1. 192).

61. Effets. — **62**. Inefficacité.

n'est qu'une mesure de prudence destinée à prévenir toute contestation ultérieure [29].

La disposition de l'article 1166, étant générale, le créancier peut exercer les droits et actions de son débiteur, quand même il posséderait personnellement une action particulière contre le défendeur [30].

61. Quand l'action est exercée, le débiteur est à considérer comme partie à l'instance, puisque le créancier est son représentant légal [1]. Mais il n'est pas dessaisi, par le seul fait de l'action, et sauf opposition ou saisie-arrêt [2] régulière, de la faculté de disposer de ses droits, qui reste entière pour lui [3], pourvu qu'il n'y ait de sa part, ni fraude, ni intention d'éluder les réclamations du créancier.

La poursuite exercée par l'un des créanciers du débiteur ne lui attribue aucun droit de préférence vis-à-vis des autres, sauf ses droits de préférence indépendants de l'action.

62. L'action du créancier devient irrecevable, ou par suite d'une exception venant de son chef, telle que l'invalidité ou l'inexigibilité de la créance, l'inutilité de l'exercice des droits et actions du débiteur (ce défaut d'intérêt et de qualité peut être opposé même par le tiers poursuivi [1]) ; — ou par l'effet d'une exception existant du chef de son débiteur. En effet, puisque le créancier exerce les droits et actions qui appartiennent à ce dernier il est, sous ce point de vue, son ayant-cause ; et toutes les exceptions opposable au débiteur, peuvent aussi arrêter son action [2]. Mais il faut que ces exceptions proviennent d'une cause antérieure à l'instance ; car à partir de ce moment, le créancier remplace le débiteur, quant aux droits dont il poursuit l'exercice : il cesse d'être un ayant-cause pour devenir un véritable tiers [3].

L'action du créancier peut être encore irrecevable pour vice de forme, et notamment lorsqu'elle est exercée prématurément, c'est-à-dire avant que le débiteur ait à se reprocher aucune négligence [4].

29. Grenoble, 24 mai 1867 (S. 68. 2. 104).
30. Cass. 25 janv. 1865 (S. 65. 1, 68). — V. n. 56.

1. Toulouse, 13 fév. 1864 (S.64.2.92).
2. V. n. 3722 et ss.
3. V. Cass. 18 fév. 1862 (D. 62. 1. 248, S. 62, 1. 425).

1. Cass. 13 janv. 1873 (D. 73. 1. 151, S. 73. 1. 145).
2. Cass. 10 juil. 1877 (S. 80. 1. 171).
3. Aubry et Rau, § 312-13.
4. V. n. 60 [25].

SECTION II

DE L'INEXÉCUTION DES OBLIGATIONS

63. Les obligations produisent des effets indirects dans le cas d'exécution. Or celle-ci peut être volontaire ou involontaire.

L'inexécution involontaire met fin à l'obligation, ou en suspend les effets, comme il sera expliqué dans le chapitre suivant.

Il en est autrement de l'inexécution volontaire : dans ce cas, non seulement l'obligation persiste, et l'ayant-droit peut en demander l'exécution forcée, au moyen des actions indiquées dans la section précédente, mais encore le droit est tellement irréfragable au point de vue de la raison, que sa violation donne indirectement naissance à des obligations nouvelles contre l'obligé. En effet, lorsqu'il est porté atteinte au droit d'autrui, l'égalité naturelle, qui est le fondement de l'équité et de la justice, exige que cette atteinte soit réparée, que le droit soit rétabli, s'il est possible, dans son état primitif, et de plus qu'il soit attribué à la personne lésée un équivalent de la perte subie par elle. Et ainsi la notion même du droit, combinée avec les idées naturelles d'ordre et de justice, a produit ces deux maximes, qui sont la base immuable de la science juridique : *Nul ne doit s'enrichir aux dépens d'autrui ; Chacun est tenu de réparer le dommage causé par sa faute ou sa négligence* : maximes si importantes qu'il est indispensable de consacrer aux développements de leurs conséquences fondamentales les quatre paragraphes suivants, où il sera question : des restitutions et réparations en général ; des délits et quasi-délits ; du retard et de la mise en demeure ; de l'action révocatoire ou paulienne.

§ 1. — des restitutions et réparations en général

64. — L'obligation de restituer est fondée sur ce principe d'équité qui est de toute évidence, et qui vient d'être rappelé : *Nul ne doit s'enrichir aux dépens d'autrui* [1]. De là vient l'action appelée *de in rem verso*, qui est de sa nature personelle, attendu qu'elle s'adresse à la personne et au patrimoine, et qu'elle porte sur une valeur qui peut n'être individualisée dans aucun objet déterminé. Mais elle peut être jointe à une action réelle, et

1. Jure natura æquum est neminem cum alterius detrimento et injuria fiat locupletiorem. L. 206 de *reg. juris*, D. 50. 17. — V. sur le principe, Cass. 11 juil. 1889 S.90.1.197, 15 juin 1892 (D., 92. 1. 596, S. 93. 1. 281) ; Baudry-L. II. 661 ; — Cpr. Laurent, XX, 334.

64. ..... conditions ; effets ; inefficacité.

dans ce cas elle a une nature mixte, si l'action réelle, toujours relative de sa nature à un objet déterminé, est dirigée contre celui qui s'est personnellement enrichi.

Aucune condition spéciale de capacité n'est requise, soit de l'ayant droit, soit de l'obligé [2]. Ainsi quiconque a vu son patrimoine diminué, a une action *de in rem verso* contre celui qui s'est enrichi à ses dépens. Seulement cette action, étant personnelle, ne peut être exercée *omisso medio* : si, par exemple, mon patrimoine a diminué au profit de Paul et que, par le fait de ce dernier, Pierre ait profité en définitive de cette diminution, je n'ai d'action directe que contre Paul, sauf à agir indirectement contre Pierre en qualité de créancier de Paul et en exerçant ses droits [3].

L'obligation de restituer suppose un enrichissement fait aux dépens d'autrui. Il faut donc qu'il y ait *enrichissement*, c'est-à-dire que le patrimoine de Pierre, par exemple, ait augmenté matériellement [4] de valeur. Il faut que cet enrichissement ait été fait *aux dépens d'autrui*, en d'autres termes, qu'il ait entraîné la diminution du patrimoine de Paul, et que cette diminution ne provienne, au profit de Pierre, d'aucun titre ni d'aucun droit légitime antérieur.

Le fait qui sert de base à l'obligation de restituer, n'étant pas volontaire des deux côtés, peut être prouvé par toute espèce de moyens, même par témoins, quelle que soit la valeur de l'objet litigieux.

Celui qui est tenu à restitution doit rendre la chose elle-même ; ou, si c'est impossible, la valeur ou la dépense à son choix : en d'autres termes, ce que l'un a gagné, ou ce que l'autre a perdu. Cette restitution, ainsi limitée, est suffisante : en effet, si la valeur est inférieure à la dépense, Pierre, en restituant la valeur, cesse d'être *enrichi* ; et si, au contraire, la plus-value est supérieure, Pierre, en restituant à Paul ce que ce dernier a perdu cesse encore d'être enrichi *aux dépens d'autrui* [5].

La restitution s'applique aux accessoires de la chose, tels que les fruits, à moins que le défendeur ne les ait légitimement acquis par l'effet d'un titre spécial [6].

L'obligation de restituer s'éteint de la même manière que tout autre créance en général. Elle est aussi éteinte ou diminuée, vis-à-vis de l'ayant-droit, par le délit ou le quasi-délit, dont il sera question ci-après [7].

2. Aubry et Rau, § 576-12.
3. Pont., *Sociétés*, n. 652.
4. Cass. 31 juil. 1895 (D. 95. 1. 391, S. 96. 1. 397).
5. Cass. 22 juin 1887 (S. 87. 1. 244, D. 87. 1. 305) ; L. 38, D. 61 ; *de rei vindic.* Domat, *Lois civ.*, Liv. I, tit. I. sect. X, n. 18, Pont., *Hypoth.*, n. 1206 et 1207.
6. Voy. possession, Civ. 549 (1617a).
7. V. n. 65 et ss.

65. Réparations ; conditions :

65. La seconde obligation fondamentale, résultant de l'inexécution, celle de réparer le dommage causé, est basée à la fois sur la loi naturelle et sur la loi civile. La loi naturelle veut que « chacun soit tenu de réparer le dommage causé par sa faute ou sa négligence ». Et la loi civile a consacré ce principe dans les dispositions si importantes des articles 1382 et 1383 du code civil, et 1147 du même code [a].

L'obligation de réparation, ou, en d'autres termes, toute responsabilité civile * suppose : 1° une faute, une négligence ou une imprudence [1], même *sans mauvaise foi* [2] ; 2° un préjudice appréciable existant actuellement [3] ; 3° un lien direct de causalité entre la faute et le préjudice [4].

Il faut que la faute existe légalement [5], quelle qu'en soit d'ailleurs la forme : *fait quelconque de l'homme* [6], action, omission, *négligence, imprudence* ou même simple *retard*, sauf les règles spéciales à ce dernier fait, règles qui ne s'appliquent pas à la faute en général, attendu que celle-ci existe sans mise en demeure ni avertissement préalable [7].

Le préjudice peut être matériel ou moral [8] : l'appréciation de son existence et de son importance appartient en entier aux juges du fait [9]. Réuni

* **Bibliographie**. Sujet important qui a servi de matière aux ouvrages des auteurs suivants : Fromageot, Josserand, Muteau, Sourdat, Willems.

1. Cass. 19 juil. 1870, 23 juin 1887 (S. 90. 1. 291).
2. Cass. 28 juin 1899 (G. P. 99. 2. 153).
3. Cass. 17 fév. 1874, 15 avril 1890 (S. 90. 1. 501, G. P. 90. 1. 686) ; Paris, 14 déc. 1862 (S. 90. 2. 21).
4. V. note sur Cass. 1er août 1876 (S. 76. 1. 457), 19 mars 1888, 6 fév. 1894 (S. 94. 1. 309, G. P. 94. 1. 506) ; Rouen, 7 mai 1898 (Rec. 98. 1. 169) ; Limoges, 4 janv. 1898 (Rec. Riom, 98. 138) ; Ducroq, *Dr. admin.*, n. 328.
5. Cass. 13 avril 1886, 15 avril 1889 (S. 91. 1. 292).
6. Voy. à l'occasion de la guerre de 1870, Rocroi, 16 janv. 1873, et cpr. Nancy, 7 mars 1874 (S, 74. 2. 100).
7. L'art. 1146 civ. (67 [a]) est inapplicable : Cass. 30 nov. 1858, 31 mai 1865, 2 mars 1875 (S. 75. 1. 292), — V. sur le retard, n. 68 et ss.
8. Rouen, 4 août 1896 (G. P. 96. 2. 2. 632) ; Cass. Belg. 17 mars 1881 (S. 82. 4. 9).
9. V. n. 263.

a. *Civ.* **1382**. Tout fait quelconque de l'homme, qui cause à autrui un dommage, oblige celui par la faute duquel il est arrivé, à le réparer.

1383. Chacun est responsable du dommage qu'il a causé non-seulement par son fait, mais encore par sa négligence ou par son imprudence.

1147. Le débiteur est condamné, s'il y a lieu, au paiement de dommages et intérêts, soit à raison de l'inexécution de l'obligation, soit à raison du retard dans l'exécution, toutes les fois qu'il ne justifie pas que l'inexéution provient d'une cause étrangère qui ne peut lui être imputée, encore qu'il n'y aucune mauvaise foi de sa part.

65. .... dommage ; preuve ;

à la faute, il est qualifié de dommage, *damnum injuria datum* : on appelle ainsi la diminution injuste du droit d'autrui. Il n'y a pas de dommage sans injustice, sans fait illicite, sans un fait que son auteur a accompli sans droit ou au-delà de son droit, et de manière à porter atteinte au droit d'autrui [10] : car, *Neminem lædit qui jure suo utitur* [11]. Le fait illicite consiste, ou dans l'accomplissement d'une chose défendue par la loi, s'il s'agit d'une action ; ou, s'il s'agit d'une omission, dans l'abstention d'une chose ordonnée par la loi. Ainsi, l'omission d'un fait ne peut donner lieu à réparation, si son accomplissement n'était pas obligatoire pour celui qui l'a omis [12]. En aucun cas, le dommage ne peut exister sans que la faute commise ait occasionné ou causé directement un préjudice [13]. Si elle provient du fait de l'homme, il faut même que l'acte soit volontaire, pour être imputable à son auteur.

Tout droit peut être l'objet, et toute personne peut être le sujet actif ou passif d'un dommage et d'une obligation de réparation, abstraction faite de toute capacité civile [14], et sauf les règles spéciales aux différentes espèces de responsabilités [15]. Il est cependant nécessaire que le fait soit imputable à une personne déterminée, soit moralement, soit au moins juridiquement : moralement, si le fait est arrivé par la faute de son auteur ; juridiquement, s'il résulte d'une négligence ou imprudence, à laquelle la loi attache l'obligation de réparation [16].

La preuve des faits dommageables est à la charge de celui qui se prétend lésé [17]. Elle peut être faite par témoins, à moins que leur constatation ne dépende de l'existence préalable d'un titre consensuel, auquel cas la preuve de ce titre doit d'abord être faite suivant les règles qui lui sont propres [18]. Le doute s'interprète en faveur du débiteur [19] ; et les secours donnés n'impliquent pas nécessairement la reconnaissance de la responsabilité [20].

10. Cass. 24 déc. 1894 (G. P. 95. 1. 218, D. 95. 1. 118).

11. Cass. 31 mai 1874, 13 avril 1886 S. 89. 1. 312) ; Clermont-Ferrand, 7 juin 1832 ; Alger, 21 fév. 1888 (G. P. 88. 1. 699). — Cpr. cep. Liège, 9 fév. 1888 (S. 90. 4. 14).

12. Aubry et Rau, § 444-1 ; Marcadé, art 1383-II.

13. Cass. 19 août 1874, 13 avril 1886, 23 juin 1887, 19 mars 1888 (S. 90. 1. 397.)

14. V. trib. Nancy, 27 août 1883 (G. P. 83. 2. 151, 4e p.) ; Béziers, 27 avril 1899 (G. P. 99. 2. 245). — Cpr. cep. Caen, 9 nov. 1880 (S. 82. 2. 118) ; Pau, 30 juin 1898 (Loi 27 juil.)

15. Cass. 19 juil. 1870 (S. 71. 1. 9).

16. Cpr. Rouen, 17 mars 1874 (S. 74. 2. 199). V. ci-dessus no 14.

17. Cass. 19 juil. 1870 (no 15) ; Bruxelles, 21 janv. 1820 ; Toulouse, 21 janv. 1883 ; Paris, 22 mai 1885 (G. P. 85. 2. supp. 130).

18. V. n. 402.

19. Trib. Com. Seine, 20 mars 1884 (G. P. 84. 1. supp. 72).

20. Nevers, 2 mars 1885 (G. P. 85. 1. 407).

65. .... actions judiciaires ; effets ;

Les actions judiciaires peuvent-elles donner naissance à une obligation de réparation, au profit de la partie qui a obtenu gain de cause ? Le droit romain, des anciennes ordonnances de nos rois et certaines législations étrangères décident expressément la question, et contiennent des peines contre les plaideurs téméraires [21]. Le code civil n'a pas confirmé cette législation. Il faut donc reconnaître que les actions judiciaires constituent simplement l'exercice d'un droit, ne pouvant donner lieu par lui-même à réparation [22], surtout en cas de simple erreur de l'une des parties [23]. Toutefois, si la poursuite de première instance ou d'appel était vexatoire, en même temps que préjudiciable, si elle était intentée et continuée de mauvaise foi, complètement abusive, ou si elle provenait d'une erreur grossière équivalant au dol, ou d'un entêtement inexcusable, elle pourrait servir de base légitime à une condamnation particulière [24].

Quelle que soit son origine, le fait dommageable oblige celui par la faute duquel il est arrivé, à le réparer. La réparation consiste dans une restitution, s'il y a lieu, et dans le rétablissement de l'ancien état de choses, s'il est possible ; et, de plus, dans une indemnité fixée ordinairement en argent (et pouvant être aussi accordée en nature [25]), équivalant dans tous les cas aux dommages causés, si le rétablissement de l'ancien état de chose est impossible ou insuffisant.

Cette indemnité se nomme *dommages et intérêts* : ceux-ci doivent comprendre, d'après l'art. 1149 du code civil [b], la *perte* éprouvée (dommage,

21. Inst. de *pœna tem. litig.* ; O. de François Ier de 1539-88, tombé en désuétude Merlin, Rép. v° *Dom.-intérêts* ; C. civ. italien, 370 ; Cass. Turin, 9 sept. 1882 (S. 83. 4. 30).

22. Cass. 31 mai 1874, 17 déc. 1878, 6 mars 1889, 14 et 20 avril 1891 (S. 91. 1. 471).

23. Cass. 3 mars 1879, 20 janv. 1880, 14 août 1882, 7 déc. 1885, 10 nov. 1886, 25 mai 1887, 24 oct. et 20 nov. 1888, 9 et 30 oct. 1889, 6 mars 1889, 2 et 22 avril 1890, 12 déc. 1894, 12 fév. 1895, 1er et 28 déc. 1896, 25 mai 1897 (S. 98. 1. 79), 26 déc. 1899, 12 fév. 1900 (G. P. 00. 1. 710).

24. Cass. 3 mai 1836, 11 janv. 1837, 22 août 1839, 13 juil. 1841, 24 mai 1842, 28 mai 1884 (S. 85. 1. 61), 9 juil. 1884 (S. 86. 1. 103), 6 mars et 1er juil. 1889 (S. 90. 1. 205), 2 avril et 11 juin 1890 (S. 90. 1. 472), 8 et 9 juin, 3 août 1891, 3 fév. 1892, 25 avril 1893, 14 mars 1894, 13 juin 1895, 16 juin 1896 (S. 97. 1. 317), 26 janv., 22 avril, 3 mai 1898 (G. P. 98. 1. 633), 6 nov. 1900 (D. 01. 1. 12) ; Rennes, 5 déc. 1882 (S. 83. 2. 92).

25. Cass. 6 déc. 1869, 9 août 1880 (S. 81. 1. 358).

b. *Civ.* **1149**. Les dommages et intérêts dus au créancier sont, en général, de la perte qu'il a faite et du gain dont il a été privé.

65. .... effets ; inefficacité ;

damnum emergens), et le *gain* perdu (*intérêts*, *lucrum cessans*). Ils embrassent à la fois le dommage matériel et le dommage moral [26], et ils se calculent, suivant la nature des faits qui les ont produits, soit sur le degré d'imputabilité, s'il s'agit d'une faute morale, soit sur le degré de responsabilité juridique, s'il s'agit d'une simple négligence [27]. S'il existe plusieurs auteurs du dommage, le montant en est réparti entre chacun d'eux [28] ; mais si la proportion ne peut être fixée, l'indemnité peut être mise intégralement à la charge de chaque personne responsable [29].

Dans des cas exceptionnels, le calcul des dommages est fait par la loi elle-même [30], et d'autrefois par le titre (convention ou jugement) [31], sans que ce titre oblige alors ceux qui n'y ont pas été parties [32].

Une obligation de réparation ne peut exister, s'il n'y a pas eu dommage imputable à une personne déterminée, par exemple, si l'obligation est impossible [33] : car, ainsi que le déclare l'art 1148 du code civil [c], les faits survenus par cas fortuit ou force majeure ne peuvent donner lieu à aucune réparation : *Nemo casum præstat.* Mais bien qu'il n'y ait pas lieu à réparation dans un cas donné, il peut y avoir lieu à restitution.

L'ordre formel et régulier de l'autorité légitime [34], à la différence d'une simple permission [35], affranchit de toute responsabilité, puisqu'il fait disparaître toute injustice.

L'obligation de réparation s'éteint de la même manière que les créances [36], et notamment par la prescription [37]. Elle cesse également, lorsque le préjudice résulte de la faute de celui qui le subit [38], ou de sa négligence [39]. Si le dommage ne provient qu'en partie de la victime du fait,

26. V. nº 8 ; Rouen, 27 mai 1844 ; Bruxelles, 13 janv. 1890 (D. 90. 4. 23) ; — v. cep. Metz, 17 fév. 1819.

27. V. G. P. T. 1882-1887, vº *Responsab.*, n. 17 à 20.

28. C. d'Et. 15 fév. 1872 ; Rocroi, 16 fév. 1873 ; Rouen, 25 juil. 1888 (S. 90. 2. 122.)

29. Cass. 30 juin 1869, 28 janv. 1885 (G. P. 85. 2. 449) ; Besançon, 30 juil. 1884 (G. P. 84. 2. 545).

30. V. Civ. 1153 (69 a).

31. Clause pénale, v. n. 124 et ss. et 885.

32. Bruxelles, 22 juil. 1829 (S. 31. 2. 63).

33. V. n. 11 et 80.

34. C. 1er mars 1875 (S. 76. 1. 309).

35. Cpr. Cass. 23 avril 1844 (S. 44. 1. 712, D. 44. 1. 275). — V. cep. Cass. 14 mars 1842.

36. V. n. 76.

37. V. n. 84 et ss.

38. Quod quis ex culpa sua damnum sentit, non intelligitur damnum sentire. L. 203, *de reg. juris*, D. 50. 17. Cass. 3 août 1876 (S. 77. 1. 25).

39. Douai, 14 déc. 1846 (S. 48. 2. 542). — V. sur bris de glaces de magasin : St-Brieuc, 5 mars 1883 ; Avignon, 27 nov. 1888 ; Nantes, 7 mars 1895 (S. 96. 2. 285).

c. *Civ.* **1148.** Il n'y a lieu à aucuns dommages et intérêts lorsque, par suite d'une force majeure ou d'un cas fortuit, le débiteur a été empêché de donner ou de faire ce à quoi il était obligé, ou a fait ce qui lui était interdit.

qui y a contribué par une négligence, une imprudence ou une contravention [40], la reponsabilité n'est qu'atténuée [41] : le préjudice ne peut donc être entièrement laissé à sa charge, et l'auteur du fait, affranchi de toute responsabilité [42].

L'obligation de réparation résulte, tantôt d'une *inexécution* proprement dite, c'est-à-dire d'une inexécution nulle ou imparfaite, tantôt d'un simple *retard dans l'exécution* : ces deux formes de l'obligation de réparation font l'objet des deux paragraphes suivants.

§ 2. — Des délits et quasi-délits

66. L'inexécution proprement dite ou le fait dommageable, quand il est accompli avec l'intention de nuire, prend le nom de *délit*. Indépendamment du cas où il constitue une infraction pénale [1], il donne naissance à une action civile appelée action *ex delicto*, qui est personnelle.

Cette action appartient à toute personne qui, par l'effet du délit, a été atteinte dans ses droits ou ses affections légitimes, soit directement, soit indirectement. Ainsi le père et le mari ont une action personnelle en réparation des injures, coups, blessures ou homicides, commis à l'égard du fils ou de l'épouse [2]. Les créanciers peuvent exercer l'action *ex delicto* du chef de leur débiteur, toutes les fois qu'elle tend à la réparation d'un dommage purement matériel et pécuniaire : tandis qu'ils ne peuvent l'exercer, lorsqu'elle est fondée sur un dommage moral, comme celui qui atteint une personne dans son honneur, sa réputation ou ses affections légitimes [3]. Il sera question ailleurs des héritiers [4].

L'action est dirigée contre l'auteur du fait dommageable et délictueux, et contre tous ceux auxquels le délit est imputable. Ainsi ce n'est pas seulement l'auteur principal du délit qui peut être poursuivi, mais aussi ses complices [5], et tous ceux qui ont participé à l'acte, d'une manière quelconque [6]. Il faut seulement observer qu'il s'agit ici d'un fait accompli avec l'intention de nuire, par conséquent d'une imputabilité morale.

40. Cpr. Cass. 5 juil. 1843, 7 janvier 1852 (S. 52. 1. 426).

41. Paris, 10 et 20 mars 1899 (Bull. 14 et 20.)

42. Cass. 20 août 1879, 10 nov. 1884 (G P. 84. 2 672), 29 mars 1886, 7 août 1895, 11 nov. 1896 (S. 98. 1. 228); Rennes, 23 déc. 1878 (S. 81. 1. 403); Aix, 12 déc. 1887 (S. 88. 2. 138).

1. V. tit. II.
2. V. n. 3416.
3. V. n. 60 [16].
4. V. n. 2701.
5. V. n. 186 et ss.
6. Aubry et Rau, § 445-6.

66. .... preuve ; effets ;

Or l'imputabilité suppose le discernement : et ainsi, les enfants qui n'ont pas atteint l'âge de raison, les personnes en état d'ivresse, et les insensés ne peuvent être poursuivis pour cause de délit [7], à moins que leur état momentané de folie ou d'ivresse ne provienne de leur inconduite ou de l'abus de liqueurs alcooliques [8]. D'ailleurs, sauf les restrictions qui précèdent, les mineurs, comme les majeurs et tous autres incapables, sont responsables de leurs actions délictueuses [9].

Le délit a pour objet la vie, la sécurité, l'honneur, la réputation et les affections légitimes d'une personne, ou sa propriété et sa richesse.

Il ne se présume pas, et il doit être prouvé [10]. La preuve par témoins [11] et les simples présomptions [12] sont admissibles en matière de délits, sauf les rapports du fait délictueux avec un titre consensuel [13] Il est vrai que le dernier membre de phrase de l'article 1353 [14] paraît impliquer le rejet de la preuve testimoniale, en matière de *fraude et de dol*. Mais cette disposition, ainsi entendue, serait contraire au texte de l'article 1348-1° [15], aux travaux préparatoires et à la raison elle-même. Car la preuve testimoniale, étant plus précise et plus directe, doit être admise contre la fraude et le dol, à plus forte raison que les présomptions de fait. L'article 1353 contient donc un vice de rédaction, et ces expressions, *à moins que l'acte ne soit attaqué*, devraient être remplacées par celles-ci : *et par conséquent lorsque l'acte est attaqué*, ou mieux encore elles devraient être supprimées [16].

Indépendamment de la peine encourue [17], s'il y a lieu, le délit impose l'obligation de réparer le dommage causé. C'est au juge à évaluer le préjudice, en égard à la nature, aux effets et aux circonstances du délit : la loi ne contient aucune règle à ce sujet [18], et la *réparation* comprend aussi le dommage moral [19]. Il peut être alloué au demandeur les intérêts, à partir du délit, du capital auquel s'élève le dommage [20].

7. Cass. 14 mai 1866 ; Caen, 2 déc. 1853 ; Agen, 9 nov. 1864 ; Aix, 7 déc. 1866 ; Lyon, 22 fév. 1871 (S. 71. 2. 8). — V. cep. Montpellier, 31 mai 1868 ; Merlin, Rép. v° *Démence*, § 2, n. 304.

8. Rouen, 17 mars 1874 (S. 74. 2. 199). — V. 65 [14].

9. V. civ. 1310 (3486 a).

10. V. civ. 2268 (1678 a).

11. Bruxelles, 18 mars 1806 (S. c. n. 2. 2. 125).

12. Cass. 21 mai 1878, 7 fév. 1888 (S. 90. 1. 531).

13. V. n. 402.

14. V. n. 53 a.

15. V. n. 403 a.

16. Aubry et Rau, § 765-29 ; Marc., art. 1353-II.

17. V. tit. II, ci-après.

18. Voy. Mgr Lyonnet, *De justitia et jure*, parte 2 a, cap. 3 o. — V. sur la solidarité, n. 105.

19. Cass. 18 mars 1853 (D. 53. 5. 167).

20. V. n. 69.

66. .... effets; inefficacité. — **67**. Quasi-délit en général; responsabilité civile;

Le fait délictueux ne doit jamais profiter à celui qui l'a commis : *Nemo ex suo delicto bonum consequi debet* [21]. La fraude fait exception à toutes les règles.

L'obligation de réparation pour cause de délit, ne peut exister, lorsque le fait n'en réunit pas tous les éléments. On expliquera, au sujet des infractions et des peines [22], les causes qui diminuent ou détruisent l'imputabilité. Mais un fait qui ne serait pas un délit, pourrait néanmoins imposer des obligations, à titre de restitution ou de quasi-délit [23].

L'obligation de réparation s'éteint par les mêmes causes que tout autre droit de créance [24] ; et on peut opposer à l'action les fins de non-recevoir ordinaires [25].

67. Le quasi-délit est un fait dommageable accompli sans intention de nuire [1]. Il suppose souvent une faute morale, à laquelle la loi pénale n'a pas attribué les caractères du délit, en la réprimant. En effet, les lois sociales ne punissent pas tout ce qui est déshonnête : mais si l'acte immoral n'est frappé d'aucune peine, il ne doit pas du moins échapper au principe fondamental de la réparation du dommage causé [2]. D'autres fois, le quasi-délit dérive d'une simple responsabilité juridique : et alors il existe, abstraction faite de toute imputabilité morale et de toute capacité.

Le fait qui donne naissance au quasi-délit peut être prouvé par témoins ou à l'aide de simples présomptions [3].

Les règles du quasi-délit, en général, sont semblables à celles du délit et de la responsabilité. Lorsque le fait dommageable provient à la fois de celui qui en est victime et d'une autre personne, la responsabilité et l'obligation de réparation peuvent être diminuées, mais non anéanties [4].

Les cas de quasi-délit sont en nombre indéfini ; mais l'article 1384 du code civil en énumère un certain nombre qui forment une catégorie spéciale. Il s'agit, dans ce texte [a], des quasi-délits ou de la responsabilité pu-

21. V. Dijon, 29 juillet 1895 (D. 96. 2. 250).
22. V. n. 132, 134, 137.
23. V. n. 64, 67.
24. V. n. 65, *in fine.*
25. V. n. 59.

1. Villefranche, 10 mars 1882 (G. P. 82. 2. 363) ; Bordeaux, 24 janv. 1899 (Rec. 99. 1. 118).
2. V. n. 65.
3. Cass. 15 nov. 1887 et 7 fév. 1888 (S. 90. 1. 531) ; Caen, 8 juil. 1865.
4. V. n. 65 [42].

a. *Civ.* **1384**. On est responsable non-seulement du dommage que l'on cause par son propre fait, mais encore de celui qui est causé par le fait des personnes dont on doit répondre, ou des choses que l'on a sous sa garde ;

rement civile du dommage causé par les *personnes dont on doit répondre* ou les *choses que l'on a sous sa garde*. Sans entrer ici dans les détails, il importe d'exposer la règle fondamentale de cette responsabilité.

Elle ne suppose aucune faute morale, ni aucune capacité de la part de l'auteur immédiat du dommage. Elle a simplement pour but de sanctionner le défaut de surveillance de ceux que la loi déclare responsables, et contre lesquels une présomption légale est ainsi établie [5].

La responsabilité civile dont il s'agit ne s'étend pas aux amendes, attendu que toutes les peines sont personnelles [6].

L'action peut être exercée, soit contre les auteurs du fait [7], soit contre leurs surveillants responsables, pris ensemble ou séparément [8] ; mais ces derniers ont recours contre les auteurs du dommage, avec lesquels la réparation peut seulement être partagée [9], lorsque les torts sont imputables aux uns et aux autres.

La preuve peut être faite par témoins ou par simples présomptions [10].

La responsabilité cesse, lorsque les personnes désignées prouvent qu'elles n'ont pu *empêcher*, soit *le fait qui y donne lieu*, soit le dommage qui en a été la conséquence, ou lors qu'il y a faute de la victime [11].

§ 3. — Du retard de la mise en demeure

68. Le retard dans l'exécution d'une obligation est une sorte d'inexécu-

5. V. nº s. Cass. 19 avril 1887 (S. 87. 1. 217) ; v. cep. Moulins, 8 janvier 1887 (S. 87. 2. 173).

6. Cass. 24 mars 1855 ; — v. n. 131.

7. Cass. 17 juil. 1876 (S. 76. 1. 477), 28 janv. 1859.

8. Cass. 23 août 1869, 2 déc. 1881 (S. 83. 1. 447).

9. Cass. 24 fév. 1886 (S. 86. 1. 460).

10. Trib. Lyon, 8 mai 1885 (S. 87. 2. 104).

11. N. s. Cass. 19 avril 1887 (S. 87. 1. 217).

Le père, et la mère après le décès du mari, sont responsables du dommage causé par leurs enfants mineurs habitant avec eux [3415];

Les maîtres [2248] et les commettants [600, 802, 829], du dommage causé par leurs domestiques et préposés dans les fonctions auxquelles il les ont employés ;

Les instituteurs [5952] et les artisans [6471], du dommage causé par leurs élèves et apprentis pendant le temps qu'ils sont sous leur surveillance.

La responsabilité ci-dessus a lieu, à moins que les père et mère, instituteurs et artisans ne prouvent qu'ils n'ont pu empêcher le fait qui donne lieu à cette responsabilité. [*Add. L. 20 juil. 1899*] Toutefois, la responsabilité de l'Etat est substituée à celle des membres de l'enseignement public [5952].

68. .... conditions ;

tion partielle : aussi l'article 1146 [a] déclare qu'il donne lieu à des dommages et intérêts, lorsqu'il est préjudiciable au créancier. Il n'en est pas de même du retard dans la poursuite d'un droit de créance, encore que le débiteur ait été mis par là dans l'impossibilité d'exercer un recours utile contre un tiers devenu insolvable dans l'intervalle [1]. De plus, le retard est exclusivement propre aux obligations *de donner ou de faire* : il ne se conçoit pas dans les obligations de ne pas faire, suivant l'article 1145 [b]: *le seul fait de la contravention* donne alors naissance à des dommages et intérêts, sans aucun avertissement [2].

Au contraire, dans tous les cas où il y a retard, la mise en demeure est indispensable pour qu'il soit dû des dommages et intérêts ou une indemnité quelconque [3].

La *mise en demeure*, c'est-à-dire la constatation d'un retard préjudiciable, résulte de la loi, d'un jugement, d'un consentement ou d'un acte extrajudiciaire.

La mise en demeure résulte de la loi : 1° lorsque la chose due ne *pouvait être donnée ou faite que dans un certain temps que* le débiteur a *laissé passer* [4] ; 2° dans divers autres cas précisés dans des textes formels [5].

Le débiteur est constitué en demeure par un jugement, un consentement ou un autre titre quelconque, lorsque, en conformité de l'article 1139 [c], ce titre exprime formellement que, *sans qu'il soit besoin d'acte et par la seule échéance du terme*, le débiteur sera en demeure : ces dernières expressions ne sont pas d'ailleurs sacramentelles [6].

1. Cass. 4 fév. 1867 (S. 67.1. 104).
2. V. Cass. 2 mars 1875 ; Dijon, 7 déc. 1881 (S. 82. 2. 184, D. 82. 2. 112).
3. Cass. 22 avril 1846, 26 fév. 1872 (S. 72. 1. 64, D. 72. 1. 214).
4. Question de fait : Cass. 13 mars 1877 (S. 78. 1. 293).
5. V. civ. 1302 § 4 (80 a), 1657 (2070 a).
6. Cass. 18 fév. 1856 (D. 56. 1. 260, S. 57. 1. 40).

a. *Civ.* **1146**. Les dommages et intérêts ne sont dus que lorsque le débiteur est en demeure de remplir son obligation, excepté néanmoins lorsque la chose que le débiteur s'était obligé de donner ou de faire ne pouvait être donnée ou faite que dans un certain temps qu'il a laissé passer.

b. **1145**. Si l'obligation est de ne pas faire, celui qui y contrevient doit les dommages et intérêts par le seul fait de la contravention.

c. *Civ.* **1139**. Le débiteur est constitué en demeure, soit par une sommation ou par autre acte équivalent, soit par l'effet de la convention, lorsqu'elle porte que, sans qu'il soit besoin d'acte et par la seule échéance du terme, le débiteur sera en demeure.

Le délai accordé peut même n'être fixé qu'implicitement ; ainsi je vous achète des fruits livrables à la récolte ; la récolte faite, vous pouvez être condamné à des dommages-intérêts, quoiqu'il ne soit justifié d'aucune mise en demeure [7].

Enfin un acte extrajudiciaire suffit, sauf les règles spéciales énoncées ci-après au sujet des obligations de sommes d'argent [8], pour mettre le débiteur en demeure : telle est une *sommation*, une notification [9], ou un *acte équivalent*, comme une citation [10] : et, à ce sujet, la jurisprudence a décidé qu'une lettre missive pourrait suffire, surtout en matière commerciale [11], si elle était assez explicite [12]. Une réquisition verbale a même été déclarée suffisante, par interprétation du titre [13].

La mise en demeure, dont il appartient au juge de vérifier d'office l'existence [14], impose à l'obligé la nécessité de remplir immédiatement ses engagements [15], ou de réparer tout le dommage causé par le retard [16]. Le juge en détermine le montant, en l'absence de clause pénale [17], d'après les circonstances, et d'une manière plus ou moins rigoureuse, suivant que le retard résulte d'un délit ou d'un quasi-délit. Il peut le fixer à tant pour chaque jour de retard [18], bien qu'il s'agisse d'une obligation de faire [19].

L'obligation née du retard ne peut exister, s'il n'y a pas eu de retard, de préjudice [20] et de mise en demeure, sauf l'obligation de réparation résultant d'un délit ou d'un quasi-délit autre que le retard [21]. La mise en demeure est purgée par l'exécution de l'obligation et par la renonciation du créancier [22]. Elle est inutile, quand la résiliation est demandée de part et d'autre [23].

69. Comme dans les obligations qui se bornent au paiement d'une certaine somme, les dommages et intérêts résultant du retard dans l'exécu-

7. Cass. 23 fév. 1858 (S. 58. 1 600). — Cpr. Rennes, 24 fév. 1819.
8. V. n. 69.
9. Cass. 2 déc. 1879 (S. 80 1. 366).
10. Cass. 2 juil. 1883 (D. 84. 1. 302).
11. Le Hâvre 14 sept. 1895 (*Droit* 12 oct.). — La mise en demeure, en cette matière, peut même résulter des circonstances : Lyon, 28 avril 1882 (G. P. 83. 1. 115).
12. Cass. 19 fév. 1878, 5 déc. 1883 (D. 84. 1. 130) ; Rennes, 5 juin 1871.
13. Cass. 16 mai 1882 (S. 84. 1. 154).
14. Cass. 2 juil. 1883 (D. 84. 1. 302).
15. Cass. 25 avril 1893 (D. 93. 1. 350).
16. Cass. 17 fév. 1879 (D. 80. 1. 346).
17. V. n. 124 et ss.
18. On ne peut compter comme jours de retard, ni celui où la livraison a été faite, ni celui où elle devait être opérée : Rennes, 5 juin 1871 (S. 71. 2. 175).
19. Cass. 26 juil. 1854, 25 mars 1857 ; — Cpr. Civ. 1142 (59 a). — Cpr. cep. Paris, 4 juil. 1865 (S. 65. 2. 233).
20. Bruxelles, 23 mars 1808 (S. C. N. 2. 2. 367.)
21. Cass. 18 fév. 1874 S. (75. 1. 112).
22. V. Cass. 2 déc. 1890 (D. 92. 1. 127).
23. Cass. 15 nov 1887 (D. 88. 1. 120, S. 88. 1. 171).

69. .... intérêts moratoires ; exigibilité ;

tion varient à l'infini, et qu'il est aussi difficile de les prévoir que de les justifier, il a été nécessaire de les fixer, par une espèce de forfait, à une somme précise, savoir aux intérêts légaux de la somme due [1] : c'est ce qu'a décidé, avec la tradition, l'article 1153 du code civil [a], et ce sont ces intérêts qui sont qualifiés de *moratoires*, c'est-à-dire dûs *ex mora*, à cause du retard.

Ils sont dus, sans que le créancier soit tenu de *justifier d'aucune perte*. Bien plus, étant fixés à titre de forfait, ils sont fondés sur une sorte de présomption légale *juris et de jure* [2] ; et ainsi le débiteur ne pourrait se dispenser de les payer au taux légal [3], en prouvant que les dommages et intérêts sont moindres ou nuls [4].

Mais pour faire courir les intérêts moratoires, une créance exigible est indispensable [5] ; et une mise en demeure est aussi nécessaire, tant en matière commerciale [6] qu'en matière civile. A cet effet, avant la loi du 7 avril 1900, une simple sommation ou une lettre missive [7], du moins en principe [8], ne suffisait plus, comme dans les cas ordinaires [9] ; un commandement n'aurait même pas été efficace ; les intérêts moratoires n'étaient dus que du jour de la *demande en justice* (sans qu'il fût permis de les faire remonter à une date antérieure [10]), ou du jour d'une demande en conclusion complémentaire formulée dans le cours de l'instance [11].

1. Pothier, Oblig., n. 170 ; Ord. d'Orléans, art. 60 ; Merlin, Rép., v° *Intérêts*, § 4.
2. V. n. 52.
3. V. n. 18.
4. Cass. 18 juil. 1895 (S. 95. 1. 312, D. 96. 1. 119, G. P. 95. 2. 177) ; C. d'Et. 26 fév. 1897 (S. 99. 3. 32).
5. Cass. 4 juil. 1894 (S. 94. 1. 413).
6. Cass. 3 brum. VIII, 25 août 1813, 16 janv. 1818, 25 août 1880 (S 81. 1. 109).
7. Cass. 13 janv. 1852.
8. Mais voy. pour sommation, civ. 474 § 2 (3529 [a]) et 1652 §§ 4 et 5 (2030 [a]).
9. V. n. 68.
10. Cass. 28 oct. 1895 (D. 96. 1. 32).
11. V. Cass. 9 fév. 1864, 15 avril 1891 (S. 92. 1. 8) ; Toulouse, 2 fév. 1877.

a. *Civ.* **1153**. [*Ainsi mod. et compl., L. 7 avril 1900*] Dans les obligations qui se bornent au payement d'une certaine somme, les dommages et intérêts résultant du retard dans l'exécution ne consistent jamais que dans la condamnation aux intérêts fixés par la loi, sauf les règles particulières au commerce et au cautionnement [1860].

Ces dommages et intérêts sont dus sans que le créancier soit tenu de justifier d'aucune perte.

Ils ne sont dus que du jour de la sommation de payer, excepté dans les cas où la loi les fait courir de plein droit.

Le créancier auquel son débiteur en retard a causé, par sa mauvaise foi, un préjudice indépendant de ce retard, peut obtenir des dommages et intérêts distincts des intérêts moratoires de la créance.

69. .... exigibilité ; quotité ;

Mais il en est autrement en vertu du nouveau texte.

Faut-il que la demande ou la sommation porte expressement sur les intérêts ? L'article 1153 n'exige, ni que la créance soit liquide ou liquidée [12], ni qu'il y soit expressément question des intérêts : il suffit donc, à la rigueur, de demander le capital et de liquider ultérieurement les intérêts [13]. Il était d'ailleurs nécessaire que la demande, suivie ou non de condamnation [14], eût été régulièrement formée devant un juge compétent [15]. La question ne peut plus aujourd'hui se présenter, puisque la *sommation* suffit.

Cette règle de la nécessité d'une demande en justice ou d'une sommation reçoit exception : 1° dans les cas où la loi, fait courir les intérêts *de plein droit* [16] ; 2° dans les comptes-courants *commerciaux*, où l'usage et la convention font aussi courir les intérêts de plein droit [17].

Les dommages et intérêts, dûs en cas de retard dans l'exécution d'une obligation ayant pour objet une somme d'argent, sont limités *aux intérêts fixés par la loi* [18]. Le juge ne peut, sous quelque prétexte que se soit [19], en augmenter ni en diminuer le taux ; si ce n'est dans les cas où la loi lui en donne l'autorisation, savoir : 1° en matière de *commerce* [20], et spécialement de rechange [21] ; 2° en matière de *cautionnement*, où la caution peut demander des dommages et intérêts, en sus des intérêts [22] ; 3° en fait de société, où l'associé en retard d'apporter sa mise est également

12. Cass. 21 nov. 1820, 19 juil. 1852, 9 fév. 1864, 8 juin 1896 (S. 97. 1. 178, G. P. 96. 2. 30).—Cpr. cep. Cass. 15 février 1837, 30 mars 1852.

13. Cass. 12 déc. 1810, 28 nov. 1848, 26 fév. 1867, 27 fév. 1877, 24 fév. et 25 avril 1891 (S. 91. 1. 216 et 120, D. 91. 5. 313, G. P. 91. 2. 396 et 604), 17 janv. 1893 (S. 94. 1. 113, G. P. 93. 1. 147) ;— Cpr. Cass. 15 janv. 1839. — V. cep. Cass. 30 mars 1852, 15 nov. 1858 et n. 70 ; Riom, 17 mai 1830 ; Grenoble, 9 mars 1825 ; Liège, 15 juin 1818 ; Limoges, 4 fév. 1847 ; Bordeaux, 6 mai 1847.

14. V. Cass. 17 nov. 1807 (S. 8. 1. 108, D. A. 10. 491).

15. Cass. 11 janv. 1847, 25 mai 1887 (S. 87. 1. 345) ; Paris, 5 janv. 1837 ; Agen, 5 mars 1849 ; Alger, 2 juin 1856; Douai, 5 août 1857 ; C. d'Et. 2 juil. 1894 (S. 96. 3. 109) ; — v. cep. Paris, 27 juin 1816.

16. V. civ. 474, 612, 1996, 2028.

17. V. n. 6331.

18. Fixé à 4 ou 5 % 54 bis) : Cass. 28 janv. 1892 (S. 96. 1. 335) ; mais sans l'int. des intérêts ; Cass. 14 juin 1837 ; Cpr. Cass. 16 juin 1863 (D. 64. 1. 471).

19. Même au cas de préjudice réel et justifié, voy. Cass. 2 mars 1831 ; Aix, 21 août 1826 ; et quand même le taux de l'intérêt conventionnel d'une obligation à terme eût été fixé au-dessous du taux légal : Paris, 17 mai 1836 (S 36. 2. 411, D. 37. 2. 50) ; v. cep. Cass. 18 mars 1817.

20 Laurent, XVI, 335 ; v. cep. Cass. 25 août 1880 (S. 81. 1 109, D. 81. 1. 435 , 25 janv. 1892 (S. 92 11. 153, D. 94 1. 49). La jurisprudence contraire de la Cour de Cassation sur ce point parait ne pas tenir un compte suffisant de la restriction contenue dans l'art. 1153 (n° a).

21. Com. 177 à 186 (2369 a).

22. Civ. 2028 (1858 a),

69. .... intérêts compensatoires.

passible de dommages-intérêts [23], 4° au cas de clause pénale insérée dans un titre quelconque [24].

Il faut bien observer que l'article 1153, §§ 1 à 3, concernant la limitation des intérêts moratoires, s'applique seulement sous ces deux conditions très certaines, qu'il s'agisse à la fois d'une somme d'argent et d'un simple retard [25]. Si l'une de ces deux conditions fait défaut, le juge redevient libre d'évaluer à son gré le dommage [26]. Il apprécie donc, suivant les règles ordinaires, le préjudice et les intérêts compensatoires résultant d'une cause ou fait dommageable autre que le retard [27], comme une faute [28], un délit [29], un quasi-délit [30], un détournement [31], un paiement indûment reçu [32], ou une vente en justice irrégulièrement faite [33]. De même, les règles ordinaires des réparations sont applicables si, au lieu d'une dette de somme d'argent, il s'agit de marchandises [34], ou d'une obligation de faire [35], ou d'une restitution de fruits [36].

Dans tous les cas où l'article 1153 §§ 1 à 3, est inapplicable, le juge, en sus de l'indemnité, peut accorder des intérêts comme supplément du dommage [37] ; il peut aussi en allouer à titre de compensation [38] et bien qu'ils n'aient pas été expressément réclamés [39] ; ces intérêts peuvent être calculés, soit du jour de la demande, soit à partir d'une époque antérieure [40],

23. Civ. 1846 (2411 a).
24. Civ. 1226 (124 a).
25. V. Cass. 23 fév. 1858 (D. 58. 1. 391).
26. Cass. 9 juin 1880 (S. 81. 1. 449, D. 81. 1. 217).
27. Cass. 12 nov. 1855, 1er fév. 1864, 4 avril 1866, 24 juin et 7 mai 1872, 13 janv. 1873, 18 fév. 1874, 21 nov. 1882, 18 mai 1886, 7 déc. 1887 (G. P. 88. 1. 41), 15 mars 1892 (D. 92. 1. 272), 29 juin 1896, 3 mai 1897 (S. 97. 1. 319).
28. Cass. 10 fév. 1873, 8 fév. 1875, 13 nov. 1889 (S. 90. 1. 24).
29. Cass. 1er mai 1857, 20 juil. 1875, 18 juil. 1888 (S. 90. 1. 57, D. 89. 1. 97). — En visant la *mauvaise foi*, les rédacteurs de la loi de 1900 n'ont pas exclu les autres cas précédemment admis par la jurisprudence.
30. Cass. 23 août 1864, 24 juin 1872, 4 juin 1890 (S. 93. 1. 500), 12 déc. 1899 (D. 00. 1. 301).
31. Cass. 10 déc. 1835, 8 fév. 1864 (S. 65. 1. 227), 4 juin 1890 (D. 91. 1. 391, G. P. 90. 2. 141).
32. Cass. 28 juin 1825, 23 mars 1831, 11 déc. 1888 (S. 89. 1. 50) ; — Cpr. cep. Cass. 24 mai 1848 (S. 48. 1. 442, D. 48. 1. 109).
33. Cass. 31 juil. 1832 (S. 32. 1. 490, D. 32. 1. 321).
34. Cass. 23 fév. 1858 (S. 58. 1. 600).
35. Cass. 23 juil. 1835, 6 juil. 1857 (S. 59. 1. 31).
36. Cass. 28 fév. 1825, 16 nov. 1858 (S. 59. 1 941).
37. Cass. 1er mars 1842, 14 janv. 1856, 1er mai 1857, 19 nov. 1861, 18 déc. 1866, 28 janv., 4 fév. et 1er juil. 1868 (S. 68. 1. 408) ; Toulouse, 29 nov. 1834.
38. Cass. 4 fév. 1868, 24 juin 1872, 18 juil. 1888 (S. 90. 1. 57) ; — v. cep. Dijon, 14 août 1847 ; Bourges, 23 janv. 1867.
39. Cass. 28 janv. 1868, 5 mars 1872 (D. 72. 1. 215, S. 72. 1. 299) ; Besançon, 8 août 1832 ; Aix, 18 juin 1870.
40. Cass. 5 avril 1823, 5 nov. 1834, 23 juil. 1835, 25 janv. 1825, 27 déc. 1853, 13 août 1863, 4 avril et 18 déc. 1866, 21 janv. 1867, 24 juin 1872, 18 mai 1886 (G. P. 86. 2. 99, S. 89. 1. 264), 9 janv. 1889 (S. 89. 1. 261), 18 juil. 1888 (S. 90. 1. 57) ; Dijon, 30 déc. 1896 (S. 02. 1. 497).

sans que le juge ait même à déclarer expressément que les intérêts ainsi alloués sont compensatoires [41].

70. Les règles sur le cours des intérêts moratoires ou compensatoires ne s'appliquent pas aux intérêts des intérêts, dont l'accumulation constitue *l'anatocisme*. Cette perception a toujours été [1] et est encore prohibée, en principe, par l'article 1154 [a], qui est d'ordre public [2] ; et elle n'est exceptionnellement permise qu'aux quatre conditions suivantes :

1° Qu'il s'agisse *d'intérêts échus* au moment de la demande [3] ;

2° Que les intérêts des intérêts soient promis par *convention* ou *demandés en justice* directement et formellement [4] ;

3° Qu'il s'agisse d'intérêts *dus au moins pour une année entière* [5], les fractions d'années devant cependant être comprises dans le calcul de la capitalisation [6] ;

4° Que le créancier ne soit pas en faute, par exemple, en n'ayant pas fourni le compte indispensable au règlement [7].

Ces conditions sont aussi nécessaires les unes que les autres : ainsi les intérêts ne pourraient être accordés à compter d'une date antérieure à la demande [8] ; mais il n'est pas indispensable que la créance soit liquide [9] ; et la demande peut être formée en appel [10].

S'il s'agissait d'une obligation de sommes d'argent n'ayant pas pour

41. Cass. 18 déc. 1866, 27 déc. 1887 (D. 88. 1. 252, S. 90. 1. 337), 28 mai 1895 (D. 95. 1. 383) ; — cpr. cep. Cass. 22 fév. 1882 (S. 84. 1. 270).

1. V. sur législ. ancienne, Cass. 28 frim. XII, 20 fév. 1810, 13 nov. 1813, 10 déc. 1817 ; Seine, 9 mai 1818.

2. Cass. 9 juillet 1895 (S. 97. 1. 133, D. 96. 1. 85, G. P. 95. 2. 379).

3. Cass. 25 août 1845, 18 mai 1846 (S. 46. 1. 375, D. 46. 1. 199) ; Riom, 21 juil. 1840.

4. Cass. 17 mai 1865, 26 fév. 1867, 14 avril 1869, 25 nov. 1873 (D. 74. 1. 66-67, S. 74. 1. 105) ; — v. cep. Cass. 20 nov. 1848. — Cpr. Cass. 14 nov. 1899 (S. 02. 1. 319).

5. Trib. Lyon, 7 déc. 1887 (Mon. 15 fév. 1888) ; C. d'Ét. 1er juil. 1887 (L. 541).

6. Cass. 17 mai 1865, 9 juil. 1895 (no 2) ; C. d'Et. 30 déc. 1871 ; Bordeaux, 17 déc. 1841.

7. Cass. 25 août 1845, 18 mai 1846, 11 nov. 1874 (D. 75. 1. 220.)

8. Cass. 17 mai 1865, 18 janv. 1869 (S. 69. 1. 304) ; v. Marc. art. 1154-I à III.

9. Cass. 10 déc. 1838, 11 nov. 1851 (D. 51. 1. 317, S. 52. 1. 17).

10. Lyon, 29 juil. 1852 (D. 54. 2. 101) ; C. d'Et. 12 juil. 1864, 7 juin 1865 (D. 66. 3. 19) ; Paris, 16 nov. 1889 (Droit, 30).

a. *Civ.* **1154**. Les intérêts échus des capitaux peuvent produire des intérêts, ou par une demande judiciaire, ou par une convention spéciale [2314], pourvu que, soit dans la demande, soit dans la convention, il s'agisse d'intérêts dus au moins pour une année entière.

objet des intérêts de *capitaux* (c'est le cas prévu par l'aticle 1155 [b]), il ne pourrait être question d'anatocisme ; on retomberait alors dans la règle générale, et les intérêts moratoires seraient dus à la condition qu'il y eût retard ou échéance et demande en justice ou convention, quelle que fût d'ailleurs la cause de la dette, et si peu de temps qu'elle eût duré. On ne doit pas, à ce point de vue, considérer comme des intérêts de capitaux de sommes d'argent, les *revenus échus*, tels que *fermages, loyers, arrérages de rentes* ; de même il n'y a pas lieu de qualifier d'intérêts, mais de capitaux, les *restitutions de fruits* [11], et les *intérêts payés par un tiers* sans subrogation. Il n'y a donc pas anatocisme à réclamer les intérêts de ces différentes valeurs ; il suffit, pour les faire courir, d'une demande en justice [12], ou d'une convention [13] ou sommation [14].

§ 4. De l'action révocatoire ou paulienne *

71. Les créanciers peuvent attaquer, suivant l'article 1167 [a], tous les actes faits par leur débiteur en fraude de leurs droits. La fraude fait exception à toutes les règles [1] ; elle met fin à la confiance du créancier envers le débiteur, confiance en vertu de laquelle le premier était l'ayant-cause du second [2]. Le créancier devient donc un tiers par rapport à l'acte frauduleux ; par conséquent, si cet acte lui est préjudiciable, il peut le faire

* **Bibliographie.** V. Bédarride et Rivière [S. 86. 5. 33], Capmas, Chardon, Pellouin.

11. Cpr. Cass. 15 janv. 1839 (S. 39. 1. 97, D. 39. 1. 118).
12. Cass. 18 janv. 1869, 2 juin 1897 (S. 00. 1. 75).
13. Cass. 28 déc. 1896 (S. 97. 1. 307, G. P. 97. 1. 97), 2 juin 1897 (D. 97. 1. 416), 14 nov. 1899 (D. 00.1.72) ; Cpr. Cass. 2 mai 1900 (*Mon. Lyon*, 26).
14. V. n. 69.

1. V. n. 66.
2. V. n. 16.

b. *Civ.* **1155**. Néanmoins les revenus autres, tels que fermages, loyers, arrérages de rentes perpétuelles ou viagères, produisent intérêt du jour de la demande ou de la convention.

La même règle s'applique aux restitutions de fruits et aux intérêts payés par un tiers au créancier en acquit du débiteur.

a. *Civ.* **1167**. Ils peuvent aussi, en leur nom personnel, attaquer les actes faits par leur débiteur en fraude de leurs droits.

Ils doivent néanmoins, quant à leurs droits énoncés au titre *des Successions* [2170 a] et au titre *du Contrat de Mariage et des Droits respectifs des époux* [3164 b], se conformer aux règles qui y sont prescrites.

annuler en son nom personnel, à titre de réparation ; l'annulation rejaillit même contre les tiers, si ces derniers sont coupables de délit ou de quasi-délit [3]. Mais l'action n'en est pas moins personnelle de sa nature, sans avoir en elle-même aucun caractère de réalité [4].

Cette action en annulation, qu'on appelait *paulienne* en droit romain, du nom du préteur qui l'introduisit, est aussi désignée sous le nom d'action révocatoire, en raison de ses effets. Le code civil se borne à en poser les principes : il renvoie implicitement au droit romain et à l'ancienne jurisprudence pour les développements [5].

Cette action appartient à tout créancier sans distinction [6], et à tout créancier, héritier ou ayant-cause du créancier, par application de l'article 1166 [7].

Elle s'exerce personnellement contre le débiteur, contre celui qui a été partie à l'acte préjudiciable et frauduleux, et contre tous ceux qui ont participé à la fraude [8].

Elle est recevable contre toute espèce d'actes préjudiciables, même contre les jugements [9] ou les simples omissions frauduleuses [10]. La créance que l'action a pour but de faire valoir doit être reconnue volontairement ou judiciairement. Il faut aussi que les droits et actions, qu'elle a pour objet de faire revivre, soient du nombre de ceux dont l'exercice appartient au créancier en vertu de l'article 1166 [11] : autrement l'action serait irrecevable, faute d'intérêt. Néanmoins, quand l'objet final de la poursuite n'est pas exclusivement attaché à la personne, les créanciers peuvent attaquer de leur chef les actes sur lesquels repose l'état civil que leur débiteur se refuse à contester [12].

72. L'action paulienne suppose, avant tout, un acte éventuellement préjudiciable et frauduleux : *eventus damni*, *consilium fraudis*.

Eventus damni. Par conséquent, la position du débiteur doit être obé-

3. V. n. 73.

4. Cass. 9 janv. 1865, 30 juil. 1884 (S. 85. 1. 77) ; — v. cep. Grenoble, 2 mars 1875.

5. Aubry et Rau, § 313.

6. Chirographaire, hypothécaire : Bordeaux, 19 nov. 1885 (G. P. 86. 1. supp. 128) ; — Conditionnel, à terme ou éventuel : Alger, 7 fév. 1894 (Rev. 94. 245) ; Paris, 6 juil. 1898 (G. T. 2e p. 99. 1. 59).

7. V. n. 60 a.

8. Bordeaux, 19 mars 1896 (G. P. 96. 1. 768). — Même contre le mandataire personnellement, si le mandant ignorait la fraude. L. 25 § 3 *Quæ in fraudem*, D. 1. 42. 8.

9. Cass. 4 fév. 1895 (D. 95. 1. 370, G. P. 95. 1. 404).

10. Ex. : Si non utatur servitutibus, L. 4 et 5, D. *ibid.* et L. 28, *de verb. signif.* D. 50. 16.

11. V. n. 60.

12. Amiens, 10 avril 1839 (S. 40. 2. 508).

72. .... préjudice ; fraude ; titres gratuits ;

rée [1] : si ce dernier était solvable, l'action paulienne n'aurait plus de motif [2]. L'acte doit être préjudiciable de sa nature, au moment où il est intervenu [3], sans qu'il y ait lieu de distinguer si le dommage provient de ce que le débiteur a détérioré son patrimoine, ou de ce qu'il a négligé de l'augmenter [4]. Il suffit même que l'acte rende l'exercice des droits du créancier beaucoup plus difficile [5], en l'obligeant par exemple, à saisir des immeubles au lieu d'exercer sur des meubles une poursuite beaucoup plus facile et bien moins longue [6].

Pour être préjudiciable, l'acte attaqué doit être postérieur à la créance [7]. Mais il faut observer que la créance existe à partir du fait qui lui donne naissance, et non pas seulement à partir de la condamnation ou de la liquidation [8]. Quant à son antériorité, elle peut se prouver par toute espèce de moyens [9], et la preuve doit être mise à la charge de l'une et de l'autre des parties, suivant que les circonstances font présumer la bonne foi de l'une ou de l'autre [10]. Bien plus, l'acte antérieur peut être annulé, s'il a été fait en vue de frustrer d'avance le créancier des droits qu'il allait acquérir contre le débiteur [11], ou si la fraude a été concertée en vue de l'avenir comme du présent, dans le but de tromper les tiers par de fausses apparences de crédit [12].

Consilium fraudis. Dans les actes à titre gratuit, la fraude de la part du débiteur, qui connait l'existence de sa dette, est nécessaire et suffi-

1. Peu importe le nombre des créanciers, L. 10 § 6, *Quæ in fraudem*, 42. 8.
2. Aubry et Rau, § 313-7, 8.
3. Cass. 8 mars 1854 (D. 54. 1. 191, S. 54. 1. 684) ; Pau, 13 mars 1888 (S. 88. 2. 283).
4. Cass. 2 avril 1872 (S. 72. 1 217) ; Aubry et Rau, § 313-12 et 13. — V. cep. L. 6, *Quæ in fraudem*, D. 42. 8 ; Marc, art. 1167-III ; Baudry-L. II-141.
5. Cass. 22 juil. 1835 (S. 36. 1. 346, D. 36. 1. 33).
6. Lyon, 25 avril 1899 (*Loi* 13 oct.)
7. Cass. 29 janv. 1866 ; Paris, 6 juin 1826 ; Riom, 9 août 1843 ; Colmar, 20 mai 1836 ; Toulouse, 1er déc. 1837 ; Nîmes, 18 déc. 1849 ; Bruxelles, 12 juillet 1882 (D. 83. 2. 107) ; Agen, 3 fév. 1885 (S. 86. 2. 31) ; Paris, 12 mai 1898 (D. 99. 2. 31) ; — v. cep. Pau, 9 fév. 1824 ; Bordeaux, 20 juil. 1848.
8. Cass. 25 juil. 1864, 2 avril et 12 nov. 1872 (S. 73. 1. 59) ; Bordeaux, 13 fév. 1826 ; Bastia, 29 mai 1855.
9. Douai, 21 juin 1888 ; Bourges, 18 juil. 1892 (S. 93. 2. 210, D. 92. 2. 609). — Cpr. cep. Bourges, 14 août 1844 ; Laurent, XVI, 461 ; Baudry-L. II, 884
10. Douai, 21 juin 1888 (S. 90. 2. 135) ; Paris, 4 déc. 1899 (G. P. 00. 1. 29) ; — cpr. Cass. 14 déc. 1829.
11. Cass. 29 janv. 1866, 7 fév. 1872, 5 janv. 1891 (S. 91. 1. 146), 13 fév. 1894 (S. 98. 1 397, D. 95. 1. 31, G. P. 94. 1. 582) ; Poitiers, 2 fév. 1852, 12 déc. 1854 ; Paris, 19 déc. 1866 ; Rennes, 18 fév. 1866 ; Bordeaux, 30 nov. 1869 ; Caen, 31 mai 1883 ; Bourges, 18 juill. 1892 (no 9).
12. Cass. 14 déc. 1858, 28 août 1871 (S. 78. 1. 316). — V. aussi dans le cas de simulation, n. 516.

sante [13] : *consilium fraudis ex parte debitoris ;* le tiers, dans ce cas, est coupable au moins de quasi-délit. L'acte est donc réputé frauduleux, par le seul fait qu'il est gratuit et préjudiciable aux créanciers, sauf la preuve du contraire [14].

Quelques auteurs veulent même, malgré le texte de l'article 1167, que la fraude ne soit pas alors une condition nécessaire à l'exercice de l'action paulienne [15] ; et ils objectent à cet effet les maximes du droit : *Nemo liberalis nisi liberatus ; Qui certat de damno vitando anteponendus est ei qui certat de lucro captando.* Ces maximes sont tout à fait incontestables ; mais elles s'appliquent à un ordre d'idées, celui des restitutions, différent de l'action paulienne, qui est fondée sur une réparation de l'atteinte portée au droit du créancier sur tout le patrimoine du débiteur. En d'autres termes, une donation est attaquable et révocable : 1° abstraction faite de délit ou quasi-délit, à titre de restitution [16] ; 2° s'il y a délit ou quasi-délit, par voie d'action paulienne. Cette distinction n'est pas sans intérêt, puisque chacune de ces actions produit des effets différents : ainsi l'action en restitution n'a pas toujours la même étendue quant au fonds ; elle n'oblige pas de sa nature à la restitution des fruits, qui peuvent avoir été acquis par possession de bonne foi ; enfin elle ne donne pas lieu à des dommages-intérêts. La fraude est donc toujours un élément essentiel de l'action paulienne, même dans les actes à titre gratuit.

Dans les actes à titre onéreux, il faut en même temps qu'il y ait fraude de la part du débiteur et complicité de la part du tiers [17].

La fraude du débiteur résulte du seul fait du préjudice, sauf preuve du contraire : en effet, celui qui consent un acte préjudiciable à ses créanciers, en connaissance de son insolvabilité, est coupable de fraude ; or toute personne est naturellement présumée connaître sa position et par conséquent son insolvabilité, si elle n'établit le contraire.

Le tiers est complice de la fraude, *conscius fraudis*, par le seul fait qu'il a connu l'insolvabilité ou la diminution de solvabilité du débiteur [18], et

13. Cass. 18 déc. 1893 (S. 96. 1. 134, D. 94. 1. 263, G. P. 94, 1. 197) ; Paris, 24 déc. 1880 ; Caen, 31 mai 1883 (D. 84. 2. 217) ; Besançon, 29 mars 1893 (*Loi*, 28 avril).

14. Cass. 9 janv. 1865, 12 nov. 1872 ; Bordeaux, 23 fév. 1888 (S. 89. 1. 357) ; Marc. art. 622-III.

15. Aubry et Rau, § 313-14.

16. In hos tamen qui ignorantes ab eo qui solvendo non sit liberalitatem acceperunt, hactenus actio erit danda quatenus locupletiores facti sunt, **ultra non.** L. 6, § 11, *Quæ in fraudem*, D. 42. 8.

17. V. Cass. 12 fév. 1849, 7 juil. 1896 (S. 96 1. 405, D. 96. 1. 519, G. P. 96. 2. 198) ; Paris, 24 déc. 1849 ; Bordeaux, 23 fév. 1888 (n° 14).

18. Cass. 25 juin 1895 (S. 99 1. 120, D. 95. 1. 488, G. P. 95. 2. 77), 30 janv. 1900 (S. 00. 1. 341).

qu'il a consenti à l'acte sans intérêt légitime, de manière à frustrer les créanciers. On a même annulé l'hypothèque consentie par un débiteur à un seul de ses créanciers, quand cet acte, simulé sous forme d'ouverture de crédit, avait eu pour but de masquer, aux yeux des tiers, la gêne du débiteur et leur avait porté préjudice [19]. Mais en général, le tiers a un intérêt légitime, quand il ne fait qu'accepter un paiement ou une garantie supplémentaire de sa créance [20].

Les questions de préjudice et de fraude sont des questions de fait [21] ; et les présomptions suffisent pour établir l'existence de la fraude et du préjudice [22], même à l'encontre des actes authentiques ou sous seing privé [23].

73. L'effet de l'action révocatoire est de faire considérer l'acte comme non avenu, et le droit qui en faisait l'objet comme n'étant pas sorti du patrimoine du débiteur [1].

Le créancier demandeur peut donc se faire payer sur ce bien, jusqu'à concurrence de sa créance, comme sur tous les autres biens que le débiteur n'a jamais cessé de posséder.

Le créancier et le tiers défendeur doivent se faire compte mutuellement de ce qui a tourné à leur profit respectif, suivant la nature et l'espèce du droit. De plus, le créancier peut réclamer du tiers un supplément de réparation de son délit ou quasi-délit, si la révocation ne constitue pas une réparation suffisante.

Ce qui reste du bien après le paiement du créancier appartient au tiers défendeur, et non au débiteur : car l'acte n'est annulé qu'en faveur du créancier et jusqu'à concurence de la créance. Le débiteur est de plus exposé, de la part du tiers, à un recours en garantie, s'il y a lieu.

19. Cass. 14 déc. 1858 (D. 59. 1. 150, S. 60. 1. 987).

20. Cass. 3 mars 1869, 30 mars 1874, 22 août 1882 (S. 83. 1. 25, D. 83. 1.296); Seine, 29 juin 1898 (Mon. Lyon, 14 nov.); Bordeaux, 29 juin 1898 (Rec. 99. 1. 28), 8 déc. 1899 (Rec. 00. 1. 58) ; Dijon, 20 déc. 1897 (D. 00. 2. 364). — Nihil dolo creditor facit qui suum recipit. L. 129 *de reg. juris*, D. 50. 17. — Mais les jurisconsultes romains, admirablement inspirés par l'équité, n'appliquaient cette règle qu'aux actes volontaires et spontanés : le paiement et la sûreté donnée étaient irréguliers, s'ils avaient été obtenus par la menace d'une assignation ou l'envoi en possession des biens du débiteur. Voy. L. 10 § 3 et L. 24, *Quæ in fraudem*, D. 48. 2. Pothier, *Pand.* 42. 88, 8 à 12.

21. Cass. 21 janv. 1878, 16 avril 1889 (S. 91. 1. 106).

22. Cass. 17 août 1829 (D. 29. 1. 386) ; Bordeaux, 10 nov. 1890 (Rec. 91. 1. 49).

23. Cass. préc.

1. V. Pothier, *Pand.* 42. 8. 30 ; Cass. 7 mai 1894 (D. 94. 1. 505, G. P. 94. 1 654) ; Bourges, 4 mars 1895 (D. 96. 2. 9).

73. .... des autres créanciers ; des sous-acquéreurs.

La révocation, fondée sur la chose jugée, ne profite pas aux autres créanciers du même débiteur [2], sauf à eux à intenter l'action paulienne ou à intervenir dans l'instance [3] : et alors tous les créanciers ont des droits égaux [4].

Enfin, l'action révocatoire n'a pas d'effet contre les tiers sous-acquéreurs et ayants-cause, à moins que l'acte ne soit aussi frauduleux de leur chef. En effet, le délit, qui est la seule cause de la nullité, ne peut avoir aucun effet vis-à-vis de ceux qui n'y ont point participé ; la nullité ne peut donc leur être opposable, si on ne veut pas donner à l'effet plus d'étendue qu'à la cause. Cette décision, appliquée aux transmissions, paraît tout d'abord contraire à la maxime, *Nemo plus juris* [5].... Il n'en est rien : car la transmission originaire n'est affectée d'aucun vice en elle-même, ni entre les parties ; le délit ou quasi-délit de l'acquéreur l'oblige seulement à des dommages-intérêts. Or, tant que le bien acquis est resté entre ses mains, il est naturel que ces dommages et intérêts se résolvent en la révocation de l'acquisition. Mais du moment où ce bien est passé dans les mains d'un tiers, la révocation ne peut plus être demandée, ni à titre de réparation, puisqu'on suppose de la part du sous-acquéreur l'absence de délit et de quasi-délit, ni à aucun autre titre, puisque l'acquisition originaire est dégagée de tout vice [6].

Cette inefficacité de l'action paulienne contre les sous-acquéreurs de bonne foi ne fait pas obstacle à l'action en réparation ordinaire contre l'acquéreur primitif [7]. D'un autre côté, elle n'empêche pas l'exercice de l'action en restitution : de telle sorte que l'annulation d'une donation, obtenue à ce dernier titre, entraine l'extinction des hypothèques et autres droits consentis par le donataire [8].

2. Civ. 1351 (900a). Res inter alios judicata ; Bordeaux, 2 juil. 1890 (S. 91. 2. 9, D. 92. 2. 440) ; Angers, 18 janv. 1892 (Rec. 92 .66).—Cpr. en sens divers, Cass. 12 avril 1836, 28 août 1871 ; Bordeaux, 28 mai 1832 ; Poitiers, 16 janv. 1862 ; Pont. *Hyp.*, n. 18. — V. cep. Toulouse, 30 déc. 1884 (S. 86. 2. 93) ; Bourges, 18 juil. 1892 (S. 93. 2. 210).

3. Cass. 12 nov. 1872 (S. 73. 1. 59).

4. V. Cass. 5 fév. 1856 (S. 56. 1. 353).

5. V. n. 42.

6. Cass. 2 fév. 1852 ; Orléans, 10 fév. 1876 ; Dijon, 31 juil. 1878 ; Pau, 2 avril 1879 (S. 81. 2. 145) ; Paris, 9 août 1898 (S. 00. 2. 235, G. P. 98. 2. 506). — V. cep. Pau, 3 fév. 1824 ; Haute-Cour des Pays-Bas, 28 mars 1884 (S. 85. 4. 9) ; Toulouse, 30 janv. 1900 (S. 00. 2. 236) ; Laurent, XVI, 465. — Cette seconde opinion était déjà repoussée par les jurisconsultes romains, au moyen de raisons qui sont encore péremptoires : Bona fide emptorem non teneri, quia dolus ei duntaxat nocere debet qui eum admisit ; quemadmodum... si ab ipso debitore ignorans emerit. L. 9, *Quæ in fraudem*, D. 42. 8.

7. V. n. 64.

8. Paris, 2 fév. 1832 (S. 32. 2. 301, D. 32. 2. 125) ; Domat, *Lois civiles*, l. 2, t. 2, s. 2, n. 1.

74. Inefficacité de l'action révocatoire. — **75.** Modalités.

74. L'action révocatoire n'est pas recevable, si la créance du demandeur n'existe pas ; si le droit résultant de l'acte attaqué est de ceux qui sont exclusivement attachés à la personne, enfin s'il n'y a pas eu de dommage causé, ou si ce dommage a cessé.

Il faut conclure de là que l'action n'a plus aucune raison d'être, lorsque le tiers offre de désintéresser le créancier poursuivant, ou lorsque les biens du débiteur sont suffisants à le désintéresser. Ainsi l'action peut être repoussée par l'exception de discussion, exception dilatoire ou péremptoire, suivant les résultats, au moyen de laquelle le demandeur est tenu de *discuter*, c'est-à-dire de rechercher, saisir et faire vendre les biens du débiteur originaire, avant d'avoir recours au tiers obligé en second ordre. Celui qui oppose l'exception de discussion n'est pas tenu de faire l'avance des fonds nécessaires à cette opération. Mais il serait irrecevable, si la discussion présentait autant de difficultés que l'action révocatoire, à cause du caractère litigieux des biens, ou de l'éloignement des lieux [1].

On peut opposer à l'action paulienne les fins de non-recevoir communes à toute action, et notamment la prescription, c'est-à-dire celle de trente ans, à l'exclusion de celle de dix ans ou de dix à vingt ans, la loi n'ayant pas fixé pour l'action paulienne de délai plus court [2].

75. Les différentes et innombrables applications de l'action paulienne sont exposées dans la suite de cet ouvrage [1]. On aura soin aussi d'y noter les règles spéciales et dérogatoires, lorsque cette action est dirigée contre un partage : ce point sera expliqué au sujet des *successions* ou du *contrat de mariage* et des droits respectifs des époux [2]. On exposera également, à l'occasion des consentements et des contrats, en quoi l'action dirigée contre un acte simulé diffère de l'action révocatoire [3].

En vertu des articles 1382 et 1383 du code civil [4], le tiers qui a contribué par son concours à faciliter le détournement des biens du débiteur, peut être déclaré responsable au profit des créanciers, notamment lorsque l'action révocatoire de l'article 1167 ne leur est pas utilement ouverte [5].

1. V. Aubry et Rau, § 313-7.
2. V. n. 92-17 à 19.

1. V. surtout en matière de faillites, n. 4078 et ss. — V. T. alphab., v° *Action paulienne.*
2. Civ. 882 (2170 [a]), 1476 (3164 [b]).
3. V. n. 516.
4. V. n. 65 [a]
5. Cass. 2 avril 1872 (D. 73. 1. 41), S. 73. 1. 217), V. n. 105, 828. — Cpr. Cass. 4 juil. 1870.

76. Causes d'inefficacité ;

CHAPITRE III

DE L'INEFFICACITÉ DES DROITS ET OBLIGATIONS

76. L'artile 1234 du code civil [a] énumère neuf causes d'extinction des obligations ; mais si on veut se limiter aux causes qui s'appliquent aux droits personnels ou réels du droit général, et qui ne dépendent pas essentiellement d'un consentement juridique, l'inefficacité des obligations résulte seulement du défaut de sujet, d'objet ou de forme.

Les droits et actions ne s'éteignant pas au décès et étant transmis aux héritiers [1], le défaut de sujet ne se comprend que dans le cas où le créancier devient débiteur. C'est ce qu'on appelle *confusion* : il en sera question dans la section I.

Le défaut d'objet résulte de la *perte de la chose*, ou plus généralement de l'impossibilité d'accomplir l'obligation, dont il est traité dans la section II.

Le défaut d'acte provient surtout du défaut de lien obligatoire, de la *nullité* et de la *prescription*.

Rien n'est plus contraire à la nature du droit ou de l'obligation que le défaut de lien dans la personne obligée. On reviendra sur ce sujet au titre des contrats, dans lesquels ce vice peut surtout se présenter [2].

La nullité, en tant qu'elle est applicable aux actes en général, a déjà été examinée plus haut [3].

La prescription, qui consiste dans l'extinction des droits et actions par

1. V. n. 2641.
2. V. n. 503.
3. V. n. 37.

a. *Civ.* **1234.** Les obligations s'éteignent,

Par le paiement [537],

Par la novation [580],

Par la remise volontaire [563],

Par la compensation [555],

Par la confusion [77]

Par la perte de la chose [80],

Par la nullité [37] ou la rescision [505],

Par l'effet de la condition résolutoire [116], qui a été expliquée au chapitre précédent,

Et par la prescription [84], qui fera l'objet d'un titre particulier.

suite de l'expiration d'un délai combiné avec l'inaction de l'ayant-droit, fera l'objet de la section III.

L'article 1234 mentionne plusieurs autres causes générales d'extinction des obligations. Mais comme elles sont relatives aux modalités des titres ou qu'elles dépendent de l'explication des titres consensuels, elles seront renvoyées savoir : le *paiement*, la *novation*, la *remise volontaire* et la *compensation* au titre des consentements et des contrats ; et la *condition résolutoire*, au chapitre suivant [4].

Quant aux autres causes particulières d'inefficacité des différentes espèces de droits réels et de créances, — comme celles concernant l'usufruit, les servitudes, les rentes viagères, — ou de différentes espèces de titres, il en sera traité en même temps que de ces droits ou de ces titres.

SECTION I

DE LA CONFUSION

77. Le droit et l'obligation cessent d'exister par la confusion des sujets : *sine persona obligata non potest esse obligatio.* La confusion, en général, est la réunion dans un même sujet, par l'effet d'un titre quelconque, de deux qualités, ou, en dernière analyse, d'un droit et d'une obligation qui s'entre-détruisent : par exemple, en matière de droit réel, la réunion des qualités de nu-propriétaire et d'usufruitier ; et en matière de droits de créance, la réunion des qualités de débiteur et de créancier, ou de créancier et de caution.

En fait de droits de créance, la confusion provient le plus souvent du concours, dans une même personne, de la qualité du débiteur et de celle du créancier. C'est même sous ce point de vue que la confusion se trouve définie dans l'article 1300 du code civil [a]. Mais cette définition n'est pas seulement trop étroite, puisqu'elle n'est relative qu'à la confusion des créances et encore à la seule confusion qui résulte du concours des qualités de débiteur et de créancier : elle est de plus inexacte, car la confusion

4. V. les renvois du texte de l'article 1234.

a. *Civ.* **1300**. Lorsque les qualités de créancier et de débiteur se réunissent dans la même personne, il se fait une confusion de droit, qui éteint les deux créances.

sion n'éteint point *deux* dettes mais une seule, ou, si l'on veut, elle détruit deux éléments du patrimoine, l'un actif et l'autre passif. Aussi la définition de l'article 1300 convient beaucoup mieux à la réciprocité de créance entre deux personnes [1], qu'à la confusion, qui consiste dans la réunion, sur une même tête, des qualités de débiteur et de créancier d'une seule et même obligation [2].

Le concours des deux qualités incompatibles peut s'opérer indifféremment, ou en la personne de l'ayant-droit qui succède à l'obligé, ou en la personne de l'obligé qui prend la place de l'ayant-droit, ou en la personne d'un tiers qui se trouve à la fois successeur de l'ayant-droit et de l'obligé. Aucune autre capacité n'est requise de l'ayant-droit et de l'obligé, que celle nécessaire pour posséder les deux qualités contraires dont le concours produit la confusion.

D'ailleurs, celle-ci peut s'effectuer, ou pour la totalité du droit, ou seulement pour une partie. Ainsi on peut avoir ou acquérir la qualité de débiteur ou de créancier, pour tout ou partie de la créance.

La confusion, ainsi que le montrent les exemples ci-dessus, s'applique indifféremment, soit au droit réel, soit au droit de créance.

Les titres qui produisent la réunion sur une même tête des deux qualités incompatibles peuvent être différents, suivant les cas. Ainsi la confusion résulte, tantôt d'une cession ou d'une donation, tantôt d'une succession acceptée purement et simplement, ou d'un testament, et ainsi de suite. Pourvu que le concours des qualités de créancier et de débiteur ait été réelle et effective [3], elle opère de plein droit ; mais il faut, en matière de droits de créance, que le débiteur acquière la pleine propriété de ce qu'il doit [4].

78. La confusion éteint l'obligation, dans la mesure même qu'elle en rend l'exercice impossible. On ne peut, en effet, avoir de droit civil contre soi-même, ni être obligé civilement envers soi-même : car la supposition d'une action et d'une poursuite qu'on dirigerait contre soi, est ridicule et ne peut se soutenir.

Si la confusion n'a lieu que pour une partie du droit, l'autre partie subsiste avec ses effets ordinaires. Mais dans les limites de sa réalisation, elle

1. V. n. 555.

2. V. Cass. 16 mars 1874 (D. 76. 1. 249) ; Marcadé, art. 1300 ; — v. cep. Ile de la Réunion, 25 août 1871.

3. V. Cass. 16 juil. 1856 (D. 56. 1. 281, S. 56. 1. 855).

4. Cass. 19 déc. 1838 ; Grenoble, 26 avril 1856 (D. 57. 2. 159).

éteint l'obligation avec tous ses accessoires : l'article 1301 [1] déduit de ce principe des conséquences qui sont exposées au sujet du cautionnement [2] et de la solidarité [3].

Elle ne peut, d'ailleurs, être opposée aux tiers, étrangers au titre qui l'a opérée [4].

79. Les effets de la confusion, sauf ceux relatifs à la suspension de la prescription, dont il sera question ci-après [1], cessent avec l'efficacité du titre qui les a produits. Mais ils peuvent cesser de deux manières : ou *ex tunc*, *ex causa antiqua*, par la disparition de la cause, et par suite du vice du titre dont la confusion résulte ; ou bien *ex nunc*, *ex causa nova*, par l'effet d'un titre nouveau, tel qu'une convention.

Dans le premier cas, la confusion n'a jamais eu lieu, puisque le titre n'a jamais eu que des effets apparents. Par conséquent, l'obligation renaît avec tous ses accessoires, même au préjudice des tiers. C'est ce qui arrive, par exemple, lorsque le testament qui avait produit la confusion se trouve annulé.

Dans le second cas, l'obligation renaît entre les parties, mais non au préjudice des tiers [2], ceux-ci pouvant opposer la maxime, *Res inter alios acta*. Ainsi les privilèges, hypothèques, cautionnements et autres accessoires, qui garantissaient la créance primitive, ne peuvent plus être opposés aux tiers ; les actes transmissifs, postérieurs à la confusion et antérieurs à sa cessation, ne peuvent être querellés sous le prétexte que la confusion n'est pas efficace.

SECTION II

DE L'IMPOSSIBILITÉ D'ACCOMPLIR L'OBLIGATION ET DE LA PERTE DE LA CHOSE

80. L'obligation est éteinte, en second lieu, par l'impossibilité de l'accomplir, si cette impossibilité n'est accompagnée d'aucune faute préjudiciable à l'ayant-droit [a]. *Impossibilium nulla est obligatio.*

1. V. n. 1855 b.
2. V. n 1855.
3. V. n. 102.
4. Argentan, 31 mai 1892 (G. P. 93. 1. supp. 21).

1. V. n. 90.
2. Chambéry, 18 mars 1884 (G. P. 84. 2. supp. 22).

a. *Civ.* **1302**. Lorsque le corps certain et déterminé qui était l'objet de l'obligation, vient à périr, est mis hors du commerce, ou se perd de manière qu'on en ignore absolument l'existence, l'obligation est éteinte si la chose a péri

80. .... impossibilité ; naturelle ou légale ; absolue ou relative ; perte de la chose ;

Cette cause d'extinction s'applique à toute espèce d'obligations, quel que soit leur objet. La loi excepte cependant l'obligation de *restitution du prix* imposée au voleur.

L'impossibilité produit cet effet, quelle que soit sa nature : qu'elle soit naturelle ou légale, absolue ou relative, et qu'elle ait pour objet une obligation de donner, ou une obligation de faire.

On appelle naturellement ou physiquement impossible, ce qui est contraire aux lois physiques, comme la livraison d'un cheval qui vient de mourir, le voyage aux antipodes en un jour, et ainsi de suite. On désigne sous le nom de légalement, et aussi moralement ou juridiquement impossible, ce qui est réprouvé par les lois ou les bonnes mœurs : exemple, un vol, un pillage, un incendie.

Sous un autre point de vue, l'impossibilité est absolue ou relative, suivant qu'elle existe en toute hypothèse, ou seulement dans un cas déterminé. Ainsi un poète peut faire une épopée, ce qui est impossible à un laboureur ; de même, un voyage, possible en lui-même, devient irréalisable en cas de maladie ou de paralysie. Les cas d'impossibilité relative dépendent de la portée et de l'interprétation du titre.

L'impossibilité peut exister, ou dans les obligations de faire [1] (l'obligation d'aller en Chine en un jour) ; — ou dans les obligations de donner (l'obligation de livrer une maison incendiée). Dans cette seconde espèce d'obligations, l'impossibilité consiste dans la perte de l'objet.

La perte doit porter sur *l'objet* lui-même. Ainsi il faut que *l'objet de l'obligation* soit un *corps certain et déterminé : Debitor certæ rei interitu rei liberatur* ; *Res perit domino*. Si l'obligation (comme le cas peut se produire dans celles corrélatives à des droits de créance) a pour objet une chose indéterminée dans son individualité, et déterminée seulement quant à son espèce, par exemple, un cheval en général : l'obligation ne

1. Baudry-L., II, 1138 ; Laurent, XVIII, 509.

ou a été perdue sans la faute du débiteur et avant qu'il fût en demeure.

Lors même que le débiteur est en demeure, et s'il ne s'est pas chargé des cas fortuits, l'obligation est éteinte dans le cas où la chose fût également périe chez le créancier si elle lui eût été livrée [81].

Le débiteur est tenu de prouver le cas fortuit qu'il allègue.

De quelque manière que la chose volée ait péri ou ait été perdue, sa perte ne dispense pas celui qui l'a soustraite de la restitution du prix [83].

80. .... perte de la chose.

peut s'éteindre par la perte de la chose, *Genera non pereunt* : à moins que la chose, quoique individuellement indéterminée ne fasse partie d'une collection certaine et précise, par exemple, l'un de mes quatre chevaux : en ce cas, l'accomplissement de l'obligation devient impossible par la perte de tous les objets compris dans la collection [2].

Il importe peu que la perte soit naturelle ou légale, totale ou partielle. La perte est naturelle, lorsque la chose vient à périr physiquement (exemple : incendie d'une maison, lacération d'un manuscrit), ou seulement lorsque la chose se *perd de manière qu'on en ignore absolument l'existence*, et qu'ainsi elle est soustraite absolument à la possession de l'ayant-droit ou de l'obligé : telle est la chose emportée par des voleurs. La perte légale résulte de toute transformation par laquelle un objet cesse d'être susceptible d'obligation. En ce sens, un corps certain et déterminé périt, lorsqu'il est *mis hors du commerce*, ou qu'il n'est d'aucun intérêt pour l'ayant-droit.

La perte totale est celle qui change la nature, la forme et la dénomination de la chose due, quant à toutes ses parties intégrantes, de telle sorte que ce qui en reste ne peut être regardé comme une partie de cette chose. La perte est partielle dans le cas contraire. Bien que la perte totale et la perte partielle éteignent l'une et l'autre l'obligation, au moins en partie, elles ont naturellement une portée différente, ainsi qu'il sera expliqué tout à l'heure [3].

Le débiteur est tenu de prouver (et il peut le faire par toute espèce de moyens) *le cas fortuit qu'il allègue*, c'est-à-dire l'impossibilité ou la perte. Le mot *cas fortuit* vise surtout les obligations contractuelles, et désigne les évènements que les parties n'ont pu ni prévoir ni empêcher [4]. La *force majeure* indique tout fait qui rend l'exécution de l'obligation en général, non seulement plus onéreuse [5], mais encore impossible [6]. Telle est la guerre pendant tout le temps de sa durée [7], le fait du prince [8], l'occupation et l'invasion ennemie [9], les réquisitions militaires de marchandises vendues [10], le vol, quand il n'est accompagné d'aucune négligence [11]. Mais

2. Pothier, *Oblig.* n. 621 à 623.
3. V. n. 82.
4. Cass. 7 août et 7 nov. 1890 (D. 91. 1. 43, S. 91. 1. 238 et 239), 16 janvier 1899 (S. 99. 1. 328) ; Riom, 8 mars 1897 (S. 97. 2. 97.)
5. Nancy, 14 juil. 1871 (S. 73. 2. 38).
6. Cass. 27 janv. 1875 (S. 75. 1. 377).
7. Cass. 25 janv. 1819. — V. n. 8268.
8. Douai, 10 mai 1886 (S. 89. 2. 3.). V. n. 502.
9. Cass. 24 nov. 1814, 23 janv. 1816, 29 juin 1818 ; C. d'Et. 1er sept. 1819.
10. Cass. 15 nov. 1873, 21 février 1876 (S. 77 1. 157).
11. Cass. 8 nov. 1881 (S. 83. 1. 167, D. 82. 1. 54).

81. Absence de faute préjudiciable.

des difficultés provenant de la guerre, de l'invasion ou d'arrêtés administratifs ne sont pas l'équivalent de l'impossibilité [12].

81. Pour que l'obligation soit éteinte, l'impossibilité ne suffit pas : il faut de plus que ce fait ne soit pas accompagné d'une faute imputable à l'obligé, et préjudiciable à l'ayant-droit. En effet, si cette condition n'existait pas, l'obligation produirait des dommages et intérêts pour inexécution volontaire et indirecte. Seulement la preuve de cette condition négative n'est pas à la charge du débiteur [1].

Il faut donc que la chose ait péri ou ait été perdue *sans la faute du débiteur*. La loi ajoute : et *avant qu'il fût en demeure* : car la mise en demeure est la constatation d'un retard, c'est-à-dire d'une faute [2], qui rend le débiteur responsable de toutes les conséquences de la perte de la chose [3].

Mais si, tout en étant imputable au débiteur, la faute n'était pas préjudiciable au créancier, l'obligation n'en serait pas moins éteinte [4]. Dans ce cas, en effet, il ne pourrait naître de l'inexécution volontaire aucune obligation de réparation, puisqu'il n'y aurait pas de dommage causé. Ainsi la mise en demeure du débiteur n'empêche pas l'extinction de l'obligation, dans le cas où la chose *fût également périe chez le créancier*, si elle lui eût été livrée. La décision de ce point dépendra des circonstances [5].

Il est nécessaire d'observer encore que l'obligation ne s'éteint point par l'impossibilité de l'accomplir, lorsque le débiteur s'est *chargé des cas fortuits*, ou qu'il en est chargé par un titre spécial. Pour parler plus exactement, il est plus conforme à la vérité de dire que l'obligation première est éteinte, et qu'elle est remplacée par une obligation nouvelle, dérivant du titre, comme cause efficiente, et de l'inexécution involontaire comme cause occasionnelle. L'obligation est éteinte en elle-même, puisque, en supposant le titre accessoire inexistant ou nul, il ne serait point dû de dommages et intérêts. Mais elle est remplacée par une obligation nouvelle, entièrement semblable, et que l'on considère communément comme produite par l'inexécution. Cette opinion commune a donné naissance à ce brocard de droit, qui est le résumé des principes sur cette matière : *Ubi nulla culpa, nec mora, nec conventio, res certa perit domino vel creditori.*

12. Cass. 19 nov. 1873 (S. 74. 1. 430). Sur les incendies, v. n. 1705, — les grèves, n. 6321 bis.

1. Civ. 1808 (2267 d) ; Laurent, XVI, 278 ; nonobst. Cass. 8 nov. 1881 (80 10), relatif au vol qui n'est pas à lui seul un cas fortuit ; — V. cep. Pothier, *Oblig.* n. 656 ; Lyon, 7 mars 1840.

2. Cass. 19 nov. 1872 (S. 72. 1. 434).

3. Cass. 17 fév. 1879 (S. 80. 1. 449, D. 80. 1. 346).

4. Civ. 1302, § 2 (80 a).

5. Pothier, *Oblig.*, n. 628.

82. Effets de l'impossibilité. — **83**. Inefficacité ;

82. L'obligation dont l'exécution est impossible est éteinte, dans la mesure suivant laquelle l'accomplissement en est irréalisable : une chose impossible ne peut être nécessaire, même moralement, puisque l'efficacité de la loi disparaît devant la nécessité physique [1]. Mais si l'impossibilité n'était que momentanée, l'exécution de l'obligation ne devrait être qu'ajournée [2].

De même, lorsque la perte est partielle, l'obligation subsiste en partie ; et dans le cas où la perte est totale, le droit persiste pour tout ce qui reste de la chose due, sauf titres contraires : *Meum est quod ex re mea superest,* et *Mihi debetur quod ex re mihi debita superest.* Il serait trop injuste que, si j'ai eu, par exemple, à supporter la perte d'un bœuf, le débiteur pût encore en retenir la peau à mon préjudice. Si l'on objecte que ce qui reste de la chose due, après la perte totale, n'est pas compris dans la dénomination de cette chose, on répond que cet objet n'y est peut-être pas compris *formaliter*, mais qu'il s'y trouve *implicite et eminenter* [3].

Cette solution est pleinement confirmée par l'article 1303 du code civil [a], qui décide implicitement que tout ce qui n'est pas impossible dans l'obligation subsiste. Quant à l'obligation de *cession*, imposée au débiteur par ce texte, elle ne peut guère avoir d'objet dans le nouveau droit, où, en vertu des articles 1138 [4] et 1382 [5], les droits et actions, réelles ou en indemnité, appartiennent au créancier de plein droit, et sans qu'aucune cession soit nécessaire [6].

L'obligation impossible est éteinte, dans la mesure de l'impossibilité, avec tous ses accessoires Ainsi avec la créance, sont éteintes les hypothèques fournies pour sa sûreté [7].

83. L'extinction de l'obligation n'a point lieu, lorsque l'impossibilité n'est pas réelle, ou qu'elle a été causée par une faute de l'obligé préjudiciable à l'ayant droit. En effet, se mettre dans l'impossibilité d'accom-

1. V. n. 11.
2. Cass. 13 fév. 1872, 15 fév. 1888 (S. 88. 1. 456, D. 88. 1. 203) ; Besançon, 21 fév. 1871 ; Nancy, 14 juil. 1871 ; — Cpr. cep. Cass. 14 mai 1872.
3. Pothier, *Oblig.*, n. 633.
4. V. n. 494 [a].
5. V. n. 65 [a].
6. Aubry et Rau § 331-5 ; — V. cep. Grenoble, 27 février 1834.
7. V. n. 1951.

a. *Civ.* **1303**. Lorsque la chose est périe, mise hors du commerce ou perdue, sans la faute du débiteur, il est tenu, s'il y a quelques droits ou actions en indemnité par rapport à cette chose, de les céder à son créancier.

83. .... inefficacité.

plir une obligation, revient à une inexécution volontaire. Et ainsi la faute, le quasi-délit, la mise en demeure de l'obligé empêchent l'extinction de l'obligation et donnent naissance à des dommages et intérêts pour inexécution, à la condition, déjà indiquée [1], que ces faits soient préjudiciables à l'ayant-droit.

En vertu d'une disposition spéciale, l'obligation de restitution imposée au voleur ne s'éteint point par l'impossibilité de l'accomplir : et *de quelque manière que la chose volée ait péri*, le voleur est tenu à la restitution du prix, à titre de dommages et intérêts [2]. Ainsi, non seulement le voleur est en demeure par le fait même du vol, mais en haine de cette action, *odio furti et violentiæ*, l'obligation de restituer subsiste, quand même il n'y ait pas préjudice pour l'ayant-droit, et que la chose eût dû également périr chez le créancier. Tel est le sens évident de la disposition qui précède : ces termes si compréhensifs, *de quelque manière que la chose ait péri*, comparés aux antécédents du code civil [3], ne permettent pas le doute [4]. Néanmoins, la disposition actuelle laisse à désirer au point de vue de l'équité ; elle ne peut se justifier qu'au point de vue pénal, par des considérations d'ordre public. Voilà pourquoi, malgré la généralité des termes de la loi, quelques jurisconsultes restreignent la portée de l'article 1302, et décident simplement que le voleur est en demeure par le seul fait du vol, sans lui imposer l'obligation de restitution, dans le cas où la chose fût également périe chez le créancier [5].

SECTION III

DE LA PRESCRIPTION *

Nous arrivons ainsi à la troisième cause générale d'extinction des droits et obligations, la prescription : elle est, en droit, d'une application si usuelle et si fréquente, qu'on n'en saurait examiner avec trop d'attention, les principes, c'est-à-dire les conditions, les effets, l'inefficacité, les modalités et les différentes espèces générales.

* **Bibliographie**. Sur la prescription en matière civile, v. Baudry-L. et Tissier (S. 99. 6. 6), Bœuf, Boulbet et Mage. Bousquet, Delaporte, Ganthier, Guilhouard (S. 00. 6. 33), Leray, Leroux de Bretagne, Mancelle, Vazeille.

1. V. n. 81.
2. Civ. 1302 § 4 (80a).
3. Pothier, *Oblig.*, n. 628.
4. Marc., art. 1302-I ; Baudry-L., II, 1143 ; Laurent, XVIII, 523.
5. Aubry et Rau, § 331-6.

84. Prescription ; ses espèces ; prescription en général ;

§ 1. — Conditions de la prescription

84. Etymologiquement, le mot *prescription (præ scriptio)* signifie écriture mise en avant d'une autre. Il est emprunté à la procédure formulaire des Romains, où le prêteur inscrivait, en tête de la formule portant assignation, cette restriction, *Nisi de ea re agatur cujus longa possessio sit*.

La signification de ce mot a changé avec le temps. Aujourd'hui, d'après l'article 2219 du code civil [a], la prescription est un *mode d'acquérir ou de se libérer*, sous des *conditions déterminées* de temps, et moyennant d'autres circonstances [a].

Suivant ce texte, on a distingué deux espèces de prescriptions. L'une acquisitive, et l'autre extinctive. Mais la prescription acquisitive n'a pour objet que des droits réels ; et elle suppose, outre la négligence de l'ayant-droit *pendant un certain laps de temps*, d'autres conditions déterminées par la loi, notamment la possession : d'où lui est venu le nom spécial *d'usucapion*, c'est-à dire acquisition par usage. A cause de son objet plus restreint et des conditions dont elle dépend, les règles de l'usucapion seront développées au sujet du droit de propriété [1]. On ne s'occupera donc ici que de la prescription extinctive, qui n'est autre chose au fond que la prescription en général. Ses règles s'appliquent, en effet, à tous les droits, aux droits réels comme aux droits de créance ; elle résulte de la négligence de l'ayant-droit pendant un certain temps ; et son idée renferme, dans sa généralité, la prescription acquisitive elle-même, puisque cette dernière a aussi pour effet d'éteindre un droit, par rapport au propriétaire antérieur, en investissant de ce droit une autre personne.

Considérée à ce point de vue général, et abstraction faite de toute possession et usucapion, la prescription peut se définir, l'extinction d'un droit et d'une action résultant de la négligence et de l'inaction de l'ayant-droit pendant un certain temps.

La prescription est fondée sur l'ordre public. La bonne exploitation des immeubles, la sécurité des personnes, et la limitation du nombre des procès, d'autant plus douteux que l'origine de la contestation est plus éloi-

1. V. n. 1674 et ss.

a. *Civ*. **2219.** La prescription est un moyen d'acquérir ou de se libérer par un certain laps de temps, et sous les conditions déterminées par la loi.

gnée, commandaient de restreindre à un certain temps la durée des actions. De là vient que la prescription a été appelée *patrona generis humani*.

Il est vrai que l'application des règles de la prescription peut conduire à des injustices dans les rapports privés : ce qui l'a fait qualifier aussi *d'impium prœsidium*. Mais tous les législateurs ont décidé que l'intérêt privé devait céder ici à l'intérêt public, qui est d'un ordre plus élevé. D'ailleurs, l'extinction légale de l'action accuse l'ayant-droit de négligence ; et sous ce point de vue, elle lui est imputable : pourquoi donc la loi ne cesserait-elle pas de protéger son droit [2] ? Enfin, bien que celui qui se prévaut de la prescription ne puisse justifier d'aucun titre régulier, ce n'est pas à dire qu'il oppose un droit imaginaire : en laissant même de côté la possession, le temps écoulé depuis l'origine de son droit, joint à l'inaction de l'ayant-droit antérieur, fait présumer l'existence d'un titre régulier (renonciation ou autre), dont la constatation est devenue impossible par l'effet du temps.

85. Mais il ne peut y avoir de prescription légitime sans une loi qui en détermine les conditions et les effets : les règles, à ce sujet, se trouvent actuellement dans le code civil, dans les différents autres codes, et dans un grand nombre de lois [1]. Le Code civil, qui, dans ses articles 2219 à 2281, traite à la fois de la prescription acquisitive et de la prescription extinctive, annonce, en effet, dans l'article 2264 [a], que ce sujet appartient aussi à d'autres *titres*. Il est plus exact de dire que l'application des présentes règles est faite, par des lois très nombreuses, à une foule d'autres matières [1].

La collision de ces lois présente une première difficulté. En laissant de côté, pour le moment, les questions relatives aux lois étrangères [2], il y a lieu de se demander, d'abord, pour le cas où une loi nouvelle sur la prescription en remplace une autre, dans quelles limites il faut appliquer ces

2. Vigilantibus non domientibus.... v. n. 9 3.

1. V. la table alphabétique, v° *Prescription*.
2. Sur l'autorité de ces lois, v. n. 7910.

a. *Civ.* **2264**. Les règles de la prescription sur d'autres objets que ceux mentionnés dans le présent titre, sont expliquées dans les titres qui lui sont propres.

85. .... prescriptions acquises ; prescriptions commencées ;

deux lois ? Cette question est décidée par l'article 2281 du code civil [a], dont la disposition s'étend à toute espèce de *prescriptions,* quelle qu'en soit la durée, et qu'elle soit prévue par le *présent titre*, par les autres titres du code civil, ou par les autres codes et lois postérieures. Mais les prescriptions spéciales, régies par une loi antérieure à la publication du présent titre (4 germinal an XII) en sont exceptées, conformément à la maxime, *Legi speciali per generalem non derogatur* [3].

Si on s'en tenait exclusivement au principe de la non rétroactivité des lois, il serait nécessaire et suffisant de respecter les prescriptions acquises lors de la publication de la loi nouvelle. Quant aux prescriptions non acquises, on aurait pu les soumettre à toutes les conditions de cette dernière loi. Mais l'article 2281, exagérant le principe de la non rétroactivité, veut même qu'on respecte les prescriptions simplement *commencées* à l'époque de sa publication. Par prescription *commencée,* il faut entendre celle dont le délai a déjà couru en partie [4], ou dont le délai aurait pu courir sans l'existence d'une cause de suspension, comme la minorité [5]. Seulement il ne faut pas appliquer cette règle à une prescription qui a été recommencée sous la loi nouvelle [6].

Les prescriptions commencées, quelles aient pour but d'acquérir ou de se libérer [7], doivent donc être réglées conformément aux lois anciennes. Il résulte de la généralité de cette disposition : 1° que le délai nouveau n'est pas suffisant, quand même il se soit écoulé depuis la publication [8] : a moins toutefois qu'il ne se soit écoulé *trente ans*, ce délai étant déclaré suffisant, dans tous les cas, par le texte même de l'article 2281 [9] ; — 2°

3. V. Cass. 3 nov. 1813 (S. chron., D. A. 7. 444) ; — v. n. 470 2.
4. Bordeaux, 15 janv. 1835 (S. 35. 2. 248, D. 35. 2. 104).
5. Cass. 20 juin 1848 (S. 48. 1. 497, D. 48. 1. 107) ; Paris, 25 fév. 1826 ; Grenoble, 12 juil. 1834 ; Toulouse, 27 août 1833 ; Bordeaux, 15 janv. 1835.
6. Bordeaux, 30 août 1826 (S. 28. 2. 79, D. 28. 2. 43).
7. Cass. 21 déc. 1812, 28 déc. 1813 (S. 14. 1. 92, D. A. 11. 309).
8. Cass. 28 déc. 1813, 9 mai 1838, 8 mars 1842 (S. 42. 1. 200, D. 42. 1. 154) ; Grenoble, 20 janv. 1834 : Bordeaux, 23 juil. 1835 ; — v. cep. Cass. 2 août 1837 ; Poitiers, 1er mars 1832 ; Grenoble, 9 août 1832.
9. Cass. 5 avril 1837 (S. 37. 1. 702, D. 37. 1. 295).

a. *Civ.* **2281**. Les prescriptions commencées à l'époque de la publication du présent titre seront réglées conformément aux lois anciennes.

Néanmoins les prescriptions alors commencées, et pour lesquelles il faudrait encore, suivant les anciennes lois, plus de trente ans à compter de la même époque, seront accomplies par ce laps de trente ans.

en sens inverse, que l'expiration du délai plus court fixé par la loi ancienne fait acquérir la prescription, alors même que les conditions de la loi nouvelle ne sont pas remplies ; — 3° que les suspensions établies par le code civil ne s'appliquent pas nécessairement au cours de la prescription commencée avant la publication du présent titre [10].

L'article 2281 laisse en dehors de ses prévisions les prescriptions non *commencées* : celles-ci sont exclusivement régies par le code civil, quand même elles se rapporteraient à des actes passés sous l'empire des lois anciennes. Ce même article ne s'oppose pas à l'efficacité des règles d'imprescriptibilité résultant des nouvelles lois ; ainsi un bien déclaré imprescriptible par le code ne peut plus se prescrire, lors même qu'il serait l'objet d'une prescription déjà commencée et possible d'après l'ancienne loi [11].

86. Suivant les lois actuelles, toute personne intéressée peut se prévaloir de la prescription, même l'incapable, l'étranger [1] et les personnes morales.

En vertu des règles déjà énoncées sur l'exercice des droits et actions du débiteur, dont l'article 2225 [a] a formellement consacré l'application, les *créanciers* peuvent opposer la prescription, tant qu'il n'y a pas eu condamnation [2]. Il en est de même *de toute autre personne ayant intérêt*, c'est-à-dire de tout ayant cause. Quant à la complication résultant, pour l'exercice des droits et actions du débiteur de la renonciation de ce dernier, il en sera question au sujet des consentements et contrats [3].

La prescription *court contre toutes personnes* [b], particuliers ou personnes morales, tels que l'Etat, les établissements publics et les communes [4].

Il est toutefois fait exception à cette règle au profit de certains incapables [5]. D'un autre côté, les administrateurs de la fortune d'autrui ne

10. Nancy, 31 juil. 1834 ; Caen, 20 fév. 1838 (S. 38. 2. 283, D. 38. 2. 417) ; Aix, 14 juin 1838 ; — v. cep. Nîmes, 20 fév. 1838.

11. Cass. 8 août 1837 (S. 37. 1. 679, D. 37. 1. 432) ; Douai, 18 mars 1842.

1. V. n. 7975.

2. Bordeaux, 21 mars 1846 (D. 49. 2. 108).

3. V. n. 522 et ss.

4. V. Civ. 2227 (5011 [a]).

5. V. n. 90.

a. *Civ.* **2225**. Les créanciers, ou toute autre personne ayant intérêt à ce que la prescription soient acquise, peuvent l'opposer, encore que le débiteur ou le propriétaire y renonce [523].

b. *Civ.* **2251**. La prescription court contre toutes personnes, à moins qu'elles ne soient dans quelque exception établie par une loi.

peuvent opposer la prescription à leurs administrés, à cause des obligations spéciales qui leur incombent [6].

87. La prescription a pour objet *toutes les actions*, non seulement *réelles* ou *personnelles*, ainsi que le déclare l'article 2262 [a], mais ensore les actions mixtes et les actions répressives. Peu importe leur nature ou leur objet : ainsi les actions en restitutions et en réparations, celles résultant d'un délit ou d'un quasi-délit, ou ayant pour objet des dommages et intérêts, ainsi que l'action révocatoire ou paulienne, sont également prescriptibles. Le mot *action* comprend même les instances [1].

Au contraire, sont imprescriptibles [2], les simples expectatives, les simples facultés naturelles, et les exceptions, — sans parler ici de certains droits conditionnels ou à terme, dont il est question dans le chapitre suivant [3].

Les simples expectatives sont des droits dont on attend simplement l'existence. Ces droits sont imprescriptibles par le motif qu'ils n'existent pas encore, et que, par suite l'inaction de l'ayant droit ou de l'obligé est impossible : de là cette maxime, *Actioni non natæ non præscribitur* [4]. Ainsi, pour citer un exemple, les droits des héritiers réservataires sont imprescriptibles avant l'ouverture de la succession [5].

Les simples facultés naturelles sont aussi imprescriptibles, en tant que l'inaction de l'ayant droit ne suppose aucune négligence de sa part. Par exemple, on ne perd jamais par non-usage la faculté de bâtir et de planter sur son fonds, ni aucune des autres facultés dérivant du droit de propriété, quand même elles auraient été réservées surabondamment dans un acte [6].

Mais les simples facultés naturelles deviennent prescriptibles à partir de la contradiction opposée par un tiers, pourvu qu'elle soit de nature à

6. Cpr. n. 3495.

1. V. n. 1026.
2. V. en ce qui concerne la prescription acquisitive, n. 1609 et 1674.
3. V. Civ. 2257 (116 a).
4. V. Pau, 15 mars 1892 (S.93.2.133.)
5. V. Aubry et Rau, § 213. — Cpr. Grenoble, 7 janv. 1873 (S 73. 2. 129).
6. Cass. 2 juil. 1862, 28 juil. 1874 (S. 75. 1. 404) ; Montpellier, 10 août 1865. — Cpr. Civ. 2232 (1613 a).

a. *Civ.* **2262**. Toutes les actions, tant réelles que personnelles, sont prescrites par trente ans, sans que celui qui allègue cette prescription soit obligé d'en rapporter un titre, ou qu'on puisse lui opposer l'exception déduite de la mauvaise foi [1611].

produire quelque effet juridique, et susceptible, par exemple, d'établir une servitnde [7].

Les facultés accidentelles, c'est-à-dire celles qui sont fondées sur un titre spécial, — tels qu'une convention [8], ou un jugement, même simplement déclaratif [9], — s'il fait exception à la nature et aux effets propres d'un droit déterminé, sont prescriptibles. Ainsi, les droits de servitude se prescrivent par le non-usage pendant trente ans [10]. Toutefois, il en serait autrement, si la faculté stipulée était l'accessoire d'un droit dont on n'a pas cessé d'avoir la possession [11].

Enfin les exceptions sont imprescriptibles, tant que dure l'action qu'elles ont pour objet de repousser : *Quœ temporalia ad agendum perpetua sunt ad excipiendum ; Tant dure l'action, tant dure l'exception*. Cette maxime est fondée sur l'équité : car il est naturel et conforme au principe de la liberté de la défense [12], que celle-ci puisse être présentée aussi longtemps que les moyens d'attaque [13]. Ainsi l'héritier, qui est en possession, et auquel on n'oppose un testament nul qu'après la prescription de l'action en nullité, est toujours à temps de faire valoir cette nullité à titre d'exception.

L'action diffère de l'exception, en ce que la première tend à changer l'état des choses existant au moment de la demande, tandis que l'exception tend à le maintenir [14]. On peut donc être défendeur en apparence, sans l'être réellement et au fond. Ainsi celui qui demande un partage de biens prétendus indivis, et auquel on oppose un acte de partage, ne peut, après la prescription de l'action en nullité ou en rescision contre cet acte, se prévaloir, par voie de réplique, de cette cause nullité ou de rescision : car, malgré le détour qu'il a pris, le demandeur en partage est aussi, au fond, demandeur et non défendeur en nullité [15].

88. Quand l'objet en est susceptible, la prescription résulte de l'inaction de l'ayant droit et de l'inexécution ou de la possession de l'obligé, moyennant la durée prévue par la loi, et la demande en justice par l'intéressé.

7. Marcadé, art. 2227-II.
8. Cass. 4 avril 1842, 24 avril 1860, 28 oct. 1889 (S. 91. 1. 293) ; Agen, 23 janv. 1860.
9. Cass. 17 août 1864 (S. 64. 1. 499).
10. V. Civ. 706 (1779 a).
11. Cass. 9 juil. 1883 (S. 85. 1. 415).
12. V. n. 56.
13. Cass. 13 août 1839, 1er déc. 1846, 7 janv. 1868, 21 juin 1880, 3 avril 1892 (S. 93. 1. 33) ; Pau, 4 fév. 1830 ; Bordeaux, 27 juil. 1871 ; Agen, 7 juil. 1886 (S. 86. 2. 189) ; Chambéry, 25 juil. 1889. — Cpr. Cass. 5 avril 1837. — V. n. 511., — V. cep. Agen, 7 juil. 1836 ; Toulouse 18 nov. 1836 ; Leipzig, 13 juin 1884 (S. 86. 4. 17).
14. V. n. 58.
15. Aubry et Rau, § 671-6.

88. .... inaction ; durée ;

L'inaction volontaire est le premier des éléments essentiels de la prescription. Si elle n'était pas volontaire, et qu'elle ne fût pas imputable à l'ayant-droit, le fondement de la prescription ferait défaut [1]. Quant à l'inexécution requise de la part de l'obligé, elle consiste simplement dans le retard à exécuter l'obligation. Dans tous les cas, la possession, nécessaire seulement en matière de droits réels, est assujettie à des règles spéciales [1']. L'inaction se présume naturellement, s'il n'y a preuve du contraire [2].

Il faut, en second lieu, qu'elle ait duré un temps, qui varie d'un mois à trente ans, suivant les différentes espèces de prescriptions [3].

La durée se calcule à partir de l'inaction de l'ayant droit, c'est-à-dire, à partir du moment où ce dernier a volontairement négligé d'agir : exemple, du jour de l'échéance [4], du jour de la mise en demeure du garant de satisfaire à la garantie [5], du jour de l'exigibilité de chaque redevance annuelle, bien qu'elles soient toutes stipulées dans un seul et même titre [6].

Quant au calcul du délai de la prescription, on applique la règle de la computation des délais en général [7].

Ainsi les prescriptions qui résultent d'un certain nombre d'heures, se comptent par heure de la manière expliquée.

Les prescriptions composées de jours se comptent par jours civils ; et il résulte des articles 2260 et 2261 [a], du code civil, que tous les jours qui composent une prescription doivent être entiers et complets. Par exemple, une prescription de trente jours, commencée le 1er avril à midi, n'est pas accomplie le 1er mai suivant à midi, mais seulement au minuit qui sépare le 1er du 2 mai. Du reste, tous les jours entiers se comptent, le jour bissextile comme les autres, et même le dernier jour du délai, serait-il férié [8].

Les prescriptions composées de mois ou d'années se comptent aussi par jours entiers [9], suivant le calendrier grégorien, date par date, de quan-

1. V. n. 90.
1'. V. n. 1607 et ss., 1674 et ss.
2. Aubry et Rau, § 749-2o, c.
3. V. n. 92.
4. Bourges, 23 août 1819 ; Nancy, 23 juil. 1895 (G. P. 95.1. 362, D. 96.2.182).
5. Cass. 3 janv. 1842. Cpr. Cass. 18 juil. 1876 (S. 77. 1. 313).
6. Cass. 21 mai 1856 (S. 57. 1. 30).
7. V. n. 34 [12].
8. Aubry et Rau, § 213-2 et 5 ; Marcadé, art. 2261-II et III ; Sol. 8 juil. 1899 (J. E. 25.960).
9. V. cep. Bruxelles, 6 juil. 1833 (S. 34. 2. 401).

a. *Civ.* **2260**. La prescription se compte par jours et non par heures.

2261. Elle est acquise lorsque le dernier jour du terme est accompli.

88. .... durée ; demande en justice ;

tième à quantième [10] (et non par nombre de jours [11]), sans égard à la durée différente des mois, ou aux jours bissextiles qui peuvent se rencontrer dans le délai [12].

Le cours de la prescription peut être suspendu ou interrompu de la manière qui sera indiquée plus loin [13].

La preuve que l'inaction a duré le temps requis par la loi s'induit de la date de l'acte ou des faits qu'on oppose, une fois cette date établie.

En dernier lieu, la prescription, pour être efficace, doit être opposée en justice [b]. En effet, comme l'emploi de ce moyen suppose parfois une grave indélicatesse de conscience, la loi a voulu en laisser l'usage à la libre détermination de la partie intéressée. Cette règle s'applique tant en matière commerciale [14], qu'en matière civile et pour toute espèce de prescription [15], et même aux mineurs et aux autres incapables : car la conscience des mineurs, ou du moins celle de leurs représentants, peut aussi être en jeu [16]. La demande de prescription doit donc être faite, ou dans des conclusions formelles [17], ou du moins résulter, d'une manière implicite et indubitable [18], de conclusions écrites [19]. On a décidé, à ce sujet, que la prescription trentenaire, opposée contre la demande du capital, permet au juge de suppléer la prescription quinquennale contre les intérêts [20].

Le juge peut et doit aussi appliquer d'office la prescription en matière pénale, la vie ou la liberté des personnes ne devant pas être laissée à leur libre disposition [21].

D'ailleurs, la prescription peut être opposée, suivant l'article 2224 [c],

10. Cass. 27 déc. 1811, 24 déc. 1867 (S. 68. 1. 110).
11. Cass. 23 déc. 1811 (S. 12. 1. 199).
12. Merlin, Rép. v° *Jours bissextiles.*
13. V. n. 90 et 91.
14. Cass. Belg. 4 mai 1883 (D.85.2.29).
15. Cass. 25 fév. 1891 (D. 91. 5. 406, G. P. 91. 1. 370), 17 mars 1897 (G. P. 97. 1. 474), 23 janv. 1901 (S. 01. 1. 457).
16. Marcadé, art. 2223-II.
17. Cass. 3 août 1870, 29 nov. 1876 (D. 77. 1. 152, S. 77. 1. 368) ; Dijon, 3 janv. 1878.
18. Cass. 18 avril 1838, 28 avril 1840, 4 fév. 1857 (S. 57. 1. 704).
19. Cass. 16 nov. 1886 (S. 87. 1. 72).
20. Cass. 26 fév. 1822 (S. 22. 1. 344, D. A. 11. 240).
21. V. n. 149.

b. *Civ.* **2223**. Les juges ne peuvent pas suppléer d'office le moyen résultant de la prescription.

c. *Civ.* **2224**. La prescription peut être opposée en tout état de cause, même devant la Cour royale (Cour d'appel), à moins que la partie qui n'aurait pas opposé le moyen de la prescription ne doive, par les circonstances, être présumé y avoir renoncé.

en tout état de cause, c'est-à-dire après défenses au fond [22], tant que les débats ne sont pas clos [23], et même en instance d'appel [24], et de renvoi après cassation [25], enfin après *renonciation* expresse ou tacite de la part de l'intéressé [24].

Celui qui allègue la prescription n'est pas obligé d'en rapporter un *titre* [26] ; la prescription en est l'équivalent.

D'un autre côté, la bonne foi n'est pas nécessaire pour prescrire, si ce n'est dans quelques cas exceptionnels ; la loi rejette même *l'exception déduite de la mauvaise foi*. Cette règle de droit civil, contraire au droit canon, est absolument inconciliable avec les principes de la justice et de l'équité [27]. Elle est, de plus, démentie par la faculté de déférer le serment décisoire [28], toutes les fois qu'il ne s'agit pas d'une prescription d'ordre public [29] ; elle est démentie enfin par l'effet purement civil, qu'on attribue à la prescription.

§ 2. — Effets de la prescription

89. L'unique effet de la prescription est d'éteindre l'action civile attachée au droit prescrit. Si elle a eu lieu de mauvaise foi, elle laisse subsister une obligation naturelle : de telle sorte que le débiteur, qui a plus tard volontairement acquitté cette obligation, ne peut plus se prévaloir de la prescription [1].

L'action civile est éteinte avec tous ses accessoires. Ainsi la prescription extinctive d'une créance emporte aussi extinction de l'action hypothécaire qui y est attachée [2]. Mais l'action n'est éteinte, avec ses accessoires, que du moment où la prescription est acquise, quel que soit le temps écoulé auparavant [3].

Aucune preuve n'est admise contre l'effet de la prescription, sauf *l'aveu et le serment* [4].

22. Cass. 5 juin 1810, 27 juin 1855, 12 déc. 1864, 11 déc. 1883 ; Nancy, 2 mars 1882 (S. 83. 1. 121, D. 82. 1. 409).
23. Besançon, 12 déc. 1864 (S. 65. 2. 197).
24. V. civ. 2224 (88 c) ; Rennes, 12 fév. 1880 (S. 81. 2. 53) ; Paris, 1er mars 1893 (D. 93. 2. 296). — Cpr. cep. Cass. 4 fév. 1857.
25. Besançon, 26 déc. 1888 (D. 89. 2. 227).
26. V. Civ. 2262 (87 a) ; V. n. 1675.
27. Fraus omnia corrumpit, v. n. 66 et 1611 ; Laurent, XXXII, 369 à 371.
28. V. Civ. 1358 (1061 c).
29. V. n. 93, 1061.

1. Aubry et Rau, § 775-2 ; Marcadé, art. 2219-IV. V. Merlin, vo *Prescription* sect. I, § 2.
2. V. n. 1952.
3. Cass. 12 nov. 1867 (D. 67. 1. 408).
4. Civ. 1352 § 2 (52 b) et renvois.

90. Suspension ; force majeure ; qualités des personnes ;

§ 3. — Inefficacité de la prescription

90. Les effets de la prescription cessent par suite de sa suspension et de son interruption. Il ne sera pas question ici de sa révocation par un titre nouveau, tel que la renonciation, ce sujet appartenant à la matière des contrats et consentements [1].

La suspension est un arrêt du cours de la prescription pendant un certain temps. Elle est fondée sur un événement de force majeure, ou sur une qualité spéciale à l'ayant droit, qui est considérée comme étant de nature à excuser sa négligence.

La force majeure suspend le cours de la prescription ; et il y a lieu d'appliquer dans ce cas la maxime, *Contra non valentem agere non currit prescriptio* : maxime très équitable*, puisqu'elle dérive de cet axiôme plus général, *Impossibilium nulla est obligatio* ; et que d'ailleurs toute prescription est fondée sur la négligence de l'ayant droit [2]. Si équitable qu'elle soit, cette maxime est rejetée par plusieurs auteurs [3] ; mais l'article 2251 [4] qu'ils opposent, peut très bien être restreint à la suspension qui dérive de la qualité des *personnes*, au lieu d'être appliquée à celle qui résulte des choses et de l'impossibilité des faits.

Le principe admis, il faut considérer comme suspensifs du cours de la prescription : la confusion des droits et obligations, tout le temps qu'elle dure [4'] ; l'instance, dans les conditions exprimées plus loin [5] ; le titre conventionnel qui met l'une des parties dans l'impossibilité absolue d'agir [6]. A plus forte raison, doit-on admettre la suspension résultant du fait du prince [7], de toute force majeure [8], de la guerre, de la peste et d'autres fléaux [9], sauf aux juges à apprécier la mesure et la durée de l'impossibilité. La guerre fait d'ailleurs l'objet de règles spéciales [10]. Mais le décès survenu dans les délais de la prescription n'a pas pour effet de la suspendre [11].

* **Bibliographie.** Voir sur cette règle, et ses applications en matière civile, Boniffacy.

1. V. n. 532.
2. V. n. 84 ; Cass. 10 déc. 1855, 5 juil. 1858 (D. 58. 1. 413) ; et nes suiv.
3. Marcadé, art. 2251-I ; Laurent, XXXII, 40 à 42 ; Aubry et Rau, § 214-31
4. V. n. 86 b.
4'. V. n. 77 à 79.
5. V. n. 839.
6. Cass. 27 avril 1864, 28 juin 1870 (D. 70. 1. 310, S. 71. 1. 137) ; Paris, 2 mai 1861.
7. Cass. 17 avril 1827, 16 avril 1828, 27 mars 1832 ; Bourges, 23 août 1819 ; Caen, 29 déc. 1825 ; Limoges, 26 mars 1838 ; Pau, 18 mai 1833 ; Aix, 24 nov. 1841 ; Grenoble, 22 janv. 1869 (autorisation administrative) (S. 69. 2. 212).
8. Cass. 5 août 1817 ; Rouen, 9 juil. 1828.
9. V. Avis C. d'Et. 25-27 janv. 1814.
10. V. n. 8268.
11. Aix, 24 nov. 1841 ; Grenoble, 14 août 1845 (S. 46. 2. 229).

90. .... qualité des personnes; effets de la suspension. — **91.** Interruption : forme;

En second lieu, la suspension de la prescription est attachée à la qualité des personnes : les causes de suspension énumérées par la loi à ce sujet sont *exceptionnelles* [12], et elles ne peuvent s'étendre d'un cas à un autre.

Les personnes au profit desquelles la suspension a lieu, à l'exclusion de toutes autres, et notamment des absents [12'], sont : les mineurs et les interdits [13]; les femmes mariées dans quelques cas seulement [14]; les époux entre eux [15]; l'héritier bénéficiaire et la succession, l'un vis-à-vis de l'autre [16]. Ces différentes causes seront examinées ailleurs en détail.

L'effet de la suspension, très différent de celui de l'interruption, n'est pas d'anéantir la prescription antérieure. Le délai déjà couru subsiste : seulement le temps écoulé depuis la cause de la suspension jusqu'à la cessation de cette cause, est inutile et ne compte pas. Mais la cause étant disparue, ce n'est pas une nouvelle prescription qui commence, c'est l'ancienne qui se continue, et dont les délais s'ajoutent à ceux antérieurement écoulés en temps utile.

La suspension ne profite qu'à la personne en faveur de laquelle la loi l'a établie. Et de plus, quand elle est fondée sur une qualité individuelle de l'ayant droit, elle est incommunicable ; elle ne peut profiter aux représentants ni aux représentés de celui qui a le droit de l'invoquer. C'est seulement en cas d'indivisibilité que, par la force même des choses, la suspension qui existe au profit d'une personne peut être utile à ses communistes [17].

91. Plus puissante que la suspension, l'interruption est un acte par lequel l'ayant droit ou l'obligé, en sortant de leur inaction, rendent inutile à la prescription le temps précédemment écoulé.

L'interruption est naturelle ou civile, suivant qu'elle résulte d'un acte matériel et physique de possession et de jouissance, ou d'un acte juridique d'interpellation ou de reconnaissance.

L'interruption naturelle est spéciale à la prescription des droits réels [1].

L'interruption civile provient d'un acte juridique, soit de l'ayant droit qui manifeste son intention non équivoque de réclamer l'exécution du droit, soit de l'obligé qui déclare son intention d'exécuter l'obligation

12. V. Civ. 2251 (86 b).
12'. V. n. 3575.
13. Civ. 2252 (3487 a).
14. V. Civ. 2256 § 2 (3063 a).
15. V. Civ. 2253 (3063 a).
16. V. Civ. 2258 (2732 c).
17. V. Cass. 12 juil. 1869 (S. 70.1.82).

1. Civ. 2243 (1611 bis a).

91. .... forme ; preuves ; effets (prescription nouvelle) ;

correspondante. Ces actes ou causes d'interruptions ne peuvent se produire que sous cinq formes différentes [2], dont les règles n'appartiennent pas au présent sujet, savoir : la reconnaissance [3], la citation en conciliation [4], la citation en justice [5], le commandement [6] et les saisies [7]. Tout autre acte serait insuffisant [8] : il faut donc exclure de la catégorie des actes interruptifs, les procès-verbaux [9], le décès du débiteur [10], le délai pour faire inventaire et délibérer [11], et ainsi de suite.

La preuve de l'interruption est à la charge de celui qui l'invoque [12] ; et le mode de preuve dépend de la nature du fait interruptif [13].

L'effet propre de l'interruption est de rendre entièrement inutile à l'accomplissement de la prescription le temps précédemment écoulé. Ce temps ne peut compter, et la prescription doit recommencer à courir pour être efficace.

Le cours de la nouvelle prescription ne peut commencer qu'après la cessation de l'interruption. Or si quelques causes d'interruption sont instantanées, d'autres au contraire durent plus ou moins longtemps : c'est ainsi que la prescription interrompue par une citation en justice ne peut courir pendant la durée de l'instance [14].

Du reste, la durée de la prescription nouvelle est la même qu'auparavant [15], à moins que l'acte interruptif ne constitue un nouveau titre et n'opère novation, comme serait une reconnaissance, ou une citation en justice suivie d'un jugement [16]. Dans ce dernier cas, le droit étant fondé sur un nouveau titre, change pour ainsi dire de nature, et il se prescrit conformément aux règles spéciales aux droits dérivant du titre nouveau. Ainsi la nouvelle prescription peut être d'une durée plus longue ou plus courte que la précédente [17] : exemple, novation d'une lettre de change en prêt hypothécaire, ou de la créance du prix d'une vente en lettre de change.

2. Civ. 2244 à 2248.
3. V. Civ. 2248 (524 a).
4. V. Civ. 2245 (847 a).
5. V. n. 839.
6. V. n. 3715.
7. V. n. 3716.
8. Cpr. cep. Toulouse, 25 mars 1835 et n. 839.
9. Cass. 30 mai 1837 (D. 38. 1. 136, S. 38. 1. 461).
10. Aix, 24 nov. 1841 ; Grenoble, 14 août 1845 (90 11).
11. Cass. 24 flor. XIII ; v. Civ. 2259 (2724 b).
12. V. n. 45 a.
13. V. Cass. 13 juil. et 15 déc. 1829 ; Genève, 14 mai 1892 (S. 92. 4. 40).
14. V. n. 57 1 et 839.
15. Nancy, 18 déc. 1837 ; Paris, 10 juil. 1852 ; Grenoble, 6 mai 1854 (D. 56. 2. 124) ; Rouen, 11 août 1890 (D. 91. 5. 407). — V. cep. Toulouse, 20 mars 1835 ; Pothier, *Oblig.*, n. 662.
16. Cass. 6 déc. 1832 (S. 53. 1. 253). V. n. 899.
17. Marcadé, *Prescription*, chap. IV., n. II.

L'interruption ne s'étend pas d'une personne à une autre : *Interruptio non fit a persona ad personam, nec active nec passive* : de telle sorte qu'elle ne peut résulter du fait accompli par ou contre un tiers [18], sauf indivisibilité [19]. C'est une suite de la maxime, *Res inter alios acta.* Ainsi l'interruption opposable ou favorable à un héritier est non avenue vis-à-vis de ses cohéritiers [20]. Mais la présente règle n'empêche pas que la prescription opposable au représentant juridique ne soit aussi opposable au représenté [21].

Les effets de l'interruption ne s'étendent pas d'une action à une autre, bien que les deux actions appartiennent à la même personne, dérivent du même titre et puissent être exercées alternativement et facultativement [23] ; — à moins toutefois que l'une de ces actions ne soit l'accessoire de l'autre et nécessairement renfermée dans celle-ci [23]. Ainsi l'action en partage *ex hereditate* n'est pas interrompue par l'exercice de l'action *ex testamento* : ce qui n'empêche pas toutefois qu'une demande en partage n'interrompe la prescription de l'action en nullité d'un partage antérieur relatif au même bien, attendu que la première demande renferme implicitement la seconde [24].

§. 4. — Modalités et différentes espèces de prescriptions ; déchéances

92. Les conditions et les effets de la prescription sont fondés sur l'ordre public : aussi expliquera-t-on plus tard qu'il n'est pas permis de la proroger [1].

On a déjà vu, d'ailleurs, qu'il existe deux espèces de prescriptions : l'une acquisitive et l'autre extinctive [2] :

Considérées non plus sous le rapport de leur objet et de leurs effets, mais au point de vue de leurs conditions, on divise les prescriptions, d'après leur durée, en prescriptions :

18. Cass. 5 janv. 1814, 15 avril 1828, 19 nov. 1838 (S. 38. 1. 1001) ; Paris, 8 juin 1825 ; — Cpr. cep. Riom, 20 déc. 1808 ; Bourges, 28 juin 1825.
19. Cass. 12 juil. 1869 (S. 70. 1. 82).
20. Arg. 2249 § 2 (102 c).
21. Voy. au cas de solidarité, n. 102.
22. Nîmes, 6 mars 1832, 30 déc. 1833 (S. 40. 1. 253, D. 40. 1. 119) ; Paris, 25 janv. 1831.
23. V. n. 35.
24. Aubry et Rau, § 215-47 à 53.

1. V. n. 322.
2. V. n. 84.

1° D'un mois [3] ;
2° De trois mois [4] ;
3° De six mois [5] ;
4° D'un an [6] ;
5° De deux ans [7] ;
6° De trois ans [8] ;
7° De cinq ans [9] ;
8° De dix ans [10] ;
9° De dix à vingt ans [11] ;
10° De vingt ans [12] ;
11° De trente ans [13] ;

On ne pourrait traiter ici de toutes ces prescriptions sans empiéter sur les différentes matières du droit. Il suffit d'exposer les règles des deux principales, savoir : la prescription trentenaire et la prescription quinquennale, l'une relative aux fonds et capitaux, l'autre aux fruits et revenus ; en y ajoutant les règles générales sur les courtes prescriptions de six mois à deux ans.

92 bis. La prescription de trente ans est la plus longue et la plus générale. Le code civil a aboli la prescription immémoriale, admise dans certaines coutumes [1], et celle de quarante ans appliquée précédemment aux actions hypothécaires [2], aux biens de l'Etat [3], des églises [4], des communes [5] et des établissements publics.

La prescription trentenaire s'applique désormais à toute espèce de droits, obligations et actions [6]. Elle est de droit commun, et toute action dure trente

3. Ex., délits ruraux. L. [28 sept., 6 oct. 1791, tit. I, sect. VII-8 1688 d].
4. Injures et diffamations : L. 29 juil. 1881-65 (6176 a).
5. Fournitures : Civ. 2271 (93 bis a).
6. Salaires et honoraires : Civ. 2272 (93 bis a).
7. Contraventions : I. cr. 640 (149 a) ; action des avoués : Civ. 2273 (763a) ; enregistrement : L. 22 fév. 811-61 (470 b).
8. Délits en général : I.cr. 638 (149 a).
9. Fruits et revenus : Civ. 2277 (93 a).
10. Architectes et entrepreneurs : Civ. 2270 (2257 a) ; crimes : I. cr. 637 (149a) ; nullité des contrats : Civ. 1304 (511 a).
11. Droit de propriété : Civ. 2265 (1677 a).
12. Peines criminelles : I. cr. 635 (151a).
13. Tous les droits et actions, v. ci-après, n. 92 bis.

1. V. Cass. 1er mars 1832, 18 juin 1833, 4 juin 1834, Montpellier, 21 déc. 1827.
2. Cass. 12 janv. 1831 (S. 31. 1. 129, D. 31. 1. 323).
3. L. 22 nov., 1er déc. 1790-36 ; Cass. 2 août 1837, 17 juin 1839 (S. 39. 1. 759, D. 39.1.255) ; Paris, 17 mars 1832.
4. Cass. 25 août 1834 S. 35. 1. 317, D. 35. 1. 53 ; cpr. Paris, 8 mai 1830.
5. Cass. 15 juin 1847, 14 nov. 1848 (S. 49. 1. 259) ; Paris, 30 nov. 1833.
6. V. Cass. 30 mars 1870 (D. 70. 1. 345). V. n. 87 a.

ans, toutes les fois que la loi n'a pas expressément fixé un délai plus court. Ainsi on ne peut appliquer à l'action paulienne, ni la prescription de dix ans [7], ni celle de dix à vingt ans [8], mais seulement celle de trente ans [9]. Les actions en nullité fondées sur l'ordre public [10], s'éteignent aussi par trente ans, sans que toutefois cette prescription attribue l'existence et la force légale à une convention ou à un titre qui était nul ou prohibé [11].

Mais cette règle de la prescription trentenaire de tous les droits et actions doit être combinée avec celle qui concerne la durée des actions répressives, quand les actions civiles sont un accessoire de celles-là [12].

93. Comme la prescription trentenaire, celle de cinq ans relative aux fruits civils, est d'une portée et d'une application générale.

Elle est consacrée par l'article 2277 du code civil [a]. Afin d'éviter la ruine des débiteurs résultant de l'accumulation des revenus passifs, la loi oblige leurs créanciers à se faire payer au moins tous les cinq ans : sinon, elle déclare prescrite la créance des revenus échus auparavant.

Cette disposition a eu grand peine à passer dans le droit français. Malgré les efforts de nos rois et de leurs ministres, notamment du chancelier Michel de Marillac, à qui est due l'ordonnance de 1629 appelée par dérision Code Michaux, la disposition d'ordre public consacrée par notre article fut rejetée par les parlements, du moins dans sa généralité. On n'appliquait la prescription qu'aux arrérages des rentes constituées, et, dans certaines provinces, aux loyers des fermes et des maisons [1]. Le droit intermédiaire en étendit l'application aux rentes foncières et aux rentes viagères dues par l'Etat [2]. Le code civil a généralisé ces différentes règles ;

7. Cass. 9 janv. 1865 ; Nancy, 25 juil. 1868 ; Cass. 7 mai 1894 et Paris, 24 mars 1891 (S. 98. 1. 510, D. 94. 1. 505, G. P. 94. 1. 654).

8. Cass. 9 janv. 1865 (S. 65. 1. 65).

9. Paris, 11 juil. 1829 ; Toulouse, 15 janv. 1834 ; Riom, 3 août 1840 ; — v. cep. Colmar, 17 fév. 1830.

10. Cass. 5 mai 1879 (S. 79. 1. 313) ; Orléans, 21 juin 1893 (D. 94. 2. 417, G. P. 92. 2. 56).

11. V. n. 148 et ss.

12. V. n. 148 et ss.

1. Voy. sur lois anciennes ou applications transitoires, Devil. v° *Intérêts*, n. 187 à 190, 220, 230 à 232; *Prescription*, n. 266.

2. L. 20 août 1792; L. 24 août 1793-156.

a. *Civ.* **2277.** Les arrérages de rentes perpétuelles et viagère [2321 bis] ;

Ceux des pensions alimentaires [3406] ;

Les loyers des maisons, et le prix de ferme des biens ruraux [2205] ;

Les intérêts des sommes prêtées, [2315] et généralement tout ce qui est payable par année, ou à des termes périodiques plus courts,

Se prescrivent par cinq ans.

93. .... sujet ; objet ; forme ;

mais par suite du souvenir historique qui vient d'être rappelé, l'article 2277 est rédigé de telle sorte que la disposition principale est rejetée à la fin. Ce sera néanmoins sur celle-là que porteront exclusivement les explications suivantes.

La prescription de cinq ans peut être opposée par toute et contre toute personne. Elle est tellement d'intérêt public qu'elle court contre les mineurs et les interdits [3], de telle sorte que, par une dérogation notable aux règles précédentes, la suspension n'est pas admise en faveur de ces personnes, malgré les priviléges dont elles jouissent habituellement à raison de leur état [4].

Comme elle a pour but de prévenir la ruine des débiteurs, la prescription de cinq ans s'applique à tout ce qui peut être un élément d'accumulation de fruits civils [5], diminuant tout d'un coup le patrimoine du débiteur, au lieu de l'atteindre successivement et insensiblement, et augmentant par suite d'un seul coup le patrimoine du créancier par l'effet de sa propre négligence. Et ainsi elle s'étend à toute espèce de fruits civils, intérêts [6], dividendes [7], arrérages [8], loyers [9], salaires [10], annuités d'entretien [11], pourvu que ces fruits soient de nature à se reproduire *par année ou à des termes périodiques plus courts* (le mot *payable* n'a pas d'autre sens). Par suite, les intérêts moratoires ou compensatoires alloués par un jugement ou par la loi se prescrivent eux-mêmes par cinq ans [12], à moins que les juges n'aient alloué plus de cinq ans à titre de dommages et intérêts [13]. Mais il en est autrement des intérêts capitalisés par l'effet d'un titre valable [14]. De même, le débiteur ne peut opposer cette prescription aux tiers qui ont payé eux-mêmes les intérêts de sa dette, puisque ces inté-

3. Civ. 2278 (3487 b).
4. Mais voy. entre époux, n. 3063.
5. La disposition est étrangère aux fruits naturels : Cass. 21 juin 1897 (S. 98. 1. 173) ; Douai, 27 nov. 1893.
6. Cass. 16 août 1853 (S. 55. 1. 575).
7. V. n. 2519.
8. C. d'Et. 17 janv. 1811. V. n. 2323, 2327, 2335.
9. V. n. 2025.
10. Alors du moins qu'une prescription plus courte (v. n. 93 bis) n'a pas été fixée par la loi. Cpr. n. 2246.
11. Cass. 2 juill. 1879 (S. 81. 1. 101).
12. Cass. 12 mars 1833, 12 mai et 2 juin 1835, 29 janv. 1838 ; Bourges, 18 mars 1825, 6 août 1841 ; Limoges, 26 janv. 1828 : Nîmes, 5 mai 1830 ; Amiens 24 juil. 1833, 21 déc. 1834, 14 juin 1871 ; Bordeaux, 13 août 1834 ; Rennes, 12 fév. 1880 (S. 81. 2. 53) ; Aubry et Rau, § 774-21. — V. cep. Paris, 2 mai 1816, 21 déc. 1819 ; Bordeaux, 13 mars 1820, Agen, 18 mars 1824, 3 fév. 1825 ; Lyon, 4 fév. 1825 ; Rennes, 28 déc. 1834. — Cpr. Paris, 25 janv. 1822 ; Cass. 2 juin 1835.
13. Cass. 17 fév. 1869 (69. 1. 256).
14. Nancy, 26 juin 1837, 10 avril 1878 (S. 79. 2. 132) ; Dijon, 26 avril 1866.

93. .... forme.

rêts deviennent alors des capitaux [15]. Elle ne peut courir pour les créances indéterminées [16], ou non encore liquidées, [17], ni pour les intérêts qui ne sont pas encore exigibles [18], ni dans le cas où, l'échéance des intérêts étant soumise à un évènement futur, le créancier n'a pu faire les diligences indispensables pour assurer leur recouvrement [19] : l'inaction du créancier est alors explicable.

La prescription dont il s'agit est assujettie aux règles de forme de la prescription en général. La durée en est seulement réduite à *cinq ans*, et ce délai se calcule en remontant à partir de la demande ou de l'interruption, et non à partir de la dernière échéance fixée entre les parties pour le paiement du revenu [20]. Soit, par exemple, des fruits civils échus le 1er janvier 1892 et les huit années précédentes à la même époque : si la demande est formée le 1er juillet, le créancier devra faire partir les cinq ans de ce jour-là, et il perdra quatre ans et demi d'intérêt, au lieu qu'il en aurait perdu quatre seulement s'il avait pu ne faire courir le délai que du jour de la dernière échéance.

Du reste, la prescription de cinq ans ne peut être appliquée d'office par le juge : elle doit être opposée par les intéressés [21], avec ou sans allégation de paiement [22]. Elle peut être opposée en tout état de cause [23]. Elle est suspendue pendant la durée de l'instance [24] ; et en cas d'interruption, elle recommence à courir, avec les mêmes règles de durée [25].

Elle constitue un mode spécial de libération indépendant du paiement, comme de la présomption ou de l'allégation de paiement effectif [27] ; et elle est tellement d'ordre public, qu'elle est applicable malgré la preuve ou

15. Cass. 1er mai 1866, 23 avril 1888 (S. 89. 1. 25). V. n. 70 ; Pothier, *Oblig.*, n. 282 et 429 ; Devil., v° *Intérêts*, n. 212.

16. Cass. 22 fév. 1886 (D. 86. 1. 404-405, S. 89. 1. 311), 6 déc. 1898 (S. 00. 1. 463).

17. Cass 30 avril 1835, 9 janv. 1867, 22 fév. 1886 (nº 16) ; Toulouse, 6 mars 1884.

18. Cass. 19 déc. 1871 ; Rouen, 4 mai 1883 (S. 87. 1. 5). — Voy. terme, n. 120.

19. Nancy, 12 août 1874 (D. 77. 1. 352, S. 76. 2. 22). — Cpr. Cass 11 mars 1896 (S. 00. 1. 515).

20. Cass. 5 fév. 1868, 4 mars 1878 (D. 78. 1. 168, S. 78. 1. 469) ; Bordeaux, 21 fév. 1838 ; — ni à partir du décès du débiteur, Cass. 5 fév. 1868 (S. 68. 1. 73).

21. Cass. 2 janv. 1855, 25 fév. 1891 (D. 91. 5. 403). — V. cep. trib. Wissembourg, 16 mars 1870 (S. 70. 2. 221, D. 73. 5. 362).

22. Evreux, 12 mai 1865 (D. 68. 1. 58).

23. Cass. 11 déc. 1883 (D. 85. 1. 30).

24. Cass. 12 juil. 1836, 2 juin 1835, 17 mars 1880 (S. 82. 1. 405) ; Paris, 27 juin 1813.

25. Rouen, 11 juin 1890 (S. 91. 2. 50).

26. Cass. 27 juin 1855 (D. 55. 1. 290).

27. Cass. 11 déc. 1883 (S. 84. 1. 335, D. 85. 1. 30) ; Montpellier, 13 mai 1841.

l'aveu de non paiement [28], ou le serment du créancier [29], si du moins il n'en résulte pas une reconnaissance ou une novation [30].

93 bis. Des deux prescriptions qui précèdent, qui sont très usuelles et très générales, il convient de rapprocher celles de six mois, un an et deux ans, établies dans les articles 2271 à 2275 du code civil [a]. Etant relatives aux dettes courantes des individus et des familles, elles sont, comme les précédentes, d'une très fréquente application. Elles ont pour objet des prix de marchés-louages, de marchés-ventes et les services d'une profession libérale ; et elles intéressent principalement les ouvriers, domestiques,

28. Cass. 4 mars et 5 août 1878 (D. 79. 1. 71) ; Douai, 26 janv. 1861 ; Amiens, 14 juin 1871 ; Rouen, 29 janv. 1831 ; Nancy, 8 mai 1899 (G. P. 99. 2. 605).

29. Cass. 13 juin 1881 (S. 84. 1. 22).

30. Cass. 4 mars et 5 août 1878 (D. 79. 1. 71, S. 79. 1. 301) ; Rouen, 5 mars 1842. — Cpr. Cass. 10 mars 1834, 11 déc. 1883 (D. 85. 1. 30) ; Amiens, 26 juin 1826 ; Paris, 10 juil. 1852.

a. *Civ.* **2271**. L'action des maîtres et instituteurs des sciences et arts, pour les leçons qu'ils donnent au mois [5980];

Celle des hôteliers et traiteurs, à raison du logement et de la nourriture qu'ils fournissent [7637];

Celle des ouvriers et gens de travail, pour le paiement de leurs journées, fournitures et salaires [2246],

Se prescrivent par six mois.

2272 [*Mod. L. 30 nov. 1892-11*]. L'action des huissiers, pour le salaire des actes qu'ils signifient, et des commissions qu'ils exécutent [796];

Celle des marchands, pour les marchandises qu'ils vendent aux particuliers non marchands [2122];

Celle des maîtres de pension [5980], pour le prix de la pension de leurs élèves ; et des autres maîtres, pour le prix de l'apprentissage [6471];

Celles des domestiques qui se louent à l'année, pour le paiement de leur salaire [2246],

Se prescrivent par un an.

L'action des médecins [7688], chirurgiens, chirurgiens-dentistes, sages-femmes et pharmaciens, pour leurs visites, opérations et médicaments,

Se prescrivent par deux ans.

2273. [Spécial aux avoués (763a)].

2274. La prescription, dans les cas ci-dessus, a lieu, quoiqu'il y ait eu continuation de fournitures, livraisons, services et travaux.

Elle ne cesse de courir que lorsqu'il y a eu compte arrêté, cédule ou obligation, ou citation en justice non périmée.

2275. Néanmoins ceux auxquels ces prescriptions seront opposées, peuvent déférer le serment à ceux qui les opposent, sur la question de savoir si la chose a été réellement payée.

Le serment pourra être déféré aux veuves et héritiers, ou aux tuteurs de ces derniers, s'ils sont mineurs, pour qu'ils aient à déclarer s'ils ne savent pas que la chose soit due [1061].

hôteliers, fournisseurs, marchands, médecins, huissiers et avoués. Leurs différents délais et les autres règles spéciales à chacune d'elles seront exposées à l'occasion des diverses matières du droit [1] ; mais après avoir observé que les principes précédents leur sont applicables, et notamment qu'elles peuvent être opposées par tout intéressé [2], pour tout ou partie de la dette [3], et que le juge ne peut les suppléer d'office [4], il importe ici d'exposer leurs règles communes, c'est-à-dire leur fondement, leur point de départ, leur interruption et la force de la preuve contraire.

Les courtes prescriptions sont fondées sur plusieurs considérations. Dès l'origine, l'obligation existe sans titre : c'est même une condition essentielle de leur application [5]. La dette est le plus souvent payée sans quittance et sans témoins ; et il est d'usage de la réclamer et de l'acquitter dans un délai très court, sans conserver les reçus qui ont pu être délivrés. Ces faits constants et universels ont servi de base à la réduction de la prescription et aux règles spéciales qui vont être énumérées : à tel point que s'il existait dès l'origine un écrit [5], ou si le débiteur alléguait la non-existence de la dette [6] (ce qui détruirait toute présomption de paiement), ou s'il arguait d'un mode de libération autre que le paiement [7], la prescription serait de cinq ans ou de trente ans, suivant les règles déjà expliquées [8].

L'article 2274 du code civil, en particulier, est relatif au point de départ et à l'interruption de ces prescriptions.

D'après ce texte, la *continuation de fournitures* ne retarde ni ne suspend le cours de la prescription. Toutefois, celle-ci ne peut courir qu'à partir de l'exigibilité de la créance ; et s'il résulte, soit de la convention, soit des usages, que la créance n'est exigible qu'à une époque déterminée, la prescription ne peut courir qu'à partir de cette époque [9]. Ainsi lorsqu'il y a compte entre les parties, le délai ne court que du jour de la dernière fourniture [10].

Elle ne *cesse de courir* et n'est interrompue, que lorsqu'il y a *compte arrêté*, *cédule*, *ou obligation*, *ou citation en justice non périmée*. Les

1. V. les renvois indiqués aux textes.
2. Civ. 2225 (86 a) ; Cass. 12 juil. 1880 (S. 81. 1. 421, D. 81. 1. 437).
3. Cass. 4 mai 1898 (S. 00. 1. 271).
4. Cass. 2 janv. 1855, 17 mars 1897 (S. 97. 1. 268).
5. Cass. 19 juin 1872 (D. 73. 5. 363, S. 72. 1. 159) ; Alger, 4 nov. 1870 ; Marcadé, 2278-IV.
6. Cass. 20 janv. 1869 (D. 70. 1. 69 ; Toulouse, 17 juin 1862. — Cpr. Cass. 28 nov. 1876 (D. 77. 1. 62, S. 77. 1. 101).
7. Cass. 25 fév. 1863, 31 oct. 1894 (S. 95. 1. 29, D. 94. 1. 536, G. P. 94. 2. 585).
8. V. n. 92 et 93.
9. Marcadé, 2278-IV ; — V. cep. Aubry et Rau § 774-44 et 62.
10. Cass. 8 août 1860 (D. 60. 1. 497).

93 bis. .... interruption ; preuve contraire.

causes d'interruption sont les mêmes que pour la prescription en général [11], savoir : la citation *en justice* ou en conciliation, non *périmée* ni annulée pour aucun autre motif, — la reconnaissance résultant d'un *compte arrêté*, c'est-à-dire de quelques mots écrits par le débiteur lui-même, sur le compte [12] ; d'une *cédule* ou reconnaissance sous-seing privé : d'une *obligation* ou reconnaissance authentique. Il n'est pas fait mention du commandement et de la saisie, les prescriptions actuelles étant abrégées à cause précisément de l'absence de tout titre [11].

L'interruption ne prolonge pas le délai de la prescription nouvelle [13], à moins que l'acte interruptif n'opère novation : auquel cas la nouvelle prescription est de trente ans [14], jamais de cinq, attendu qu'il ne s'agit plus d'un marché, mais d'un prêt de somme d'argent [15]. Il y a novation par suite d'un jugement [16] ; la novation est aussi légalement présumée, lorsque l'interruption résulte d'une reconnaissance opérée de l'une des manières indiquées dans l'article 2274.

Mais les présomptions légales pouvant être combattues par l'aveu [17] et le serment [18], la prescription dont il s'agit cesse d'avoir effet par l'aveu spontané et personnel du débiteur [18], aussi bien que par le serment [20]. Le créancier peut d'ailleurs déférer le serment, conformément à l'article 2275, soit aux débiteurs eux-mêmes [21], soit à leurs *veuves*, *héritiers*, ou *tuteurs*, pourvu que ce soit dans les termes mêmes de l'article 2275 [22]. Il suit de là que ces sortes de prescriptions, même accomplies de bonne foi, laissent subsister l'obligation naturelle pendant trente ans : si, en effet, les débiteurs étaient libérés en conscience, on ne pourrait pas exiger d'eux le serment [23]. Malgré la prescription, ces sortes de dettes peuvent donc être cautionnées.

En dehors de l'aveu spontané et du serment formellement déféré [24], il

11. V. n. 91.
12. V. Cass. 23 janv. 1895 (S. 95. 1. 90, D. 95. 1. 398. — Cpr. Cass. Belg., 12 mai 1887 (D. 88. 2. 143).
13. V. n. 91 [15] ; Paris, 14 juin 1899 (S. 00. 2. 15).
14. Caen, 20 juil. 1874 (S. 74. 2. 305).
15. Marcadé, art. 2278-IV.
16. V. n. 91 [16].
17. Cass. 25 fév. 1863 (D. 63. 1. 299) ; Toulouse, 17 juin 1862.
18. V. n. 52 [8].
19. Cass. 22 juin 1830, 31 janv. 1872, 30 juil. 1879, 31 janv. 1894, 16 juin 1896, 31 juil. 1899 (S. 99. 1. 521, G. P. 99. 2. 286).
20. Aubry et Rau, § 774-63.
21. Cass. 12 juil. 1880 (D. 81. 1. 437).
22. Cass. 9 janv. 1861 ; Chambéry, 28 fév. 1873 (D. 73. 2. 153).
23. Gury, *Théol. mor.*, n. 577 ; — Cpr. cep. Gousset, *Théol. mor.*, n. 719.
24. Cass. 9 janv. 1861 (D. 61. 1. 375).

n'est reçu aucune autre preuve contraire aux effets de la prescription [25], pas même l'interrogatoire aux faits et articles [26].

94. Les actions s'éteignent quelquefois par les déchéances comme par les prescriptions.

La déchéance est la perte d'un droit ou d'une action par le seul fait d'une circonstance déterminée, ou de l'expiration d'un délai préfixe, abstraction faite de toute négligence. Elle ne peut être établie que par une loi [1], dont l'interprétation doit toujours être faite dans un sens restritif [1].

Les déchéances qui résultent de l'expiration d'un délai, se distinguent en principe de la prescription, en ce qu'elles ne requièrent pas la négligence comme condition de leur efficacité. Sous les autres rapports, leurs conditions sont analogues ; ainsi les délais se calculent de la même manière ; l'oubli ou l'erreur n'est pas une excuse suffisante [3] ; elles peuvent être opposées en tout état de cause et après défenses aux fonds [4], sans que le juge puisse toutefois les suppléer d'office : en effet, elles doivent être opposées en justice, à plus forte raison que les prescriptions, puisqu'elles ne supposent pas nécessairement la négligence de l'ayant droit [5].

Les effets de la déchéance sont identiques à ceux de la prescription.

Il faut aussi appliquer les mêmes causes d'interruption [6] ; mais il en est autrement de la suspension : comme en fait de déchéance, la négligence n'est pas prise en considération, il ne peut être question d'excuse au profit de certaines personnes privilégiées ; et par suite, le délai de la déchéance court contre toute personne [7], même contre les mineurs. Mais l'impossibilité d'agir en suspendrait le cours [8].

On ne peut augmenter ni diminuer les délais d'une déchéance, à moins qu'ils ne soient de pure convention : c'est ainsi, par exemple, que le délai d'exercice du réméré, dans une vente, peut être prorogé par les parties, en tant du moins qu'elles sont libres de faire un nouveau contrat.

25. Cass. 29 nov. 1837, 27 juil. 1853, 7 nov. 1860, 7 janv. 1861, 28 nov. 1876, 10 avril 1878, 26 janv. 1881, 22 avril et 4 nov. 1891 (S. 91. 1. 208 et 519); Lyon, 18 janv. 1836 ; Chambéry, 28 fév. 1873. — V. cep. Marcadé, 2278-V ; Paris, 14 nov. 1818.

26. Cass. 30 juil. 1879 (S. 79. 1. 457).

1. C. d'Et. 18 août 1831 (S. 32. 8. 34, D. 32. 3. 5).

2. Cass. 20 janv. 1863 (S. 63. 1. 11).

3. C. d'Et. 24 déc. 1818 (S. 20. 2. 207).

4. Cass. 3 fév. 864 (S. 64. 1. 10).

5. V. cep. Cass. 29 mai 1850, rendu sur réquis. contr. de M. Ni ias-Gaillard (D. 50. 1. 237 à 242).

6. Caen, 1er fév. 1842 24 mars 1862 (S. 63. 2. 44) ; Rouen, 27 mars 1858.

7. Cass. 7 oct. 1812 (S. 13. 1. 82, D. A. 1. 515).

8. V. Bastia, 14 mars 1854 (S. 54. 2. 266.

9. V. n. 2095.

95. Modalités ; clause ; différentes espèces ;

CHAPITRE IV

DES MODALITÉS DES DROITS ET OBLIGATIONS

95. On appelle *modalité* tout ce qui modifie les effets naturels et ordinaires d'un droit ou d'un titre. L'expression d'une modalité se nomme *clause.*

La modalité peut résulter, ou de la loi, ou des jugements, ou des conventions. Il faut qu'elle dérive clairement du titre : autrement l'acte est présumé pur et simple [1].

Toute modalité suppose la validité du droit qu'elle affecte. Il faut de plus, pour qu'elle produise ses effets, qu'elle ne soit contraire, ni à la nature des droits et obligations en général, ni à la nature de l'acte qu'elle modifie ; et qu'elle ne soit pas impossible, ou contraire aux lois et aux bonnes mœurs. Il est de règle, d'ailleurs, que toute modalité non prohibée est licite. — Enfin il est nécessaire que le cas pour lequel la modalité est faite se réalise.

Les effets des modalités dépendent de leur nature et de leurs différentes espèces.

S'il n'existe aucune modalité, l'acte est pur et simple. Si la modalité est contraire aux droits et obligations en général ou à la nature du titre, elle détruit tout droit et obligation, sauf les conséquences du fait juridique, en tant qu'il pourrait donner naissance à un titre différent. Si la modalité est impossible ou illicite, elle est réputée non écrite dans les actes à titre gratuits, tandis qu'elle rend nuls les actes à titre onéreux [2].

Les modalités sont relatives au sujet, à l'objet, à la forme ou aux accessoires des droits et obligations.

Bien qu'un même droit ne puisse avoir deux sujets actifs ou pasifs, son sujet peut-être unique ou multiple. Les sujets multiples sont ou conjoints

1. Aubry et Rau, § 302-3 et 4.

2. Arg. civ. 900 et 1172 (2773a, 114a).

95. .... différentes espèces; division;

ou disjoints. Dans le premier cas, l'obligation ne repose sur la tête de chacun d'eux que pour une partie : il y a indivision et chacun a le droit de la faire cesser au moyen du partage, s'il n'y a titre contraire [3]. Les créances ou dettes conjointes sont quelquefois affectées de *solidarité* : cette modalité sera examinée dans la section I, en même temps que les autres espèces de créances conjointes ou disjointes.

Les modalités qui ont rapport à l'objet sont le fondement de la distinction déjà indiquée entre les obligations de donner, de faire, ou de ne pas faire [4]. Il faut, de plus, observer ici que l'objet d'un droit peut être unique ou multiple, c'est-à-dire se composer d'une ou plusieurs choses. La multiplicité des objets influe sur les modalités des obligations, qui peuvent être aussi, sous ce rapport, conjointes ou disjointes : celles-ci se subdivisent en alternatives ou facultatives. Il sera également question des unes et des autres dans la section I.

Certaines modalités sont à la fois relatives au sujet et à l'objet : telle est *l'indivisibilité*, qui suppose en même temps pluralité des sujets et indivisibilité de l'objet. Ses règles seront exposées dans la section II.

Les modalités concernant la forme sont très nombreuses. Les deux plus générales sont la *condition* et le *terme*, dont il sera question dans la section III. Quant à celles qui affectent les titres consensuels, telles que la charge, le mode, la cause et la démonstration, elles n'appartiennent pas au présent sujet [5].

Les modalités qui sont un accessoire des droits et obligations consistent ou dans la *clause pénale*, dont il sera également traité dans la section III, ou dans les sûretés accessoires à certains droits de créances. Et à ce sujet, il est utile d'expliquer que les créances qui ne sont pourvues d'aucune sûreté spéciale sont appelées pures et simples ou *chirographaires*. Les autres sont garanties, ou par des sûretés personnelles comme le cautionnement, ou par des sûretés réelles dont les unes enlèvent la possession de la chose au débiteur comme le nantissement, tandis que d'autres lui laissent cette possession, par exemple, les privilèges et hypothèques. Ces différents droits accessoires de préférence ou de garantie sont assez importants pour faire plus tard le sujet d'un titre spécial, qui doit être rattaché au livre traitant des différentes espèces de droits [6].

3. Civ. 815 (2134 a).
4. V. n. 4, 54, 59.
5. Voy. testaments, n. 2838 et ss.
6. V. n. 1842 et ss.

96. Au point de vue des sujets, — obligation disjointe ; conjointe ;

SECTION I

DES OBLIGATIONS CONJOINTES, DISJOINTES ET SOLIDAIRES

§ 1. — Des obligations conjointes et disjointes en général

96. Au point de vue des sujets, une obligation peut être unique ou multiple, et celle-ci, conjointe ou disjointe, tant activement que passivement.

Ainsi : « Je lègue à l'hospice ou au bureau de bienfaisance mille francs ; Pierre ou Paul, mes légataires particuliers, acquitteront ce legs, l'un ou l'autre, au choix du légataire universel » ; la première obligation est disjointe au point de vue actif, la seconde au point de vue passif. Le legs devra être acquitté par Pierre ou par Paul, suivant que le légataire universel choisira l'un ou l'autre ; et le légataire particulier désigné pourra payer les mille francs à l'hospice ou au bureau de bienfaissance à son choix [1]. — Cette modalité étant d'un usage très rare, toute autre explication serait superflue.

Au lieu d'être disjointe entre les sujets actifs ou passifs, l'obligation peut être conjointe, ce qui a lieu de deux manières : ou *simplement*, lorsqu'il n'existe aucun rapport particulier entre les co-créanciers ou les co-débiteurs ; — ou *solidairement*, quand la créance peut être en entier (*in solidum*) payée à l'un des créanciers ou réclamée à l'un des débiteurs, de telle sorte que le paiement libère tous les débiteurs vis-à-vis de tous les créanciers. La solidarité est *active* ou *passive*, suivant qu'elle existe de la part des créanciers ou du chef des débiteurs. Mais avant de traiter en détail de ces deux espèces de solidarités dans les §§ 2 et 3, il est utile de dire quelques mots de l'obligation simplement conjointe.

En la supposant divisible [2], comme il n'existe aucun lien particulier entre les co-créanciers et les co-débiteurs, — l'obligation conjointe doit être considérée comme composée d'autant d'obligations distinctes et séparées qu'il existe de créanciers et de débiteurs. D'où les conséquences suivantes.

Chaque créancier ou chaque débiteur (ou le nombre des créanciers ou débiteurs conjoints qui forment une sous-catégorie ne devant compter que

1. Arg. civ. 1190 (98a).

2. V. sur l'indivisibilité, n. 106.

96. .... conjointe. — **97.** Au point de vue de l'objet ; obligation conjointe ; disjointe ; alternative ; ses conditions ;

pour une tête) est créancier ou débiteur d'une part virile, à moins que le titre originaire n'exprime une part différente [3]. La délimitation de part, énoncée dans un titre postérieur, ne serait pas opposable au créancier ou au débiteur qui n'y serait pas intervenu [4].

La suspension ou l'interruption de prescription, existant au profit de l'un des créanciers et contre un seul des débiteurs, ne profite pas aux autres créanciers et n'est pas opposable aux autres débiteurs [5].

La nature de l'obligation conjointe conduit à des conséquences bien plus nombreuses. Il suffit d'énoncer ici celles qui viennent d'être exprimées ; les autres se déduisent facilement, et par argument *a contrario*, des explications qui seront données tout à l'heure sur la portée et les effets des obligations solidaires, soit activement, soit passsivement [6].

97. A l'obligation conjointe ou disjointe au point de vue des sujets, correspond celle qui a les mêmes modalités par rapport à l'objet. En effet, l'objet de l'obligation peut être composé de plusieurs choses distinctes, dues conjointement ou séparément.

L'obligation conjointe équivaut à autant d'obligations différentes qu'il y a de choses distinctes comprises dans son objet, sans que toutefois ces obligations soient complètement indépendantes les unes des autres [1].

L'obligation disjointe peut l'être alternativement ou facultativement.

L'obligation *alternative* est celle qui oblige une personne à donner ou à faire plusieurs choses, à la condition que le paiement de l'une d'elle l'acquittera de toutes [2] : comme si je me suis obligé à vous livrer un cheval, un bœuf ou quatre cents francs ; ou bien, si je me suis engagé à vous bâtir un mur, à vous creuser un puits, à labourer vos terres, ou à vous donner trois cents francs.

Toute obligation alternative suppose deux ou plusieurs [a] objets distincts. Ainsi celui qui aurait promis deux sommes d'argent, sous une clause disjonctive, ne serait tenu de payer que la somme moindre, puisque l'obligation n'est certaine que pour cette partie [3]. L'obligation est alors pure et simple.

3. V. Civ. 1220 (107 a).
4. V. n. 35.
5. Civ. 2249 (102 e).
6. V. n. 100 et ss.

1. V. Civ. 1623 (2083 c).
2. Pothier, *Oblig.*, n. 245.
3. L. 12, *de verb. oblig.* D. 45. 1 ; Pothier, *Oblig.*, n. 245.

a. *Civ.* **1196**. Les mêmes principes s'appliquent au cas où il y a plus de deux choses comprises dans l'obligation alternative.

97. ... ses conditions. — **98.** Suite. Effets de l'obligation alternative ; mode d'option ;

Il est également indispensable que les choses promises puissent chacune être l'objet d'une obligation, ainsi que le déclare l'article 1192 [b]. Ainsi : « Je m'oblige à vous donner deux actions de telle société, ou une somme de mille francs » ; si la société n'existe pas ou est dissoute, l'obligation est pure et simple, et les mille francs sont immédiatement dus, puisque la première alternalive est impossible [4].

Mais il peut arriver que l'obligation alternative soit nulle, à cause que l'un des objet est illégal ou illicite. Ainsi : « Je m'oblige à tuer votre voisin ou à vous donner cinq mille francs ; — l'obligation n'est pas pure et simple, ni alternative, mais nulle pour le tout, attendu qu'elle a pour but de contraindre à un acte réprouvé par la morale.

98. Lorsque l'obligation alternative est valable, comme elle ne porte, en définitive, que sur l'un de ses objets, son exécution dépend d'un choix à faire par les parties à l'échéance [1]. En principe, et suivant l'art. 1190 [a], l'option appartient au *débiteur* [a], l'obligation devant être interprêtée dans le sens le plus favorable. Mais le choix peut appartenir au créancier, en vertu d'une clause *expresse*. Dans tous les cas, l'article 1191 [b] défend un choix partiel : ainsi le débiteur ne se libère pas, même partiellement, en payant partie de l'une ou de chacune des deux choses, puisque on ignore encore quelle est celle qui est due [2]. Cependant lorsque l'obligation consiste dans diverses prestations annuelles, par exemple, en dix hectolitres de blé ou trois cents francs en argent, on peut, suivant le choix qui aura été fait, payer une année en blé et l'autre en argent, parcequ'il existe alors autant d'obligations que d'années ; mais on ne pourrait, la même année, payer une partie en blé et le reste en argent [3].

4. Douai, 13 nov. 1844 (S. 45. 2. 370).

1. Nantes, 1er déc. 1888 (Rec. 88. 1. 413).

2. Pothier, *Oblig.* n. 562.

3. L. 2, § 6, *de act. empt.*, D. 19. 1 ; Pothier, *ibid.*, n. 247.

b. *Civ.* **1192.** L'obligation est pure et simple, quoique contractée d'une manière alternative, si l'une des deux choses promises ne pouvait être le sujet [*sic*] de l'obligation.

a. *Civ.* **1190.** Le choix appartient au débiteur, s'il n'a pas été expressément accordé au créancier.

b. *Civ.* **1191.** Le débiteur peut se libérer en délivrant l'une des deux choses promises ; mais il ne peut pas forcer le créancier à recevoir une partie de l'une et une partie de l'autre.

98. ... après l'option ; avant l'option ; perte de la chose ;

Quand l'option a été régulièrement faite, elle ne peut plus être rétractée, si elle a été acceptée par l'autre partie [4] : l'obligation devient alors pure et simple, et elle a désormais pour objet unique la chose choisie, ainsi qu'il résulte de l'article 1189 [c].

Jusqu'à ce que le choix ait été fait, l'objet de l'obligation est incertain : on ne sait donc si l'obligation est mobilière ou immobilière ; elle aura l'une ou l'autre nature, suivant que le choix portera sur un meuble ou sur un immeuble.

Avant que le choix ne soit fait, l'une des choses ou toutes les deux peuvent périr, avec ou sans la faute du débiteur : les articles 1193, 1194, 1195 du code civil [d] précisent les règles qui doivent alors être appliquées.

Il faut observer à ce sujet que le législateur, en exigeant les deux conditions apparentes, que *l'une des choses ait péri et ne puisse plus être livrée*, a commis à la fois un pléonasme et une inexactitude : car il suffit que la chose ait péri *ou* ne puisse plus être livrée, en un mot que l'exécution de l'obligation soit impossible [5].

Si une seule chose a péri le débiteur ne peut en offrir le *prix*, l'obligation ayant nécessairement pour objet exclusif celle qui reste.

4. Dijon, 1er août 1838 (D. 39. 2. 150).

5. Aubry et Rau, § 300-11 ; Marcadé, art. 1193.

---

c. *Civ.* **1189.** Le débiteur d'une obligation alternative est libéré par la délivrance de l'une des deux choses qui étaient comprises dans l'obligation.

d. *Civ.* **1193.** L'obligation alternative devient pure et simple, si l'une des choses promises périt et ne peut plus être livrée, même par la faute du débiteur. Le prix de cette chose ne peut pas être offert à sa place. — Si toutes deux sont péries, et que le débiteur soit en faute à l'égard de l'une d'elles, il doit payer le prix de celle qui a péri la dernière.

1194. Lorsque, dans les cas prévus par l'article précédent, le choix avait été déféré par la convention ou créancier ;

Ou l'une des choses seulement est périe ; et alors, si c'est sans la faute du débiteur, le créancier doit avoir celle qui reste ; si le débiteur est en faute, le créancier peut demander la chose qui reste, ou le prix de celle qui est périe ;

Ou les deux choses sont péries ; et alors, si le débiteur est en faute, à l'égard des deux, ou même à l'égard de l'une d'elles seulement, le créancier peut demander le prix de l'une ou de l'autre, à son choix.

1195. Si les deux choses sont péries sans la faute du débiteur, et avant qu'il soit en demeure, l'obligation est éteinte, conformément à l'article 1302 [80a].

Si toutes les deux ont péri, sans la faute du débiteur, *l'obligation est éteinte.*

Si quelqu'une d'elles a péri par la faute du débiteur ou depuis sa demeure, il doit payer le prix *de celle qui a péri la dernière.* Cette décision est contestable en droit pur. En effet, si de deux choses dues, c'est la seconde qui a péri par la faute du débiteur, il est sans doute naturel de lui faire payer le prix de cette dernière, puisqu'elle était devenue la seule due. Mais si c'est la première qui a péri par sa faute, bien que l'équité exige que la perte de la seconde par cas fortuit ne le libère pas, attendu qu'en faisant périr la première il a diminué les chances du créancier, il eût été plus équitable de lui faire payer le prix de celle qui a péri par sa faute, « puisque c'est elle qui se serait trouvée due et que le créancier aurait obtenue sans la faute du débiteur [6].

99. Au lieu d'être alternative, l'obligation disjointe, au point de vue de l'objet, peut être facultative, c'est-à-dire obliger une personne à donner ou à faire une seule chose, mais avec faculté pour elle d'en payer une autre à la place de celle qui est due.

L'obligation facultative ne porte que sur une chose, celle qui est due ; la chose que le débiteur peut payer à la place n'est pas *in obligatione*, mais seulement *in facultate solutionis*. De là il suit :

1° Que le créancier n'a que le droit de réclamer la chose qui est *in obligatione*, quoique le débiteur puisse répondre à sa demande et éteindre l'obligation, en payant celle qui est *in facultate solutionis*.

2° Que l'obligation est éteinte par la perte de la seule chose qui est due.

3° Que la créance est de même nature que la chose qui est *in obligatione*, quand même le créancier paye une autre chose à la place [1].

4° Que l'obligation est nulle, si la chose due ne peut faire l'objet d'une obligation, bien qu'il en soit autrement de celle qui est *in facultate solutionis*.

5° Qu'elle est au contraire valable et pure et simple, dans le cas inverse [2].

6. Pothier, *Oblig.*, n. 252 ; Marcadé, art. 1193.

1. V. Cass. 8 nov. 1815 (D. A. 12. 460).

2. Cass. 4 janv. 1837 (S. 37. 1. 445, D. 37. 1. 58).

100. Conditions ; effets de la solidarité active ; entre créanciers ;

§ 2. — De la solidarité active

100. La solidarité * active [1] définie dans l'article 1197 [a], est celle qui donne le droit à plusieurs créanciers de réclamer l'exécution intégrale de l'obligation, bien qu'elle soit divisible. En la définissant, l'article 1197 indique sommairement ses conditions : elle ne peut résulter que d'un titre *exprès*, sans qu'il existe aucun cas de solidarité légale entre créanciers [2].

Les effets de la solidarité active sont indiqués dans les articles 1198 et 1199 du code civil [b]. Il ressort assez clairement de ces dispositions que par rapport à chaque créancier solidaire, la créance peut se diviser en deux portions de différente nature : l'une appartient au créancier, et il peut en disposer à son gré ; quant à l'autre, il est censé seul créancier vis-à-vis du débiteur, et il représente ses cocréanciers pour en opérer le recouvrement, en tant que ses poursuites conservent la créance ou améliorent la position de ces derniers. Le code civil a abandonné la théorie du droit romain qui accordait à chaque créancier solidaire le pouvoir de disposer de toute la créance [3].

Quelle est la portion revenant à chaque créancier, et quels sont les effets de la représentation juridique actuellement reconnue à chacun d'eux ?

Entre créanciers, la créance solidaire se divise par portion virile, de la même manière que la créance simplement conjointe : *Concursu partes*

* **Bibliographie**. V. sur la *Solidarité,* Gérardin, Loison, Rodière.

1. V. n. 95 et 96.
2. Aubry et Rau § 298-5.
3. L. 2, *de duobus reis*, D. 45. 2; Pothier, *Oblig.*, n. 258 ; Aubry et Rau, § 298-6 à 8.

a. *Civ.* **1197**. L'obligation est solidaire entre plusieurs créanciers lorsque le titre donne expressément à chacun d'eux le droit de demander le paiement du total de la créance, et que le paiement fait à l'un d'eux libère le débiteur, encore que le bénéfice de l'obligation soit partageable et divisible entre les divers créanciers.

b. *Civ.* **1198**. Il est au choix du débiteur de payer à l'un ou à l'autre des créanciers solidaires, tant qu'il n'a pas été prévenu par les poursuites de l'un d'eux. — Néanmoins la remise qui n'est faite que par l'un des créanciers solidaires, ne libère le débiteur que pour la part de ce créancier.

1199. Tout acte qui interrompt la prescription à l'égard de l'un des créanciers solidaires profite aux autres créanciers.

fiunt. Il peut en être autrement, en vertu du titre primordial ou d'un autre titre : ainsi la créance peut être distribuée par portions inégales, ou même être attribuée en entier à l'un des créanciers. Mais ce cas exceptionnel (ainsi que le donne à entendre le § 2 de l'article 1198) ne permet que d'interpréter, dans un sens explicatif, et non dans un sens rectrictif, la disposition finale de l'article 1197 ; *encore que le bénéfice de l'obligation...* : en d'autres termes, la division de l'obligation est de règle entre les créanciers.

Entre créanciers et débiteur, la représentation juridique conférée implicitement à chaque créancier produit les effets suivants :

1° Les actes d'instance et les jugements peuvent être invoqués par les cocréanciers, sans qu'on puisse les leur opposer.

2° La mise en demeure et la demande d'intérêts, formées par l'un des créanciers, profitent aux autres.

3° La confusion ne nuit qu'à celui du chef duquel elle s'est opérée.

4° L'acte qui interrompt la prescription à l'égard de l'un des créanciers solidaires profite aux autres. Mais la suspension personnelle de prescription, existant au profit de l'un d'eux, ne peut être invoquée que par lui.

5° Chaque créancier solidaire a le droit de demander et de recevoir le total de la créance, sauf à rendre compte de sa part à chaque créanciers.

Quant aux autres actes de consentement, tels que remise de dette, transaction, compromis, serments, novation, ils ne sont opposables qu'au créancier qui les a consentis et pour sa part et portion ; mais ils peuvent être invoqués par les autres, s'ils leur paraissent favorables, puisque le créancier qui les a faits n'a pas alors excédé les limites de ses pouvoirs de représentation.

§ 3. — De la solidarité passive

101. L'obligation solidaire de la part des débiteurs est une obligation conjointe au point de vue des sujets passifs, de telle manière que chaque débiteur est obligé, vis-à-vis du créancier, comme s'il était seul : *totum et totaliter debet*. La définition que donne l'article 1200 du code civil [a] est défectueuse, attendu qu'elle ne rappelle pas suffisamment que la cause de la modalité actuelle réside dans la nature même du lien obli-

a. *Civ.* **1200**. Il y a solidarité de la part des débiteurs, lorsqu'ils sont obligés à une même chose, de manière que chacun puisse être contraint pour la totalité et que le paiement fait par un seul libère les autres envers le créancier.

101. ..... conditions ; sujet et objet ; forme ;

gatoire ; en sorte la que définition donnée est aussi bien applicable aux obligations indivisibles qu'aux obligations solidaires [1].

La solidarité passive suppose, avant tout, plusieurs débiteurs conjoints par l'identité d'objet et plusieurs liens obligatoires.

Il faut que les différentes dettes portent sur un même objet : autrement elles cesseraient d'être conjointes, et par conséquent solidaires. Ainsi lorsque une personne s'oblige avec une autre, mais par un acte différent, la dette peut être solidaire, à la condition qu'elle porte sur un même objet et qu'elle ne détruise pas la première : mais dans ces circonstances, la solidarité peut n'être qu'imparfaite [2].

Il est nécessaire que chaque débiteur soit obligé *in totum et totaliter*. Mais l'article 1201 [b] déclare que les modalités des liens obligatoires ne font pas obstacle à la solidarité.

Toute solidarité, suivant l'article 1202 [c], suppose un titre, c'est-à-dire une disposition de l'homme ou de la loi.

La solidarité qui dérive de la volonté de l'homme (contrat, testament, jugement) doit être *expressément stipulée* : elle ne se présume pas [3], sauf en matière commerciale, où les présomptions équivalent à des preuves écrites [4]. Puisqu'elle doit être expresse, le mot *solidarité*, sans être sacramentel, doit tout au moins être remplacé par termes équivalents, soit réunis, soit épars dans le contexte de l'acte [5]. Elle peut être prouvée conformément aux règles du droit commun [6].

1. Pothier, *Oblig.*, n. 261, 262 ; Aubry et Rau, § 298-18 ; Marcadé, art. 1200-I.
2. Pont., *Petits contrats*, 1039 ; Marcadé, art. 1201-II; Aubry et Rau, § 298-1. V. n. 105.
3. V. Cass. 2 mai 1882 (S. 84. 1. 146), 10 déc. 1895, (D. 96. 1. 307) ; Paris, 11 déc. 1895 (G. P. 96. 1. 178).
4. Cass. 7 juin 1837 (S. 38. 1. 70, D. 37. 1. 444) ; Paris, 3 fév. 1809. — V. aussi sur comm. de preuve par écrit : Cass. 7 juin 1882 (S. 84. 1. 157).
5. Cass. 19 prair. II, 7 déc. 1814, 9 janv. 1838, 4 août 1896 (D. 96. 1. 456) ; Grenoble, 20 janv. 1830; Cpr. Cass. 23 août 1871.
6. Cass. 7 juin 1882 (S. 84. 1. 517, D. 83. 1. 194).

b. *Civ.* **1201**. L'obligation peut être solidaire, quoique l'un des débiteurs soit obligé différemment de l'autre au paiement de la chose : par exemple, si l'un n'est obligé que conditionnellement, tandis que l'engagement de l'autre est pur et simple, ou si l'un a pris un terme qui n'est point accordé à l'autre.

c. *Civ.* **1202**. La solidarité ne se présume point; il faut qu'elle soit expressément stipulée. — Cette règle ne cesse que dans le cas où la solidarité a lieu de plein droit, en vertu d'une disposition de la loi.

La solidarité, qui résulte de la loi, peut se rattacher à un fait antérieur et à une obligation préexsistante, ou bien à une obligation que la loi crée en même temps qu'elle en prononce la solidarité. Dans le premier cas, la solidarité n'existe, d'une manière parfaite, qu'à partir du jugement qui reconnaît l'existence de l'obligation : jusque-là, elle demeure imparfaite [7]. Dans le second cas, elle existe en même temps que l'obligation, de la même manière que si elle était expresse [8]. D'ailleurs, il n'est pas nécessaire que la loi, qui prononce la solidarité, soit expresse : il suffit qu'elle soit claire et précise, d'après les règles ordinaires d'interprétation [9].

102. De même que la créance solidaire, la dette solidaire peut être divisée en deux parts. Il peut se faire qu'une partie doive être définitivement supportée par chacun des débiteurs. Quant au surplus, chacun d'eux est censé seul débiteur vis-à-vis du créancier ; et en même temps il représente ses codébiteurs à l'effet d'acquitter la dette, de la conserver sans augmentation, et d'améliorer leur position vis à-vis du créancier. L'application de ce principe facilitera la détermination des effets de la solidarité [1], soit entre le créancier et les débiteurs, soit entre les codébiteurs.

Dans les rapports du créancier avec avec ses débiteurs, les actes d'instance et les jugements ne peuvent être opposés qu'à celui des débiteurs qui y a été partie ; mais ses codébiteurs peuvent s'en prévaloir, s'il les jugent favorables, et s'ils ont rapport à la totalité de la dette. En effet, les codébiteurs se représentent l'un l'autre, sinon pour aggraver leur position respective, du moins pour améliorer leur situation [2], ou pour conserver la dette sans aggravation [3].

Tant que la dette existe chacun des débiteurs peut être poursuivi seul,

7. V. Pén. 55 (141a); Civ. 1734 (2204a); v. n 105.

8. Civ. 395 (3466 c).

9. Civ. 1202 § 2 (1.c c) ; Aubry et Rau, § 298-29.

1. Les effets sont les mêmes, quel qu'en soit le titre : Caen, 5 mars 1894 (G. P. 94 2. 247, D. 95. 2. 329).

2. Aubry et Rau, § 298-44 à 46 ; Pont., *Petits contrats*, II, 673. — V. n. 900 ; — v. cep. n. 911.

3. V. Cass. 28 déc. 1881, 1er déc. 1885 (D. 86. 1. 251) ; Agen, 28 oct. 1891 (D. 93. 2. 540). — Si cependant tous ont été compris dans le même jugement de condamnation, il n'y a plus de représentation juridique, et chacun d'eux doit user pour lui-même de ses voies de recours : Cass. 1er mai 1901 (G. P. 01. 1. 652).

ou avec les autres, ou après les autres, sauf le droit d'intervention des débiteurs non poursuivis [4] : c'est ce que déclarent les articles 1203 et 1204 [a]. Il n'en serait autrement que si une obligation, quoique qualifiée de solidaire, contenait une clause opposée à la faculté des poursuites successives [5]. D'ailleurs, celui ou ceux qui sont poursuivis ne peuvent opposer le *bénéfice de division,* qui leur permettrait d'obliger le créancier à poursuivre les autres codébiteurs, lorsqu'ils sont solvables, chacun pour leur part. Ce bénéfice est refusé au débiteur solidaire, parce qu'il est tenu vis-à-vis du créancier comme s'il était seul [6].

Le codébiteur solidaire poursuivi peut, suivant l'article 1208 [b] opposer les exceptions qui résultent de la *nature de l'obligation*, c'est-à-dire celles qui sont inhérentes à la dette, par exemple, le défaut d'objet licite : ces exceptions sont appelées *réelles* et tous les codébiteurs peuvent s'en prévaloir. — Il peut aussi opposer toutes les exceptions qui lui sont *personnelles* [7], ainsi que celles qui lui sont *communes* avec tous ou quelques uns des autres codébiteurs. — Quant à celles qui sont purement personnelles à ces derniers, comme la minorité, la dotalité, la violence ou le dol, il ne peut s'en prévaloir [8].

La faute ou la mise en demeure de l'un des débiteurs nuit à ceux qui sont tenus avec lui ou pour lui, à l'effet de perpétuer l'obligation, non de l'augmenter : *Non nocet ad augendam obligationem, sed nocet ad perpetuandam*. D'après cette décision de l'ancienne jurisprudence, adoptée par le code civil, les codébiteurs solidaires, ainsi que les débiteurs accessoires, sont tenus de la créance du *prix de la chose*, et des dommages et intérêts stipulés expressément dans le titre (clause pénale), *quia in totam*

4. Bordeaux, 19 août 1829 (S. 30. 2. 6, D. 30. 2. 46).

5. Bourges, 7 mars 1831 (S. 31. 2. 307, D. 31. 2. 158).

6. Pothier, *Oblig.*, n. 270.

7. Pont., *Petits contrats*, 388 ; Cpr. Aubry et Rau, § 293-35 ; Marcadé, art. 1208. — V. cep. sur l'exception de chose jugée : Paris, 22 janv. 1864 (D. 64. 2. 25).

8. Grenoble, 3 août 1886 (Rec. 87. 12).

a. *Civ.* **1203.** Le créancier d'une obligation contractée solidairement peut s'adresser à celui des débiteurs qu'il veut choisir, sans que celui-ci puisse lui opposer le bénéfice de division.

1204. Les poursuites faites contre l'un des débiteurs n'empêchent pas le créancier d'en exercer de pareilles contre les autres.

b. *Civ.* **1208.** Le codébiteur solidaire poursuivi par le créancier peut opposer toutes les exceptions qui résultent de la nature de l'obligation, toutes celles qui lui sont personnelles, ainsi que celles qui sont communes à tous les codébiteurs.

Il ne peut opposer les exceptions qui sont purement personnelles à quelques-uns des autres codébiteurs.

102. .... faute ou mise en demeure ; confusion ;

causam spoponderunt, c'est-à-dire, parceque celui qui répond de l'accomplissement d'une obligation, répond aussi implicitement et d'une manière accessoire de tout fait du débiteur qui empêche cet accomplissement. Mais le débiteur qui est en faute est seul tenu des *dommages et intérêts* qui augmentent l'obligation par suite d'une faute ou d'une mise en demeure : c'est en ce sens qu'on dit : *Unicuique sua mora nocet*. En effet, les dommages intérêts dont il s'agit proviennent uniquement d'une faute : or toute faute doit rester personnelle à son auteur [9].

D'après les articles 1205 et 1207 du code civil [c], cette décision, conforme au droit romain et à l'ancienne jurisprudence, est appliquée par le nouveau droit aux débiteurs solidaires. Mais pour accorder ces principes avec la disposition formelle de l'article 1207, qui fait courir les intérêts moratoires contre tous les débiteurs solidaires, on est obligé, bien que ce point de vue soit un peu subtil, de considérer l'obligation de payer des intérêts moratoires comme résultant d'une sorte de clause pénale tacitement stipulée.

La confusion, qu'elle résulte d'une succession ou de toute autre cause, éteint la créance solidaire, d'après l'article 1209 [d], — dont la disposition est rappelée dans l'article 1301 § 3 [9'] — dans la mesure suivant laquelle les deux qualités de débiteur et de créancier se rencontrent dans le même sujet : dans cette mesure-là, elle crée au profit des autres une exception réelle. Ainsi lorsque le créancier succède seul à l'un débiteurs, ou réciproquement, la dette est éteinte *pour la part du débiteur* : les mots qui suivent, *ou du créancier*, n'ont guère de sens, puisqu'il est question d'un créancier *unique*, qui possède nécessairement la créance en totalité et

9. L. 173, *de reg. juris*, D. 50. 17 ; Pothier, *Oblig.* 273, 629, 631.

9'. V. n. 1855.

c. *Civ.* **1205.** Si la chose due a péri par la faute ou pendant la demeure de l'un ou de plusieurs débiteurs solidaires, les autres codébiteurs ne sont point déchargés de l'obligation de payer le prix de la chose ; mais ceux-ci ne sont point tenus des dommages et intérêts.

Le débiteur peut seulement répéter les dommages-intérêts tant contre les débiteurs par la faute desquels la chose a péri, que contre ceux qui étaient en demeure.

1207. La demande d'intérêts formée contre l'un des débiteurs solidaires fait courir les intérêts à l'égard de tous.

d. *Civ.* **1209.** Lorsque l'un des débiteurs devient héritier unique du créancier, ou lorsque le créancier devient l'unique héritier de l'un des débiteurs, la confusion n'éteint la créance solidaire que pour la part et portion du débiteur et du créancier.

102. .... perte de la chose ; prescription ;

non pour partie. Si le créancier succédait à l'un des débiteurs, conjointement avec d'autres personnes, la confusion n'éteindrait la créance que pour la part incombant au créancier dans la portion de ce débiteur ; et réciproquement [10].

La perte de la chose due éteint la dette suivant les règles ordinaires [11], et crée une exception réelle que tous les codébiteurs peuvent opposer : à la condition que cette perte ne provienne, ni du fait, ni de la faute, ni de la mise en demeure de l'un d'eux [11].

Quant à la prescription, si elle est accomplie, elle est en elle-même une exception commune à tous les codébiteurs, et elle leur demeure acquise, bien que l'un d'eux en soit déchu par renonciation ou de toute autre manière : car les codébiteurs n'ont pas pouvoir de se représenter mutuellement à l'effet d'augmenter l'obligation [12].

Mais si la prescription n'est pas acquise, les *poursuites* faites contre l'un des débiteurs, *l'interpellation* adressée à l'un d'eux, ou sa *reconnaissance* [13], interrompt la prescription à l'égard de tous. Telle est en effet la disposition des articles 1206 et 2249 [e]. Que si au lieu de s'adresser à l'un des débiteurs solidaires, les poursuites sont dirigées contre *l'un des héritiers de ce débiteur*, la prescription n'est pas interrompue à l'égard des autres héritiers, qui ne sont nullement les représentants les uns des au-

10. Marcadé, art. 1209.
11. V. n. 80 et ss.
12. Cpr. civ. 2225 (83a) ; Paris, 8 pluv. X ; Limoges, 19 déc. 1842 (S. 43. 2. 495); Marcadé, art. 2250-I et III.
13. Pourvu qu'elle ait date certaine avant l'accomplissement de la prescription. V. Bordeaux, 23 déc. 1861 (S. 62. 2. 319).

e. *Civ.* **1206**. Les poursuites faites contre l'un des débiteurs solidaires interrompent la prescription à l'égard de tous.

2249. L'interpellation faite, conformément aux articles ci-dessus [2244 et ss.], à l'un des débiteurs solidaires, ou sa reconnaissance, interrompt la prescription contre tous les autres, même contre leurs héritiers.

L'interpellation faite à l'un des héritiers d'un débiteur solidaire, ou la reconnaissance de cet héritier, n'interrompt pas la prescription à l'égard des autres cohéritiers, quand même la créance serait hypothécaire, si l'obligation n'est indivisible.

Cette interpellation ou cette reconnaissance n'interrompt la prescription, à l'égard des autres codébiteurs, que pour la part dont cet héritier est tenu.

Pour interrompre la prescription pour le tout, à l'égard des autres codébiteurs, il faut l'interpellation faite à tous les héritiers du débiteur décédé, ou la reconnaissance de tous ces héritiers, tres; et à l'égard des autres codébiteurs, la prescription n'est interrompue que *pour la part* de cet héritier dans la succession du codébiteur défunt [14].

En aucun cas, la suspension résultant de l'impossibilité d'agir contre un seul des débiteurs, n'a d'effet à l'égard des autres [15].

La loi s'occupe encore de l'influence de la solidarité sur les titres consensuels, savoir : le paiement [16], la compensation [17], la remise de dette [18], et la novation [19] ; mais les règles contenues dans ses dispositions se trouveront mieux à leur place et seront mieux comprises au titre des contrats.

103. Dans les rapports des codébiteurs entre eux, la solidarité peut être examinée au double point de vue de la répartition de la dette et des recours respectifs qui suivent le paiement.

La dette se divise *de plein droit* entre les codébiteurs conformément aux clauses du titre ; à défaut de clauses, suivant l'intérêt de chaque codébiteur, tel qu'il est établi par le titre ou les circonstances ; enfin s'il ne paraît pas que l'intérêt des codébiteurs soit inégal (c'est le cas prévu par l'article 1213 du code civil [a]), chacun d'eux est présumé retirer de la dette un profit égal, et est tenu par conséquent d'en supporter une *part et portion* virile. La dette peut donc se répartir, ou en parts égales, ou en parts inégales ; elle peut même être à la charge d'un seul débiteur [1]. La décision de ce point dépend des clauses du titre et des circonstances du fait [2], prouvées suivant les règles ordinaires [3].

Quant au recours des codébiteurs entre eux, il ne peut jamais être exercé avant le paiement : l'article 2032 [4] du code civil, qui autorise la caution à agir contre le débiteur avant d'avoir payé, n'est pas applicable en matière de solidarité [5]. D'où il suit que ce recours n'existe qu'après le paiement, et qu'ainsi les règles qui y sont relatives doivent être exposées avec celles du paiement [6].

14. Cpr. cep. Pau, 27 juin 1853 (S. 53. 2. 640).
15. Cass. 23 fév. 1832 (S. 32. 1. 537, D. 32. 1. 178).
16. Civ. 1214 et 1216 (550 a, b).
17. Civ. 1294 (556 a).
18. Civ. 1210 à 1212 (567 a).
19. Civ. 1250, 1281 (583 c, a).

1. V. civ. 1216 (550 b).
2. V. Lyon, 1er avril 1887 (D. 91. 1. 342).
3. Liège, 3 mars 1886 (D. 88. 2. 71). Cpr. Cass. 29 oct. 1890 (D. 91. 1. 475).
4. V. n. 1865 a.
5. Riom, 18 août 1840 (S. 40. 2. 419).
6. V. n. 550.

a. *Civ.* **1213**. L'obligation contractée solidairement envers le créancier, se divise de plein droit entre les débiteurs, qui n'en sont tenus entre eux que chacun pour sa part et portion.

104... Inefficacité de la solidarité ; décharge. — **105**. Modalités des obligations solidaires ;

104. La solidarité peut devenir inefficace et s'éteindre en raison d'un vice du titre originaire, ou par l'effet d'un titre nouveau.

Les vices du titre dépendent de sa nature et de son espèce.

Quant au titre nouveau, il peut résulter ou d'un consentement, tel que la renonciation ou décharge [1], le paiement [2], la novation [3], dont il sera question au titre des contrats ; — ou d'un délit ou quasi-délit du créancier préjudiciable aux débiteurs.

Sur ce dernier point, on s'est demandé si le créancier qui, par sa renonciation, sa faute ou sa négligence, a rendu impossible, au profit du débiteur qui le désintéresse, la subrogation aux droits, privilèges et hypothèques de la créance, n'est pas déchu du bénéfice de la solidarité. On verra, en effet, au sujet du paiement, que cette subrogation a lieu de plein droit au profit du créancier qui a payé [4] ; et au titre du cautionnement, que la caution est déchargée quand la subrogation ne peut plus s'opérer par le fait du créancier [5] : ce qui donne naissance au profit de la caution à l'exception appelée *cedendarum actionum*. Cette exception peut-elle être opposée par le débiteur solidaire, dans les mêmes circonstances ? Vis-à-vis du créancier, les débiteurs solidaires sont engagés d'une manière principale : tandis que la caution n'est obligée qu'à défaut du débiteur et des sûretés réelles de la créance. On décide donc, avec raison, que le débiteur solidaire ne peut se prévaloir de l'exception ci-dessus, et qu'ainsi, dans ce cas particulier, il n'y a pas quasi-délit du créancier [6]. Mais si ce dernier n'avait pas seulement laissé s'éteindre, par négligence, les sûretés accessoires de sa créance, et que, de plus, il y eût renoncé dans le but de nuire aux autres codébiteurs solidaires, il pourrait encourir, en vertu de l'article 1382 du code civil et de son délit, une déchéance analogue à celle du créancier vis-à-vis de la caution [7].

105. L'obligation solidaire est susceptible de toutes les modalités qui peuvent être apposées à une obligation quelconque. Bien plus, une modalité peut exister au profit de l'un des codébiteurs, sans avoir effet au profit des autres : c'est ce que décide, en termes exprès, l'article 1201 du

1. V. n. 566, 537.
2. V. n. 550.
3. V. n. 583.
4. V. civ. 1250 (574 a).
5. V. civ. 2037 (1864 a).
6. Cass. 13 fév. 1816, 5 déc. 1843, 13 janv. 1852, 18 fév. et 3 avril 1861 (S. 61. 1. 586, D. 61. 1. 153) ; Toulouse, 19 mars 1842 ; Riom, 2 juin 1846 ; Dijon, 30 avril 1847 ; Bordeaux, 14 fév. 1849 ; Paris, 8 nov. 1851 ; Bourges, 10 juin 1851 ; Nîmes, 24 nov. 1855. — Cpr. cep. Cass. 13 fév. 1816.
7. Nîmes, 3 déc. 1819. Cpr. Pau, 18 mai 1833 (S. 33. 2. 556) ; Pothier, *Oblig.*, n. 275 ; Aubry et Rau, § 298-56.

code civil, reproduit plus haut [1]. Dans ce dernier cas, si la modalité consiste dans une condition ou un terme, elle produit, au profit du codébiteur, une exception purement personnelle, dont les autres ne peuvent se prévaloir [2].

Une obligation solidaire peut aussi être en même temps indivisible : on applique alors les règles de l'indivisibilité et de la solidarité combinées.

La solidarité peut être parfaite : c'est celle dont il a été question jusqu'ici. Mais une obligation peut aussi être imparfaitement solidaire : ce qui a lieu, lorsque chaque codébiteur est obligé pour le tout, sans être le représentant juridique des autres codébiteurs [3].

Une obligation de cette nature peut résulter :

Ou d'un contrat, notamment lorsque la solidarité n'a été consentie qu'après coup et à l'insu des premiers obligés ;

Ou d'un testament, par exemple, dans le cas prévu par l'article 1033 du code civil [4] ;

Ou d'une déclaration expresse de la loi, qui prononce simplement la *responsabilité solidaire* des co-obligés : ce qui se réalise, en particulier, dans les dispositions des articles 1734 et 1887 du code civil [5], et 55 du code pénal [6].

Au sujet de cette dernière disposition, il importe d'observer qu'en vertu de ses termes mêmes, tous ceux qui sont condamnés à raison d'un crime ou d'un délit, en matière répressive, sont tenus solidairement des amendes, des restitutions, des dommages-intérêts et des frais. D'où il suit que les coauteurs d'une infraction de cette nature sont obligés, dès l'origine de leur acte, d'une manière imparfaitement solidaire. En est-il de même en matière de délits et de quasi-délits de droit civil ?

En ce qui concerne les délits, la jurisprudence admet avec raison la même décision. En effet, les délits de droit criminel et les délits de droit civil sont, les uns et les autres, accomplis avec l'intention de nuire. Si l'article 55 du code pénal prononce la solidarité entre tous les auteurs ou complices d'un même crime ou délit, c'est que généralement *(lex ab eo quod plerumque fit)*, l'intention de nuire a été concomittante et mise, pour ainsi dire, en commun ; et qu'ainsi les auteurs ou complices ont contribué à l'accomplissement de l'entier crime ou délit, sinon comme causes

1. V. n. 101 b.
2. Aubry et Rau, § 298-35.
3. V. cep. Laurent, XVII, 313 à 318.
4. V. n. 2842 b.
5. V. n. 2204 a, 2296 b.
6. V. n. 141 a.

physiques, du moins comme causes morales. Or, les mêmes raisons existent dans le cas de délit civil : l'intention de nuire est réelle, et il est à présumer qu'elle a été mise en commun [7]. Ainsi, et spécialement, les auteurs ou complices d'actes frauduleux doivent ou peuvent être condamnés solidairement aux restitutions et dommages-intérêts encourus [8].

La jurisprudence étend même cette solution aux quasi-délits de droit civil [9], du moins toutes les fois que les résultats en sont indivisibles, c'est-à-dire toutes les fois que les divers auteurs du quasi-délit ont chacun contribué physiquement à commettre le fait quasi-délictueux d'une manière totale, de telle sorte que l'appoint des autres était superflu [10] ; ou encore, toutes les fois qu'il est impossible de déterminer la part de dommages à la charge de chacun des auteurs du fait [11]. D'où il suit que, dans ce cas, l'action en réparation peut-être dirigée contre un seul des auteurs du fait dommageable [12], sauf aux juges à répartir, également ou inégalement, l'indemnité entre les auteurs du quasi-délit commun [13].

Enfin la même décision est appliquée à la simple responsabilité purement civile, dont les règles sont analogues à celles des délits et quasi-délits [14]. La solidarité, dans tous les cas, s'étend même aux dépens, quand ils sont expressément alloués à titre de dommages et intérêts [15].

Quelles que soient les causes de la solidarité imparfaite, celle-ci devient parfaite par l'effet de la condamnation des codébiteurs, c'est-à-dire qu'à partir du jugement, ces derniers deviennent les représentants les uns des autres.

7. Cass. 3 juil. 1817, 12 fév. 1818, 7 août 1837, 12 mars 1839, 20 juil. et 29 déc. 1852, 4 mai 1859, 9 déc. 1872 (S. 73. 1. 11) ; Paris, 26 fév. 1829 ; Rennes, 9 mai 1835 ; Cpr. Cass. 23 mars 1875 ; Pothier, *Oblig.*, n. 264. V. Aubry et Rau § 298-30 ; Marc. 1202, n. II. Cpr. Lyonnet, *De justitia et de jure*, p. 3a, cap. 3, n. I ; — v. cep. Laurent-XVII, 318 à 325. *Secus*, si faits distincts, quoique identité de temps et d'objet, Alger, 19 déc. 1871.

8. Cass. 18 août 1862, 12 janv. 1863 ; Bordeaux, 16 mars 1832 ; v. n. 75-3. — Cpr. Cass. 17 janv. 1873 (D. 74. 1. 501). — V. cep. sur les pouvoirs du juge : Cass. 19 nov. 1869 (D. 70. 1. 444), 28 mars 1885 (G. P. 85. 2. 449).

9. Cass. 5 mars 1894 (G. P. 94. 2. 247).

10. Cass. 11 juil. 1826, 29 fév. 1836, 8 nov. 1836, 12 juil. 1837, 29 juil. 1840, 20 juil. 1852, 25 juil. 1870, 9 déc. 1872 ; Aix, 14 mai 1825 ; Nancy, 18 mai 1827 ; Rocroi, 16 janv. 1873 (S. 73. 2. 233, D. 73 3. 46) ; Aubry et Rau 298-32 ; — V. cep. Marcadé, art. 1202-II.

11. Cass. 11 juil. 1826, 3 mai 1827, 4 mai 1859, 12 janv. 1863, 14 août 1867, 12 janv. 1881, 28 janv. 1885, 18 nov. 1885, 16 mai 1892, 11 juil. 1892 (S. 92. 1. 505, D. 94. 1. 513, G. P. 92. 2. 399) ; Besançon, 30 juil. 1884.

12. Nancy, 7 mars 1874 (S. 74. 2. 100, D. 74. 2. 184).

13. Poitiers, 21 déc. 1891 (G. P. 92. 1. 206).

14. Cass. 3 mai 1827, 30 janv. 1840 ; Bordeaux, 9 fév. 1839 ; Besançon, 30 juil. 1884 (S. 85. 2. 44). — Cpr. Cass. 4 mai 1859 ; Nîmes, 16 juin 1826.

15. V. n. 886.

Pendant tout le temps qu'elle demeure imparfaite, l'obligation produit les effets de celle qui est parfaitement solidaire, à part les conséquences résultant de la représentation juridique entre codébiteurs. Ainsi la mise en demeure de l'un d'eux, l'interruption de la prescription contre l'un d'eux, ne sont pas opposables aux autres. Et d'un autre côté, le jugement favorable obtenu par l'un des débiteurs, la remise faite à l'un d'eux ne peut profiter aux autres pour le tout, mais seulement dans la mesure suivant laquelle ils auraient eu un recours à exercer contre le codébiteur libéré[16].

SECTION II.

DES OBLIGATIONS DIVISIBLES OU INDIVISIBLES *

106. Les articles 1217 à 1219 du code civil [a] définissent les obligations divisibles et indivisibles. Cette distinction, qui s'applique aussi aux actions [1], ne dépend plus, comme la précédente, de la nature du lien obligatoire, mais de la divisibilé ou de l'indivisibilité naturelle ou intentionnelle, physique ou juridique [2], de l'objet qui est la matière de l'obligation.

L'indivisibilité, en général, est la qualité d'un objet *qui n'est pas susceptible de division*. Elle diffère de l'indivision, comme la divisibilité diffère de la division, et la possibilité de l'actualité. Elle est de deux espèces : naturelle ou intentionnelle.

L'indivisibilité *naturelle* est celle qui se rapporte à un objet qui, en lui-même, n'est susceptible d'aucune division, ni matérielle, ni intellectuelle. Il ne suffit pas qu'un objet ne soit pas sesceptible de parties matérielles ;

* **Bibliographie**. V. Deflers, Rodière.

16. Aubry et Rau, § 298-22 et 23.

1. V. Cass. 29 avril 1895 (D. 95. 1. 454) ; Paris, 3 nov. 1892.
2. Annecy, 5 déc. 1889 (Loi 28).

a. *Civ.* **1217**. L'obligation est divisible ou indivisible, suivant qu'elle a pour objet, ou une chose qui dans sa livraison, ou un fait qui dans l'exécution, est ou n'est pas susceptible de division, soit matérielle, soit intellectuelle.

1218. L'obligation est indivisible, quoique la chose ou le fait qui en est l'objet soit divisible par sa nature, si le rapport sous lequel elle est considérée dans l'obligation ne la rend pas susceptible d'exécution partielle.

1219. La solidarité stipulée ne donne point à l'obligation le caractère d'indivisibilité.

106. .... naturelle ; intentionnelle ;

il faut de plus qu'il ne puisse pas être divisé en parties intellectuelles ou juridiques. Ainsi un cheval n'est pas susceptible de parties matérielles, puisque le morcellement détruirait sa nature et son espèce : néanmoins on peut le posséder et en faire l'objet d'une obligation pour partie, par exemple, pour un tiers ou pour un quart. Et cette divisibilité-là suffit pour empêcher l'obligation, qui a pour objet un cheval, d'être indivisible par sa nature [3].

Pothier appelait *absolue* l'indivisibilité naturelle. Dumoulin, auquel Pothier, et le code après lui, ont emprunté toutes les règles du présent sujet, la désignait sous le nom d'indivisibilité *contractu*, sans doute parcequ'elle dérivait de plein droit du contrat, abstraction faite de l'intention des parties. Mais cette expression est amphibologique et peut servir à désigner aussi bien, et même mieux, la seconde espèce d'indivisibilité.

D'après la définition qui vient d'être donnée de l'indivisibilité naturelle, on devra considérer comme *divisible par sa nature*, l'obligation qui a pour objet un hectare de terre, un lingot d'or, ces objets étant matériellement divisibles ; et aussi l'obligation qui porte sur un cheval, sur une statue, qui sont susceptibles de parties juridiques ; enfin toute obligation correspondante à un droit de copropriété [4]. Au contraire, il faudra voir une obligation naturellement indivisible, dans celle qui a pour objet une servitude, une hypothèque ou un voyage à tel endroit, puisqu'on ne peut ni diviser ces objets matériellement, ni les posséder ou les exécuter pour un tiers ou pour un quart.

La seconde espèce d'indivisibilité a été désignée sous le nom d'*intentionnelle* : elle consiste dans la qualité d'un objet qui, quoique divisible par sa nature, n'est pas susceptible de division d'après l'intention des parties et le *rapport sous lequel* il a été *considéré*.

Ainsi l'obligation de construire une maison est indivisible [5]. Bien qu'en effet la construction d'une maison soit un fait divisible, cependant, dans cette obligation, on envisage moins le fait passager de la construction que son résultat final et permanent, c'est-à-dire la maison à construire, laquelle, sous ce point de vue, constitue une forme et une essence nécessairement indivisible. Il en serait de même de l'obligation de faire une statue ou un portrait, ou de l'entreprise de mouture à laquelle ont l'in-

3. Pothier, *Oblig.*, n. 287, 288.

4. Cass. 23 juin 1851 (S. 51. 1. 603, D. 51. 1. 165). — V. cep. Cass. 11 janv. 1825.

5. Orléans, 3 avril 1851 (D. 52. 2. 108). — Mais voy. pour le paiement du prix : Seine, 12 déc. 1882 (G. P. 83. 1. 219) ; Annecy, 21 avril 1888 (*Loi*, 16 mai).

tention de se livrer deux associés, qui prennent un moulin à ferme pour l'exploiter [6]. Bien plus, l'obligation qui a pour objet un terrain de telle contenance est indivisible, quoique l'objet soit divisible de sa nature, si cette contenance est toute entière indispensable à l'usage auquel le terrain est destiné [7]. Il en est de même du paiement d'une somme affectée à l'entretien d'une école gratuite [8].

L'indivisibilité intentionnelle est désignée par Pothier et par Dumoulin sous le nom d'indivisibilité *obligatione*. Cette dénomination n'est pas très expressive, et a d'ailleurs l'inconvénient de se rapprocher beaucoup de celle d'indivisibilité *contractu*, réservée par Dumoulin à l'indivisibilité naturelle.

La distinction des obligations en divisibles ou indivisibles n'a d'intérêt que lorsqu'il existe plusieurs créanciers ou débiteurs [9]. Au reste, elle s'applique indifféremment aux obligations qui ont pour objet une *chose* ou un *fait*. Des auteurs ont prétendu que les obligations de faire ou de ne pas faire étaient toujours et nécessairement indivisibles ; mais il n'en est pas ainsi : par exemple, l'obligation de transporter tant de mètres cubes de pierre, et celle de ne pas moissonner avant telle époque, sont l'une et l'autre entièrement divisibles [10].

On ne doit pas confondre l'indivisibilité soit naturelle, soit intentionnelle, avec celle d'exécution ou de paiement. Sans doute, l'indivisibilité *natura* ou *intentione* suppose toujours l'indivisibilité *solutione* ; mais il n'en est pas de même à l'inverse. En effet, il peut être juridiquement impossible de payer par parties l'objet d'une obligation, bien qu'il soit divisible naturellement et intentionnellement : l'article 1221 du code civil, ci-après expliqué, indique à ce sujet plusieurs espèces [11]. Dans le cas d'indivisibilité *solutione*, la renonciation du créancier à son droit laisse subsister l'obligation primitive avec sa nature propre : tandis que la renonciation à l'indivisibilité *natura* ou *intentione* dénature l'obligation originaire. — Les articles 1217 et 1218 du code civil ont pu prêter à la confusion qui vient d'être indiqué : car au lieu de faire reposer uniquement la distinction des obligations en divisibles et indivisibles sur leur objet

6. Bruxelles, 28 nov. 1806 (D. A. 10. 536).

7. Pothier, *Oblig.*, n. 293, 296 ; Aubry et Rau, § 301-8. V. aussi sur l'obligation de remettre des documents, Bordeaux, 24 juin 1834 (S. 34. 2. 580) ; — sur l'obligation de réparer un dommage : Cass. 13 juin 1860 (D. 60. 1. 435).

8. V. Lyon, 14 juin 1894 (Mon. 20 déc.)

9. V. ci-après n. 107.

10. Cpr. Pothier, *Oblig.*, n. 289 ; Marcadé, art. 1218-III ; Aubry et Rau, § 381-6.

11. V. n. 108.

même, ils ont eu le tort de parler de la *livraison* de la chose ou de *l'exécution* du fait, dont ils auraient dû faire abstraction [12].

Il faut aussi distinguer l'obligation indivisible de l'obligation solidaire, car une obligation peut être indivisible sans être solidaire, et solidaire sans être indivisible : *Longe aliud est,* dit Dumoulin, *plures teneri ad idem in solidum, et aliud obligationem esse individuam* [13]. Dans les deux cas, les débiteurs sont tenus du tout ; mais ils en sont tenus tantôt *in totum et totaliter*, à cause du lien obligatoire, tantôt *ex necessitate,* ou *in totum, non totaliter* [14], à raison de l'impossibilité d'accomplir partiellement l'obligation indivisible. La modalité, dans le premier cas, n'affecte que la personne et ne se transmet pas aux héritiers : elle est, dans le second cas, réelle et transmissible [15]. On verra plus loin d'autres conséquences de ces caractères distinctifs.

§ 1. — Des obligations divisibles

107. La nature et les effets de ces obligations, définies comme il vient d'être dit [1], sont déterminées par l'article 1220 du code civil [a].

Si l'obligation est unique, dès l'origine, c'est-à-dire s'il n'existe qu'un seul débiteur et qu'un seul créancier, bien que susceptible de division, elle s'exécute *comme si elle était indivisible*, tant qu'elle n'a pas été divisée entre plusieurs débiteurs ou plusieurs créanciers. En d'autres termes, il n'y a aucun intérêt à distinguer si l'obligation est divisible ou indivisible, toutes les fois qu'il n'y a qu'un créancier et qn'un débiteur.

Mais l'obligation peut être multiple, au point de vue des sujets, en vertu

12. V. n. 106a ; Marc., art. 1218-I.
13. *Extric. labyr.*, p. 3a, n. 112.
14. M. Baudry-Lacantinerie traduit, avec sa précision et sa clarté habituelles, cette distinction de l'école, par ces mots : « Chacun des codébiteurs solidaires est obligé au tout et doit le tout, tandis que chacun des débiteurs d'une même dette indivisible est obligé au tout, mais ne doit que sa part. » (*Précis de dr. civil*, II, 233).
15. Cpr. Pothier, *Oblig.*, n. 323 et ss. ; Cass. 23 juin 1851 (D. 51. 1. 165).
16. V. n. 111 ; Baudry-L , II, 233, 234.

1. V. n. 107.

a. *Civ.* **1220**. L'obligation qui est susceptible de division, doit être exécutée entre le créancier et le débiteur comme si elle était indivisible. La divisibilité n'a d'application qu'à l'égard de leurs héritiers, qui ne peuvent demander la dette ou qui ne sont tenus de la payer que pour les parts dont ils sont saisis ou dont ils sont tenus comme représentant le créancier ou le débiteur.

du titre originaire. Dans ce cas, si elle est divisible, il faut appliquer ce qui a été dit plus haut des obligations simplement conjointes [2].

D'un autre côté, l'obligation peut devenir multiple en vertu de titres postérieurs. Cette division de la créance, soit activement, soit passivement, provient le plus souvent de l'ouverture d'une succession déférée à plusieurs héritiers. Mais elle peut provenir aussi de quelque autre titre : rien n'empêche, par exemple, que le créancier de dix mille francs cède et transporte à un tiers la moitié de cette créance. — L'obligation divisée, de quelque manière que ce soit, doit être considérée comme une obligation simplement conjointe. Elle diffère toutefois de l'obligation multiple dès l'origine, en ce que, si la division cesse plus tard par une cause quelconque (par exemple, par l'acceptation pure et simple, de la part d'un seul cocréancier ou codébiteur, des successions de tous les autres), l'obligation redevient une et le paiement partiel peut de nouveau être refusé [3].

108. Une obligation divisible peut être de telle nature que son exécution soit indivisible. Cette modalité, dont les règles sont énoncées dans l'article 1221 du code civil [a], influe non seulement sur l'exécution et le paiement, mais encore sur les poursuites, sur la mise en demeure et sur la prescription : — de là, nécessité d'en traiter ici, abstraction faite de règles spéciales au paiement.

2. V. n. 96 [2].

3. Pothier, *Oblig.*, 318 à 320, 329 ; Bigot-Préameneu, *Exposé des motifs* ; Aubry et Rau, § 301-15.

a. *Civ.* **1221**. Le principe établi dans l'article précédent reçoit exception à l'égard des héritiers du débiteur,

1° Dans le cas où la dette est hypothécaire ;

2° Lorsqu'elle est d'un certain temps ;

3° Lorsqu'il s'agit de la dette alternative de choses au choix du créancier, dont l'une est indivisible ;

4° Lorsque l'un des héritiers est chargé seul, par le titre, de l'exécution de l'obligation ;

5° Lorsqu'il résulte, soit de la nature de l'engagement, soit de la chose qui en fait l'objet, soit de la fin qu'on s'est proposée dans le contrat, que l'intention des contractants a été que la dette ne pût s'acquitter partiellement.

Dans les trois premiers cas, l'héritier qui possède la chose due ou le fonds hypothéqué à la dette, peut être poursuivi pour le tout sur la chose due ou sur le fonds hypothéqué [1945 a], sauf le recours contre ses cohéritiers [2706]. Dans le quatrième cas, l'héritier seul chargé de la dette, et dans le cinquième cas, chaque héritier, peut aussi être poursuivi pour le tout, sauf son recours contre ses cohéritiers.

108. ... à exécution indivisible; cinq cas d'indivisibilité d'exécution; deux à éliminer;

Ordinairement l'exécution d'une dette conjointe et divisible ne peut être accomplie, vis-à vis de l'un des créanciers, ni réclamée à l'un des débiteurs, que dans la mesure de leurs parts respectives. L'art. 1221 ne fait pas exception à la première partie de cette règle, c'est-à-dire que chaque créancier, quand même l'obligation soit indivisible *solutione*, ne peut exiger que sa part de la créance.

Mais cette règle reçoit exception à l'égard des *héritiers du débiteur*, ou, pour s'exprimer d'une manière plus compréhensive et plus exacte, à l'égard des codébiteurs [2], alors que l'exécution de la dette est indivisible. Il s'agit donc de déterminer ici, pour l'interprétation de l'article 1221 du code civil, dans quels cas l'exécution de la dette est indivisible, et quels sont les effets de chacune de ces hypothèses sur la poursuite des codébiteurs. Il sera nécessaire de signaler ensuite l'influence de l'indivisibilité *solutione* sur la mise en demeure et sur la prescription.

L'article 1221 signale cinq cas d'indivisibilité d'exécution ; mais ceux prévus dans les numéros 1 et 3 doivent être retranchés du sujet actuel.

En effet, lorsque la dette est *hypothécaire*, le droit du créancier de poursuivre *pour le tout* le fonds hypothéqué, et par conséquent le débiteur qui le détient, sauf son recours, ne résulte pas d'un cas d'indivisibilité de paiement d'une obligation personnelle, puisque le débiteur poursuivi peut se soustraire à la prétendue indivisibilité et à toute espèce de paiement en abandonnant et en cessant de posséder le fonds hypothéqué [3] : tandis qu'il n'aurait pu se dépouiller d'aucune manière de l'obligation, si elle eût été personnelle. Il est donc certain que la poursuite pour le tout contre l'un des codébiteurs est simplement fondée sur l'obligation réelle résultant des effets de l'hypothèque, effets dont il sera question ailleurs avec plus de détails [4].

En second lieu, le cas prévu dans le numéro 3 de l'article 1221 trouve le principe de sa solution, bien plus dans la nature de l'obligation alternative que dans celle de l'obligation indivisible dans son exécution. En effet, dans le cas de dette alternative, on ne peut jamais payer partie d'une chose et partie d'une autre [5], qu'il y ait un seul débiteur ou plusieurs, que la chose soit divisible ou *indivisible*, qu'elle soit au *choix du créancier* ou au choix du débiteur [6].

1. V. n. 543.
2. V. Annecy, 5 déc. 1889 (*Loi*, 28).
3. V. n. 3908 a.
4. Cpr. civ. 2249 (102 e) ; Bigot-Préameneu, *Exposé des motifs* ; Marcadé, art. 1221-II ; Aubry et Rau, § 301-26 ; — v. n. 1940 et ss.
5. V. civ. 1191 (98 c).
6. Cpr. Pothier, *Oblig.*, n. 312.

108. .... dette d'un corps certain ; débiteur chargé seul de l'exécution ;

Il reste donc seulement trois cas d'indivisibilité d'exécution.

Le premier se réalise lorsque *la dette est d'un corps certain*. La loi suppose ici que le corps certain, c'est-à-dire la chose déterminée dans son individualité, est échu au lot de l'un des cohéritiers, en d'autres termes qu'il appartient à l'un des codébiteurs. Si, en effet, la chose était indivise entre eux, il n'y aurait aucune raison pour actionner l'un plutôt que l'autre. Mais il importe peu que la dette d'un corps certain provienne d'une obligation de transmission ou d'une obligation de restitution.

Dans le cas qui vient d'être spécifié, et bien que l'action soit personnelle et n'ait pas la nature d'une revendication, le créancier peut poursuivre le détenteur de la chose *pour le tout*, sans préjudice du droit de poursuivre et de faire condamner les autres débiteurs pour leur part. Cette règle est une innovation. D'après l'ancien droit et les principes purs, l'action, étant personnelle, ne peut s'intenter que pour la part de la dette, puisque toute action est un effet du droit et ne peut avoir plus d'étendue que lui. Aussi Pothier, après Dumoulin, décidait que le débiteur ne peut être poursuivi que pour sa part, bien qu'il soit obligé de payer le tout [7]. La théorie nouvelle produit, quant à l'interruption de prescription, une conséquence fâcheuse, qui sera exposée tout à l'heure [8].

Le second cas d'indivisibilité d'exécution a lieu, lorsque l'un des débiteurs [9] est *chargé seul par le titre de cette exécution*. Il faut qu'il soit chargé seulement de l'exécution : si l'héritier débiteur était chargé de l'obligation elle-même (ce qui ne peut avoir lieu que par testament [10]), il serait seul débiteur, par conséquent, l'espèce sortirait de l'hypothèse d'indivisibilité *solutione*, qui suppose plusieurs débiteurs. Mais il peut n'être chargé que de l'exécution, qui n'est relative qu'au mode et non à la substance de l'ogation [11]. — Dans ce cas, il peut être poursuivi *pour le tout*, et les autres débiteurs pour leurs parts. Seulement le débiteur poursuivi pour le tout, quand il n'est chargé que de l'exécution, peut demander à mettre en cause

7. Pothier, *Oblig.*, n. 316 ; Aubry et Rau, § 301-27 à 30 ; v. cep. Marcadé, art. 1221-III.

8. V. n. 109 [3].

9. La loi dit inexactement, l'un des *héritiers* : d'où on a conclu que, par dérogation à la prohibition des pactes sur successions futures (2743 [a]), la clause conventionnelle, imposant cette charge à un seul des héritiers, était exceptionnellement autorisée, (Baudry-L., II, 229). Si elle a pour point de départ une rédaction inexacte (v. n 101), cette déduction est certainement exagérée.

10. Nemo nisi de se promittere potest ; Civ. 1119 (489 [b]). V. cep. Baudry-L., *lo co*.

11. Dumoulin, *Extric. labyr.*, p. 2a. n. 30 et 31.

ses cohéritiers, afin de faire statuer sur son recours ; mais il ne peut éviter lui-même la condamnation pour le tout [12].

Le troisième cas se rapporte à une clause du titre, expresse ou implicite, disposant que la dette ne peut *s'acquitter partiellement*. L'intention implicite peut résulter de causes diverses, savoir : — 1° de la *nature de l'engagement*, par exemple l'obligation de délivrer une chose à titre de bail ; — 2° *de la nature de l'objet* : ainsi l'indivisibilité d'exécution « se présume facilement, lorsque la chose qui fait l'objet de la convention est susceptible à la vérité de parties intellectuelles, et est par conséquent divisible, mais ne peut être divisée en parties réelles [13] » ; et aussi lorsqu'il résulterait de cette division un préjudice pour le créancier ; — 3° de la *fin* de l'obligation, par exemple, l'obligation « de me payer mille écus, avec déclaration que c'est pour me tirer de prison, où j'étais détenu, pour cette somme [14]. — Dans ce cas, non seulement un seul, mais *chaque héritier* ou codébiteur peut être poursuivi pour le tout, sauf son recours [15]. L'indivisibilité d'exécution ne résulte pas, d'ailleurs, de la simple réciprocité et connexité des obligations [16].

109. Tels sont les effets de l'obligation indivisible *solutione*, en ce qui concerne le droit de poursuite. Quant à ses autres effets, ils se rapportent à la mise en demeure et à la prescription.

La mise en demeure ou la faute du débiteur du tout oblige ce dernier à la réparation de tout le dommage causé, et les autres à la réparation de leurs parts, sauf le recours [1].

L'interruption ou la suspension de prescription au profit de l'un des créanciers ne profite pas aux autres, attendu que l'indivisibilité *solutione* ne produit directement des effets qu'à l'égard des codébiteurs [2].

L'interruption de prescription (non la suspension) contre le débiteur qui est tenu du tout est opposable aux autres, même dans le cas où l'un des débiteurs est seul chargé de l'exécution. Cette dernière conséquence, assez peu juridique, résulte nécessairement de ce que, d'après la nouvelle théorie, le créancier peut poursuivre valablement le débiteur pour le tout [3].

12. V. sur le n° 4 de l'art. 1221 : Pothier, *Oblig.*, n. 313 ; Bigot-Préameneu, *Exposé des motifs* ; Marcadé, sur cet art. ; Aubry et Rau, § 301-32 à 34.
13. Pothier, *Oblig.*, 316.
14. Pothier, *Ibid.*
15. Aubry et Rau, § 301-36 à 42.
16. Cass. 22 fév. 1882 (S. 84. 1. 270).

1. Cpr. civ. 1233 (127 b).
2. Aubry et Rau, § 301-4°.
3. V. n. 108 8.

110. Effets des obligations indivisibles ; s'il y a plusieurs créanciers ; mise en demeure ; exécution ; extinction ; prescription ; actes de consentement.

§ 2. Des obligations indivisibles

110. La nature et les conditions de ces obligations ayant été précisées ci dessus [1], il y a lieu d'expliquer ici leurs effets, qui sont différents suivant qu'il s'agit de plusieurs créanciers ou de plusieurs débiteurs.

Les créanciers d'une obligation indivisible ont droit *in totum*, mais non *totaliter* [2] : il en résulte plusieurs conséquences, dont les principales sont déduites dans l'article 1224 du code civil [a].

En vertu de ce texte et du principe qui lui sert de base, la mise en demeure de la part de l'un des créanciers profite à tous les autres, attendu qu'elle porte nécessairement sur tout l'objet.

L'un d'eux peut exiger *en totalité* l'exécution de l'obligation, puisque son objet étant indivisible, tout autre mode d'exécution est impossible.

Lorsqu'une partie de la créance est éteinte pour une cause quelconque, le débiteur doit néanmoins payer toute la chose due, puisqu'elle n'est pas susceptible de parties ; mais il peut réclamer la valeur de la portion de créance qui a été éteinte.

L'interruption et même la suspension de prescription au profit de l'un des créanciers, peuvent être invoquées par tous les autres : c'est encore une suite nécessaire de l'indivisibilité.

Quant aux actes de consentement qui ont pour objet de détruire ou de transformer la créance, tels que la remise de la dette, la novation, la transaction, ils ne sont opposables qu'aux créanciers dont ils émanent : la créance n'est éteinte qu'en partie, et les autres créanciers peuvent toujours réclamer toute la chose due, sauf à faire compte de la valeur de la portion éteinte.

1. V. n. 138.

2. V. n. 106.

a. *Civ.* **1224.** Chaque héritier du créancier peut exiger en totalité l'exécution de l'obligation indivisible.

Il ne peut seul faire la remise de la totalité de la dette ; il ne peut recevoir seul le prix au lieu de la chose. Si l'un des héritiers a seul remis la dette ou reçu le prix de la chose, son cohéritier ne peut demander la chose indivisible qu'en tenant compte de la portion du cohéritier qui a fait la remise ou qui a reçu le prix.

111. Effets de l'indivisibilité vis-à-vis des codébiteurs ; exécution ; faute et de meure ; perte de la chose ; prescription.

111. Vis-à-vis des codébiteurs, le même principe, que l'obligation indivisible est due *in totum* et non *totaliter*, en détermine les effets, qui sont d'ailleurs développés dans les articles 1222, 1223 et 1225 du code civil [a].

Chaque codébiteur est *tenu pour le total*, bien que l'obligation ne soit pas solidaire. Mais il n'est pas tenu *totaliter* : en conséquence, il peut demander un délai pour mettre en cause ses cohéritiers, à moins que la dette ne soit de nature à ne pouvoir être acquittée que par lui [1].

A défaut d'exécution de l'obligation, ceux qui sont en faute doivent seuls être condamnés à des dommages et intérêts, sauf clause pénale : cette dernière clause oblige tous les débiteurs à des dommages-intérêts par suite de la demeure de l'un d'eux, non *immediate, sed tanquam ex conditionis eventu* [2]. Lorsque plusieurs codébiteurs sont ainsi condamnés à des dommages et intérêts, l'objet primitivement dû se trouve remplacé par un objet divisible ; et ainsi l'impossibilité de division de la dette venant à cesser, chaque codébiteur n'est tenu, vis à-vis du créancier, que pour sa part contributive [3]. Il en est différemment dans le cas de solidarité : la faute d'un seul rejaillit sur les autres, *ad perpetuandam obligationem*, et chacun d'eux est tenu *in solidum* de son exécution [4].

La perte de la chose due éteint l'obligation indivisible comme toute autre.

Tant que l'obligation reste indivisible, l'interruption de prescription contre l'un des débiteurs est opposable à tous les autres [5].

1. Pothier, *Oblig.*, n. 330.
2. Pothier, *Oblig.*, n. 334. - V. n. 127 1.
3. Cass. 15 déc. 1880 (D. 81. 1. 19, S. 90. 1. 434) ; Paris, 25 juil. 1892 (G. P. 92. 2. 467).
4. V. n. 102.
5. Civ. 2249 (102 e).

a. *Civ.* **1222**. Chacun de ceux qui ont contracté conjointement une dette indivisible, en est tenu pour le total, encore que l'obligation n'est pas été contractée solidairement.

1223. Il en est de même à l'égard des héritiers de celui qui a contracté une pareille obligation.

1225. L'héritier du débiteur, assigné pour la totalité de l'obligation, peut demander un délai pour mettre en cause ses cohéritiers, à moins que la dette ne soit de nature à ne pouvoir être acquittée que par l'héritier assigné, qui peut alors être condamné seul, sauf son recours en indemnité contre ses cohéritiers.

112. Définition ; forme suspensive ou résolutoire ;

SECTION III

DE LA CONDITION, DU TERME ET DE LA CLAUSE PÉNALE

§ 1. — De la condition

112. La condition, définie par l'article 1168 [a], est une clause qui fait *dépendre* l'existence ou la résolution d'un droit *d'un événement futur et incertain* : par exemple, je vous promets 1000 francs, si tel navire arrive à bon port.

La condition est une *clause* : il faut donc lui appliquer les règles communes à toute espèce de modalités [1].

Elle est relative à l'existence ou à la résolution d'un droit. De là vient que les articles 1181 et 1183 du code civil [b] ont distingué deux espèces de conditions : l'une suspensive et l'autre résolutoire. Mais au fond, et bien qu'elle soit suspensive par rapport à l'une des parties et résolutoire par rapport à l'autre, la condition n'a qu'une même cause et une même nature. En effet, toute condition soit suspensive, soit résolutoire, se réduit à cette formule : « J'acquiers ou je conserve tel droit, suivant que tel fait ou tel événement arrivera ou n'arrivera pas ». En d'autres termes, toute condition met le droit en suspens entre deux personnes : l'une qui le possède actuellement et provisoirement, l'autre qui l'attend d'une manière éventuelle et suspensive. Sous le premier point de vue, la condition est réso-

1. V. n. 95.

a *Civ.* **1168**. L'obligation est conditionnelle, lorsqu'on la fait dépendre d'un événement futur et incertain, soit en la suspendant jusqu'à ce que l'événement arrive, soit en la résiliant, selon que l'événement arrivera ou n'arrivera pas.

b. *Civ.* **1181**. L'obligation contractée sous une condition suspensive est celle qui dépend ou d'un événement futur et incertain, ou d'un événement actuellement arrivé, mais encore inconnu des parties.

Dans le premier cas, l'obligation ne peut être exécutée qu'après l'événement [116].

Dans le second cas, l'obligation a son effet du jour où elle a été contractée.

1183. La condition résolutoire est celle qui, lorsqu'elle s'accomplit, opère la révocation de l'obligation, et qui remet les choses au même état que si l'obligation n'avait pas existé [117].

Elle ne suspend point l'exécution de l'obligation : elle oblige seulement le créancier à restituer ce qu'il a reçu, dans le cas où l'événement prévu par la condition arrive.

lutoire du droit, par conséquent suspensive de l'obligation ; sous le second point de vue, elle est suspensive du droit et résolutoire de l'obligation. Mais ce n'est là jamais qu'une seule et même condition dérivant d'une clause unique, qui produit des relations différentes, fondées sur l'incertitude du droit et de l'obligation suspendus entre deux sujets. Toute condition suspensive suppose donc une condition résolutoire, et réciproquement [2]. On voit par là que l'opposition entre la condition suspensive et la condition résolutoire est simplement une opposition de relation, basée sur un fait identique ; on peut la comparer à l'opposition qui existe entre les idées de paternité et de filiation.

La condition consiste dans la prévision d'un *événement futur*. La clause qui se référerait à un événement passé, quoique *inconnu*, ne serait pas une vraie condition, malgré le texte de l'article 1181. Soit cette clause : « J'acquiers tel droit, si le roi d'Espagne est parti pour l'Italie ». Une telle clause n'est pas une vraie condition, car elle ne suspend ni l'existence, ni la résolution du droit. En effet, si le roi d'Espagne est parti, le droit m'appartient dès l'origine purement et simplement ; et s'il n'est point parti, l'acquisition du droit est à jamais impossible [3].

Cependant la clause qui se réfère à un événement envisagé comme incertain, sans être une véritable condition, peut lui être assimilée, à raison de l'ignorance de l'événement, et en tant qu'elle produit provisoirement, et jusqu'à ce que le fait soit connu avec certitude, des effets analogues à ceux de la condition.

La clause conditionnelle doit être d'un événement *incertain* : si l'événement devait nécessairement arriver, la clause ne serait plus une condition, mais un terme.

113. Le titre auquel la condition est apposée doit être valable; et il ne faut pas que la condition, de son côté, soit contraire, ou à la nature spéciale de ce titre (ce qui dépend de chaque espèce de titre), ou à la nature même des droits ou obligations en général. Sous ce dernier point de vue, il importe d'exposer ici la distinction des conditions *casuelles*, *protestatives* ou *mixtes*.

2. L. 2, *de in diem addict.* D. 18. 2; l. 1. *de leg. comm.* D. 18, 3 ; Baudry-L. II, 155.

3. Pothier, *Oblig.*, n. 202 ; Paris, 2 mai 1894 (G. P. 1892-1896, v° *Oblig.*, n. 96).

113. . .. casuelle, potestative ou mixte ; potestative ; parfaitement ;

Cette distinction est expliquée dans les articles 1169 à 1171 du code civil [a]. Il résulte de ces textes que la condition est casuelle, potestative ou mixte, suivant qu'elle dépend, ou du hasard (exemple, si telle personne se marie, s'il pleut tel jour, si j'ai des enfants) ; ou de la volonté de l'une ou de l'autre des parties (si j'abats tel mur) ; ou en partie de l'une ou de l'autre de ces causes (si j'épouse un tel [1] ou si je recouvre telle créance [2]). Ces distinctions diffèrent sensiblement de celles de Pothier [3] ; mais il est inutile de s'y arrêter plus longtemps [4], la sous-distinction entre les conditions parfaitement ou imparfaitement potestatives ayant seule quelque intérêt juridique.

En effet, la *condition potestative de la part de celui qui s'oblige* est contraire à la nature du lien obligatoire, et détruit toute obligation, conformément à l'article 1174 [b].

Or, une condition peut avoir cette qualité à un degré plus ou moins élevé. Elle est *parfaitement* ou *entièrement* potestative, lorsqu'elle dépend de la seule volonté de l'obligé (telle, la condition *si voluero*), ou d'un fait qui dépend tellement de son caprice, que la condition n'est au fond subordonnée qu'à la volonté de l'obligé (exemple, si je fais telle promenade, si tel goût me convient [5]). Cette condition-là est contraire à l'essence du lien obligatoire, dont l'efficacité dépend de son accomplissement [6], et elle détruit toute espèce de droit : c'est elle qu'entend désigner et proscrire l'article 1174, par la raison que c'est n'être nullement obligé, que d'être obligé seulement si on le veut bien.

1. V. Seine, 28 nov. 1887 (*Droit*, 7 janv. 1888). — Cpr. Lyon, 29 juil. 1881 (G. P. 82. 1. 130).
2. V. Seine, 9 mai 1887 (*Loi*, 18 juin)
3. *Oblig.*, n 201.
4. Aubry et Rau, § 302-6 et 7 ; Marcadé, art. 1171.
5. V. Cass. 30 juin 1857 ; Paris, 2 nov. 1892 (S. 94. 2. 273, G P. 92. 2.) 504. — Mais cpr. Cass. 4 juil. 1859 ; n. 536.
6. Cass. 24 mars 1873 (D. 73. 1. 467).

a. *Civ.* **1169**. La condition *casuelle* est celle qui dépend du hasard et qui n'est nullement au pouvoir du créancier ni du débiteur.

1170. La condition *potestative* est celle qui fait dépendre l'exécution de la convention d'un événement qu'il est au pouvoir de l'une ou de l'autre des parties contractantes de faire arriver ou d'empêcher.

1171. La condition *mixte* est celle qui dépend tout à la fois de la volonté d'une des parties contractantes, et de la volonté d'un tiers.

b. *Civ.* **1174**. Toute obligation est nulle lorsqu'elle a été contractée sous une condition potestative de la part de celui qui s'oblige.

113. .... imparfaitement. — **114.** Condition possible ou impossible ;

Mais une condition peut être imparfaitement ou simplement potestative, ce qui a lieu quand elle consiste dans un fait qui, tout en dépendant de la volonté de l'obligé, est de nature à lui causer quelque gêne, quelque difficulté, quelque perte ou quelque préjudice (exemple, la condition *si je vais à Paris*, ou *si je me marie*) : en sorte que l'accomplissement de ce fait ne dépend pas du pur caprice de l'obligé. Cette espèce de condition n'est pas incompatible avec la nature du lien obligatoire : elle ne rend pas l'obligation nulle [7], si ce n'est exceptionnellement dans les donations [8]. C'est à celle-là que se rapporte l'article 1170 [9].

La distinction qui vient d'être établie, entre les conditions parfaitement et imparfaitement potestatives, présente quelquefois de grandes difficultés d'application. On décide ordinairement que la condition, *si je le juge raisonnable*, est parfaitement potestative, tandis que la condition, *si cela est raisonnable*, n'est nullement potestative, ou du moins ne l'est qu'imparfaitement. On verra plus loin dans quelles circonstances la clause, *quand je le voudrai*, constitue un terme ou une condition [10].

Il ne faut pas, d'ailleurs, se méprendre sur la portée exacte de l'article 1174 : ce texte ne s'applique qu'à la condition entièrement potestative *de la part de celui qui s'oblige* [11]. Ainsi on peut faire dépendre une obligation de la seule volonté d'un tiers [12], ou même de la volonté de l'ayant-droit [13] : attendu que, dans ces deux cas, le lien demeure toujours obligatoire pour la partie qui s'oblige.

114. D'un autre côté, il est nécessaire que l'événement prévu par la condition soit possible naturellement et légalement. En effet, l'article 1172 [a] déclare que toute condition d'une chose impossible, dans l'un ou l'autre de ces deux sens, demeure sans effet. Il importe peu que l'impossibilité soit absolue ou relative, sauf les effets des conventions qui ont pour objet des choses relativement impossibles [1].

7. V. n. 536.
8. V. Civ. 944 (2808a).
9. V. n. 113a.
10. V. n. 118, 119. Cpr. Pothier, *Oblig.*, n. 205 ; Marcadé, art. 1174 ; Aubry et Rau, § 303-15 à 18.
11. Aix, 4 janv. 1886 (Bull. 86. 82).
12. Cass. 2 juil. 1839 (S. 39. 1. 975, D. 39. 1. 355) ; — mais voy. testaments, n. 2827.
13. Cass. 14 juil. 1869 ; Rennes, 27 avril 1883 (S. 83. 2. 239).

1. V. n. 503 11.

a. *Civ.* **1172.** Toute condition d'une chose impossible, ou contraire aux bonnes mœurs, ou prohibée par la loi, est nulle, et rend nulle la convention qui en dépend.

114. .... condition possible ou impossible. — **115.** Condition accomplie ;

Toute condition impossible *rend nulle*, c'est-à-dire inexistante et non avenue, l'obligation qui en dépend. Toutefois, il ne faut appliquer cette règle qu'aux actes à titre onéreux et non aux actes à titre gratuit [2].

Ces effets de l'impossibilité cesseraient, si l'obligation n'était pas réellement affectée d'une condition et que cette modalité fut simplement apparente, comme dans le cas de condition négative [3] ; — ou si une condition, qui parait légalement impossible, ne l'était pas en réalité. Or, pour décider cette dernière question, on doit examiner, d'après les circonstances du fait, si elle a été apposée à l'obligation dans le but de favoriser l'immoralité ou l'infraction à la loi, ou dans un but contraire. Ainsi la condition qu'un tiers commettra tel délit est valable, si ce tiers ne doit retirer de l'obligation aucun avantage ni aucun encouragement. L'obligation subordonnée, soit à la condition de commettre un délit ou une action immorale, ou de négliger l'accomplissement d'un devoir, soit à la condition de ne pas commettre un délit ou d'accomplir un devoir : cette obligation est valable, lorsque la condition est imposée à l'obligé dans le premier cas, à l'ayant droit dans le second ; et nulle à l'inverse, si la condition doit être accomplie par le futur ayant-droit dans le premier cas, et par l'obligé dans le second [4].

115. Enfin il est nécessaire, suivant l'article 1175 [a], que la condition, pour avoir effet, soit accomplie de la manière voulue par le titre. Conformément à cette règle, l'accomplissement partiel d'une condition, même divisible, ne donne pas ouverture à une partie du droit subordonné à cette condition. Car on ne peut pas dire que celle-ci soit accomplie, quand une partie seulement s'est réalisée [1].

La condition doit être accomplie au temps indiqué par le titre ; c'est une suite de la règle qui précède. D'un autre côté, l'accomplissement est inutile après que l'obligation conditionnelle est éteinte [2].

L'inacomplissement peut être volontaire ou involontaire.

Dans le premier cas, la condition est *réputée accomplie*, ainsi que le

2. V. n. 2808.
3. V. n. 117.
4. Marcadé, art. 1172 ; Aubry et Rau, § 302-12 et 13.

1. Pothier, *Oblig.*, n. 215 à 217. — Cpr. Toulouse, 12 déc. 1887 (G. M. 18).
2. V. Civ. 1182 (116 b).

a. *Civ.* **1175.** Toute condition doit être accomplie de la manière que les parties ont vraisemblablement voulu et entendu qu'elle le fût.

déclare l'art. 1178 [b] : le délit ou le quasi-délit du débiteur l'oblige alors à réparation ; et la réparation la plus équitable consiste à lui imposer les mêmes obligations que si la condition était accomplie. Observez seulement que la condition ne serait pas réputée accomplie, si le débiteur en avait empêché l'accomplissement par l'effet du légitime exercice de ses droits ; et que, s'il s'agissait d'une condition successive, elle ne serait censé accomplie que pour le nombre de fois dont l'inaccomplissement serait imputable au débiteur [3]. De même, si c'est un tiers, et non le *débiteur*, qui a empêché l'accomplissement, l'article 1178 est inapplicable [4].

Lorsque le défaut d'accomplissement en temps utile est involontaire, et qu'il n'y a pas faute du débiteur, en d'autres termes, lorsque la chose périt par cas fortuit, non seulement *l'obligation est éteinte*, conformément à l'article 1812 ci-après [5], mais faute d'objet elle ne peut plus se former par l'événement de la condition, qui s'accomplit alors inutilement, puisque la formation de l'obligation est impossible [6].

116. Les effets de la condition peuvent être envisagés avant son accomplissement ou après, et tant au point de vue suspensif qu'au point de vue résolutoire.

Avant l'accomplissement de la condition, *pendente conditione*, l'une des parties possède un droit éventuel et suspensif, et l'autre un droit actuel mais provisoire.

Le droit éventuel et suspensif est néanmoins un droit véritable. C'est d'abord un droit acquis, dont l'ayant droit ne peut être privé par aucune loi postérieure [1]. C'est un droit rigeureux, qui permet à l'ayant-droit, suivant l'article 1180 [a], d'exercer tous les *actes conservatoires*.

C'est un droit qui peut être l'objet d'une transmission et qui *passe aux héritiers* [2] : il faut, bien entendu, que la condition puisse être encore utilement accomplie, ce qui n'arrive pas toujours, notamment dans les legs [3].

3. Pothier, *Obligations*, n. 212.
4. Seine, 15 juil. 1892 (Droit, 21 août).
5. V. n. 116 [b].
6. V. Baudry-L. II, 164.

1. V. n. 117.
2. V. Civ. 1179 (117 [a]).
3. V. Civ. 1040 (2872 [a]).

b. *Civ.* **1178**. La condition est réputée accomplie lorsque c'est le débiteur, obligé sous cette condition, qui en a empêché l'accomplissement.

a. *Civ.* **1180**. Le créancier peut, avant que la condition soit accomplie, exercer tous les actes conservatoires de son droit.

116. .... au point de vue suspensif ; prescription ;

C'est enfin un droit qui peut être garanti par toute espèce de sûretés accessoires.

Mais ce droit n'est qu'éventuel. En conséquence, l'obligation *ne peut être exécutée* qu'après *l'événement* ; puisqu'elle n'existe pas antérieurement [4] ; et les sûretés accessoires qui garantissent le droit sont purement éventuelles, comme le droit lui-même.

Il résulte spécialement de cette éventualité que la chose demeure, conformément à l'art. 1182 [b], *aux risques du débiteur*, quand même il n'y ait pas faute de sa part.

Il en résulte, en second lieu, que suivant l'article 2257 [c], la prescription est suspendue au profit de l'ayant droit, *jusqu'à ce que la condition arrive* : il s'agit, en effet, pour lui d'un droit qui n'est pas garanti par une action de nature à être immédiatement exercée. Mais l'article 2257 n'est expressément relatif qu'aux droits de *créance* et aux *actions en garantie*. Est-il sous ce rapport indicatif ou restrictif ? La question est très controversée, et sa solution est, en effet, très douteuse. Il faut d'abord observer que l'article 2257 doit certainement être appliqué, quand il s'agit d'un droit de créance ayant pour objet un immeuble [5]. Il en est de même, en matière de droits réels accessoires à une créance [6]. Enfin si l'intéressé n'a pas eu d'action efficace, la prescription est également suspendue, ou plutôt n'a pu *courir* contre lui [7]. Mais en dehors de ces cas,

4. V. Civ. 1181 (112ª) ; Baudry-L., II, 163.

5. V. Cass. 9 juillet 1879 (S. 79. 1. 463).

6. Accessorium sequitur principale. Cpr. Cass. 16 novembre 1857, 30 déc. 1879 (S. 80. 1. 64) ; Paris, 12 juin 1866. V. cep. Bordeaux, 15 juin 1835.

7. V. n. 87 et 90. Cass. 4 mai 1846, 22 juin 1853 (S. 55. 1. 511).

b. *Civ.* **1182.** Lorsque l'obligation a été contractée sous une condition suspensive, la chose qui fait la matière de la convention demeure aux risques du débiteur qui ne s'est obligé de la livrer que dans le cas de l'événement de la condition.

Si la chose est entièrement périe sans la faute du débiteur, l'obligation est éteinte [115].

Si la chose s'est détoriorée sans la faute du débiteur, le créancier a le choix ou de résoudre l'obligation, ou d'exiger la chose dans l'état où elle se trouve, sans diminution du prix [117].

Si la chose s'est détériorée par la faute du débiteur, le créancier a le droit ou de résoudre l'obligation, ou d'exiger la chose dans l'état où elle se trouve, avec des dommages et intérêts.

c. *Civ.* **2257.** La prescription ne court point :

A l'égard d'une créance qui dépend d'une condition, jusqu'à ce que la condition arrive ;

A l'égard d'une action en garantie, jusqu'à ce que l'éviction ait lieu [2024] ;

A l'égard d'une créance à jour fixe, jusqu'à ce que ce jour soit arrivé [120].

on ne peut que s'en tenir au texte même de l'article 2257, et on doit décider que la condition suspensive des droits du propriétaire éventuel n'empêche pas le droit réel d'être prescriptible : attendu que l'ayant droit a pu exercer tous les actes conservatoires, et que la possession, qui sert de base à la prescription des droits réels, est un fait supérieur à tout autre titre et de sa nature opposable à tous [8].

Au droit éventuel de l'une des parties, dont les règles viennent d'être examinées, correspond, chez l'autre, un droit actuel dont l'exécution peut être réclamée sans délai. Il suit de là que la prescription n'est pas suspendue en faveur de la partie qui possède le droit actuel. — Mais ce droit est provisoire, en ce que l'événement de la condition l'anéantit, comme il va être expliqué.

Le droit conditionnel étant suspensif à l'égard de l'une des parties et résolutoire à l'égard de l'autre, il en résulte que pour acquérir ce droit d'une manière incommutable, il faut l'obtenir à la fois des deux personnes entre lesquelles il est en suspens.

117. Tels sont les effets de la condition tant qu'elle est en suspens. Après son accomplissement, le droit éventuel et suspensif se transforme rétroactivement en droit actuel et irrévocable ; et le droit actuel et provisoire se trouve rétroactivement résolu. C'est ce qu'exprime, au point de vue suspensif, l'article 1179 du code civil [a] : de telle sorte que l'obligation est à considérer comme ayant été pure et simple dès l'origine [1] ; et c'est ce qui résulte, en ce qui concerne le point de vue résolutoire de l'article 1183 déjà cité [2], d'après lequel la condition résolutoire opère *la révocation de l'obligation*, et remet les choses au même état que si l'obligation n'avait pas existé. Et en effet, la formule de la condition n'est pas : *J'acquerrai* tel droit, si tel événement se réalise ; — une telle formule contiendrait à la fois une condition et un terme ; — mais, *j'acquiers* actuellement tel droit, si tel événement se produit.

8. Toulouse, 26 avril 1875 (S. 81. 1. 201) ; Aubry et Rau, § 213-10 à 12 ; Marcadé, art. 2257-1 ; Laurent, XXXII, 28. — V. cep. Cass. 28 janv. 1862 ; Agen, 26 juil. 1862 ; Dijon, 3 janv. 1878 ; Pau, 26 juin 1888 (S. 89. 2. 215, D. 89. 2. 119).

1. V. Toulouse, 8 mai 1883 (G. P. 83. 2. 114, 4e p.)

2. V. n. 112 [a].

a. *Civ.* **1179**. La condition accomplie a un effet rétroactif au jour auquel l'engagement a été contracté. Si le créancier est mort avant l'accomplissement de la condition, ses droits passent à son héritier.

117. .... fond ; fruits ; variations de valeur ;

La transformation rétroactive et la révocation dont il vient d'être parlé, s'opèrent de plein droit, sauf exception [3] ; et on doit appliquer à leurs effets la loi du jour de l'acte, à raison même de la rétroactivité et de l'intention des parties [4]. Or leurs effets, qui méritent de fixer l'attention peuvent être considérés au point de vue du fond du droit, des fruits ou des variations de valeur de la chose.

Au point de vue du fond, le possesseur du droit actuel et provisoire est obligé de restituer ce qu'il a reçu, en d'autres termes, de remettre à l'autre partie l'objet du droit, avec tous ses accesoires. L'accomplissement de la condition rejaillit même contre les tiers, conformément aux règles de la révocation *ex tunc* [5] : en sorte que les droits concédés sur la chose à des tiers par le possesseur du droit actuel et provisoire sont non avenus. Il existe toutefois des exceptions à cette règle, fondées sur l'intérêt public [6].

L'obligation de restituer le fonds emporte celle de remettre tous les fruits perçus. Mais il est également fait exception à cette règle, tantôt par la loi [7], tantôt par la convention expresse ou tacite des parties [8].

Si la valeur du fonds a augmenté ou diminué dans l'intervalle pendant lequel la condition était en suspens, il faut considérer si ces variations de valeur sont causées par un accident, ou par le fait du possesseur du droit provisoire.

Dans le premier cas, comme *la chose est due dans l'état où elle se trouve*, le posseseur du droit éventuel profite des augmentations survenues. Il devrait donc supporter aussi les diminutions : *Ubi est emolumentum, ibi quoque debet esse onus*. C'était, en effet, la décision de l'ancienne jurisprudence [9], et elle était conforme à l'équité et à la justice. Mais l'article 1182 du code civil précité [10], par une fausse assimilation [11] entre le cas de diminution et celui de perte totale, décide que, dans ce cas, le posseseur du droit éventuel a le choix, ou de résoudre l'obligation, ou d'exiger la chose dans l'état où elle se trouve, sans diminution du prix. Cette faculté de résoudre l'obligation est accordée à l'ayant droit d'une manière trop formelle, pour qu'elle puisse lui être refusée [12] ; mais cette règle ne doit

3. V. Civ. 1184 (535 a).
4. V. n. 8. ; trib. civ. Nancy, 13 août 1895 (G. P. 95. 2. 767) ; Aubry et Rau, § 37 ; Laurent, I, 198.
5. V. n. 38 et 42.
6. V. Civ. 860 (3597 a), 865 (3596 c), 958 (2806 a).
7. V. Civ. 856 (3590 c), 928 (3640 a), 955 (2806 a), 962 (2807 a), 1673 (2099 a), 1682 (2060 a).
8. V. Civ. 1630 (2026 a).
9. Pothier, *Oblig.*, n. 219.
10. Art. 1182, §§ 3 et 4 (116 b).
11. V. cep. Pont., *Sociétés*, n. 371.
12. V. Cass. 1er mars 1892 (S. 92. 1. 487, D. 92. 1. 412). — V. cep. Haute-Cour des Pays-Bas, 19 déc. 1879 (D. 80. 2. 90).

pas du moins être étendue à des cas qu'elle ne prévoit pas d'une manière explicite [13].

Dans le second cas, c'est-à-dire si la chose s'est détériorée par la *faute du débiteur*, savoir, du posseseur du droit provisoire, *le créancier*, c'est-à-dire la partie qui possède le droit éventuel, a le droit, ou de résoudre l'obligation, ou d'exiger la chose dans l'état où elle se trouve, avec des dommages et intérêts dans l'un et l'autre cas [14]. Cette disposition est parfaitement équitable.

Quant aux améliorations provenant du fait du débiteur, il doit lui en être tenu compte, d'après les règles ordinaires exposées au sujet du droit de propriété [15].

118. Un condition ne peut avoir, comme telle, aucun effet, si elle n'en réunit pas tous les éléments, si elle est contraire à la nature du titre ou à celle des droits et obligations en général, si elle est impossible, ou si elle ne s'accomplit pas utilement. Ces différents points ont été traités dans les numéros 112 et suivants.

Les modalités des conditions résultent de leur combinaison avec le terme, auquel est consacrée la section suivante [1].

Quant aux différentes espèces de conditions, on a déjà eu l'occasion de distinguer celles qui sont suspensives ou résolutoires, casuelles, potestatives ou mixtes, possibles ou impossibles [2]. On doit y ajouter ici leur division en affirmatives ou négatives, selon que l'évènement dont elles dépendent *arrivera ou n'arrivera pas* [3]. Ces deux dernières espèces de conditions sont assujeties à quelques règles spéciales, au point de vue de leur impossibilité, et de l'époque de leur accomplissement.

Ainsi la condition affirmative ou négative qui est impossible, ne détruit pas toujours l'obligation qui en dépend : attendu que quelque fois cette obligation, tout en paraissant affectée d'une condition impossible, est en réalité pure et simple. C'est ce que décide l'article 1173 du code civil [a]. Par exemple, *J'acquiers tel droit, si je n'arrête pas le cours du soleil ;* ou *tel droit sera résolu si j'arrête le soleil :* dans l'un et l'autre cas, la condition impossible n'est qu'apparente, et le droit est pur et simple.

13. Aubry et Rau, § 302-38 ; Marcadé, art. 1182.
14. Marcadé, art. 1182.
15. V. n. 1600.

1. V. n. 119 et 122.
2. V. n. 112, 113, 114.
3. Civ. 1178 (112 a).

a. *Civ.* **1173.** La condition de ne pas faire une chose impossible ne rend pas nulle l'obligation contractée sous cette condition.

118. .... époque de l'accomplissement. — **119** Définition ; différence avec la condition ;

En ce qui concerne l'époque de l'accomplissement de la condition affirmative, le cas est réglé par l'article 1176 du code civil [b], dont les solutions, toutes naturelles, se justifient, pour ainsi dire, d'elles-mêmes [4]. La dernière toutefois doit être restreinte, lorsque l'intention des parties ou l'interprétation du titre n'en permettrait pas l'exécution. Ainsi « j'ai promis telle somme à mon voisin, s'il abattait tel arbre qui me nuit » : bien que je n'aie fixé aucun délai, il est entendu que je n'ai pas eu l'intention d'accorder un délai indéfini. Je serai donc dégagé de toute obligation, si la condition n'est pas accomplie dans le délai jugé moralement nécessaire [5].

Quant à l'époque de l'accomplissement de la condition négative, l'article 1177 du code civil [c] reproduit des règles analogues, qui donnent lieu à la même observation et à la même restriction.

§ 2. Du terme

119. « Le terme est un espace de temps accordé au débiteur pour s'acquitter de son obligation [1]. » Il peut aussi être défini, une clause additionnelle qui retarde l'exécution d'une obligation jusqu'à une époque future, et qui doit nécessairement arriver.

Ce dernier caractère sert à distinguer [2] le terme de la condition, ainsi que l'explique l'article 1185 du code civil [a]. Ainsi l'obligation subordonnée à la modalité *si voluero*, est conditionnelle et nulle, comme assujettie

4. V. Seine, 25 août 1887 (J. Faill., 87. 444).
5. Pothier, *Oblig.*, n. 209.

1. Pothier, *Oblig.*, n. 228.
2. Aix, 15 nov. 1887 (Rec. *Marseille*, 88. 1. 88).

b. *Civ.* **1176.** Lorsqu'une obligation est contractée sous la condition qu'un événement arrivera dans un temps fixe, cette condition est censée défaillie, lorsque le temps est expiré sans que l'événement soit arrivé. S'il n'y a point de temps fixe, la condition peut toujours être accomplie ; et elle n'est censée défaillie que lorsqu'il est devenu certain que l'événement n'arrivera pas.

c. *Civ.* **1177.** Lorsqu'une obligation est contractée sous la condition qu'un événement n'arrivera pas dans un temps fixe, cette condition est accomplie lorsque ce temps est expiré sans que l'événement soit arrivé, et elle l'est également, si avant le terme il est certain que l'événement n'arrivera pas ; s'il n'y a pas de temps déterminé, elle n'est accomplie que lorsqu'il est certain que l'événement n'arrivera pas.

a. *Civ.* **1185.** Le terme diffère de la condition, en ce qu'il ne suspend point l'engagement, dont il retarde seulement l'exécution.

à une condition purement potestative [3]. Au contraire, la clause *cum voluero* « à ma volonté [4] », doit généralement, et sauf les circonstances particulières du fait, être considérée comme un terme, dont la longueur est à déterminer par le juge, suivant l'intention probable des parties. Il en est de même, à plus forte raison, de la clause, *quand je le pourrai* [5], ou *quand j'en aurai les moyens* [6]. L'engagement pris par le débiteur de s'acquitter « par fractions et entièrement à sa convenance », équivaut aussi à la clause, « quand le débiteur le pourra [7] ».

Enfin la somme qui est stipulée *exigible au décès,* est due à terme, et non sous condition [8], puisqu'il est certain que le décès arrivera.

Le terme est exprès ou tacite, suivant qu'il résulte d'une clause expressse du titre, ou seulement de la nature de l'acte et de l'intention probable de ses auteurs. Si je me suis obligé, par exemple, à livrer à Rome une chose qui se trouve à Paris, le créancier est censé m'accorder le temps nécessaire pour le transport de la chose à délivrer.

120. En vertu de sa nature propre, le terme retarde l'exécution de l'obligation et empêche ainsi l'exercice de l'action de l'ayant droit. De là vient que l'article 2257 du code civil, déjà cité [1], déclare que la prescription ne court pas à l'égard d'une créance à terme, jusqu'à ce que le jour de l'échéance soit arrivé.

Le terme, ainsi qu'il résulte de l'article 1187 [a], est toujours censé stipulé en faveur du débiteur. De là il suit :

1° Que ce qui n'est dû qu'à terme ne peut être exigé avant l'échéance, aux termes mêmes de l'art. 1186 [b]: de telle sorte que la demande doit être déclarée non recevable, bien que le juge n'ait statué qu'après l'échéance [2].

3. V. n. 113.
4. Angers, 5 déc. 1883 (G P. 84. 2. 439).
5. Cpr. n. 4130; Besançon, 2 août 1864 (D. 64. 2. 165). 1er déc. 1884 (G. P. 85. 1. 28); Aix, 11 juin 1872 (D. 73. 2. 177); Rouen, 31 déc. 1891 (Rec. *Le Hâvre*, 92. 2 174); Riom, 29 déc 1894 (Rec. 95. 203) — V. cep. Bordeaux, 14 juin 1869 (D. 74. 5. 357).
6. Civ. 1901 (2311 a); Bordeaux, 7 avril 1839 (S. 40. 2. 62, D. 40. 2. 88).
7. C. supr. Autriche, 6 nov. 1894 (S. 96. 4. 17).
8. Toulouse, 20 nov. 1835; Cass. 10 mars 1845 (S. 45. 1. 601, D. 45. 1. 209).

1. V. n. 116 c.
2. Cass. 22 juil. 1897 (S. 00. 1. 38).

a. *Civ.* **1187.** Le terme est toujours présumé stipulé en faveur du débiteur, à moins qu'il ne résulte de la stipulation ou des circonstances, qu'il a été aussi convenu en faveur du créancier.

b. *Civ.* **1186.** Ce qui n'est dû qu'à terme, ne peut être exigé avant l'échéance du terme; mais ce qui a été payé d'avance ne peut être répété [551].

Tel est le sens de la maxime, *Qui a terme ne doit rien,* c'est-à-dire ne peut être contraint à payer : car la dette, malgré le terme, est parfaitement réelle et actuelle. — Il sera question plus loin de la répétition de ce qui a été *payé* d'avance [3].

2° Que le débiteur a la faculté de se libérer avant le terme, sans que le créancier puisse refuser le paiement.

Mais il peut résulter de la *stipulation* ou *des circonstances*, que le terme, au lieu d'être établi au profit exclusif du débiteur, est constitué, soit au profit exclusif du créancier, soit dans l'intérêt commun des deux parties.

Au premier cas, le créancier peut poursuivre le débiteur avant l'échéance du terme, bien que ce dernier ne puisse se libérer à l'avance malgré le créancier : tel est le cas de dépôt [4].

Si le terme a été établi dans l'intérêt commun du créancier et du débiteur, le premier ne peut poursuivre avant l'échéance du terme, ni le second se libérer à l'avance ; l'obligation ne peut être exécutée avant le terme, que de leur commun accord. — Le terme est censé stipulé au profit du créancier et du débiteur dans les papiers négociables en général [5]. Il faut en dire autant des prêts à intérêts [6].

Bien que ne pouvant poursuivre l'exécution de l'obligation, le créancier a néanmoins la faculté de prendre toutes les mesures conservatoires de son droit [7]. Mais sauf le cas de fraude ou de mauvaise foi, permettant de craindre l'inexécution, le créancier ne peut faire condamner le débiteur, même en offrant de n'exercer des poursuites qu'après l'échéance [8].

121. Le terme est évidemment sans effet, si l'obligation à laquelle il est attaché est elle même inefficace, ou s'il manque l'une des conditions constitutives de cette modalité.

Il devient aussi sans effet, par suite de son échéance, ou par la déchéance du débiteur.

Le terme n'est échu qu'à la fin du jour fixé par le titre : de sorte que l'exécution ne peut être poursuivie que le lendemain [1].

« Le terme accordé par le créancier au débiteur est censé avoir pour

3. V. n. 551.
4. Civ. 1944 (1453).
5. Nancy, 10 juil. 1882 (S. 83. 2. 237, D. 83. 2. 165).
6. Cpr. Aubry et Rau § 303-13. — V. pour les valeurs à lots, n. 2399.
7. Civ. 1180 (1164); Proc. 125 (123).
8. Marcadé, art. 1188. — Cpr. Cass. 14 mess. XIII (S. 7. 2. 771, D. A 9 345); Aubry et Rau, § 303-14. — V. cep. Chambéry, 27 janv. 1890 (G. P. 90. 1. 346); Digne, 19 juin 1894 (G. P. 94. 2, supp. 6.)

1. Quia totus dies arbitrio solventis tribui debet : neque enim certum est eo die in quem promissum est, datum non esse, priusquam is præterierit (Inst. *de verb. oblig.*, § 2).

121. .... faillite ; déconfiture ; diminution des sûretés ;

fondement la confiance en sa solvabilité [2] ». De là vient que l'article 1188 du code civil [a] énumère deux causes spéciales de déchéance savoir : la *faillite* et la *diminution des sûretés* ; il faut y ajouter la déconfiture du débiteur.

La faillite, qui est l'état d'un commerçant ayant cessé ses paiements, fait présumer et accompagne le plus souvent l'insolvabilité, bien que ces deux états soient distincts l'un de l'autre [3]. La faillite emporte déchéance du terme accordé pour l'exécution d'une obligation ; mais le terme apposé à l'accomplissement d'une condition suspensive ne disparaît point [4].

De même que la faillite, la déconfiture, c'est-à-dire l'état notoire d'insolvabilité d'un non-commerçant, manifesté par des actes non équivoques [5], fait perdre le bénéfice du terme [6], quand même il s'agirait d'une somme exigible seulement au décès du débiteur [7].

La diminution des sûretés promises [8], c'est-à-dire le défaut de fournir ces sûretés [9], aussi bien que la diminution de celles qui ont été données, engendre la déchéance. Mais il faut, dans les deux cas, qu'il y ait eu diminution, que cette diminution porte sur des sûretés spéciales, et qu'elle provienne du fait du débiteur.

La diminution peut résulter, soit de la démolition d'un édifice, soit de la mauvaise administration des biens, soit d'actes juridiques compromettant les garanties spéciales de la créance, par la faute du débiteur [10]. Mais la diminution est indispensable, à moins que le titre ne soit entaché de quelque autre vice, par exemple, d'une erreur du consentement sur la valeur des sûretés promises [11].

2. Pothier, *Oblig.*, n. 234.
3. V. n. 4059, 4086.
4. Paris, 18 déc 1840 (S. 41. 2. 124, D. 41. 2. 131).
5. V. sur ses caractères, n. 4144.
6. Cass 10 mars 1845 ; Toulouse, 20 nov. 1835 ; Orléans, 30 avril 1846 ; Nîmes, 18 mars 1862 ; Seine, 18 janvier 1867 ; Rouen, 29 fév. 1871 (S. 71. 2. 220, D. 73. 2. 206) ; Bourges, 10 mai 1092 (D. 92. 2. 455).
7. Toulouse, 20 nov. 1835 (S. 36. 2. 151, D. 36. 2. 41).
8. V. Cass. 10 mai 1881 (S. 82. 1. 17, D. 82. 1. 201), 6 janv. 1885 (D. 85. 1. 55-56).
9. Arg. civ. 1912 [2329a]; Douai, 21 nov. 1846 (D. 47. 2. 28) ; Marcadé, art. 1188-I ; Aubry et Rau, § 303-11.
10. Cpr. Cass. 21 avril 1852, 24 juil. 1878 (S. 79. 1. 455, D. 79. 1. 336) ; Bordeaux, 14 fév. 1871. — Voy. hypothèques, n. 1941.
11. Riom, 24 août 1810 (S. 13. 2. 221, D. A. 9. 211).

a. *Civ.* **1188**. Le débiteur ne peut plus réclamer le bénéfice du terme lorsqu'il a fait faillite [4057 et ss.], ou lorsque par son fait il a diminué les sûretés qu'il avait données par le contrat à son créancier.

121. .... diminution des sûretés. — **122** Modalités ;

Le débiteur n'est pas déchu du bénéfice du terme, bien qu'il diminue son patrimoine, ou qu'il vende une partie de ses biens [12] tant qu'il ne porte pas atteinte aux biens qui garantissent, d'une manière spéciale et par préférence, les droits du créancier [13]. Mais le genre ou la nature des sûretés importe peu : ainsi la dissolution volontairement anticipée d'une société qui donnait au créancier certaines sûretés, peut être considérée comme une cause de déchéance [14].

Enfin il est nécessaire que la diminution provienne du *fait* du créancier [15], sinon (à plus forte raison) de sa fraude ou de sa mauvaise foi [16] : et alors, l'offre qu'il ferait de constituer des sûretés nouvelles ne le relèverait pas de la déchéance encourue, sa conduite étant présumée lui avoir fait perdre toute confiance [17]. Si, au contraire, la diminution résulte d'un cas fortuit, elle n'emporte pas déchéance, et elle oblige seulement le débiteur à fournir de nouvelles sûretés [18]. En aucun cas, la déchéance, qui n'atteint pas les coobligés [19], n'est encourue de plein droit ; et les effets du jugement, qui rend la dette exigible et compensable, ne remontent jamais au delà du jour de la demande en paiement [20].

122. Une clause donnée peut contenir à la fois une condition et un terme. Il faut examiner alors si le terme est apposé à la condition seulement, ou aussi à l'obligation.

Dans le premier cas (exemple, si je me marie d'ici à trois ans, vous me paierez cent francs), l'obligation doit être exécutée, aussitôt la condition accomplie, sans qu'il soit nécessaire d'attendre l'expiration du terme [1].

Dans le second cas (exemple si je me marie d'ici à trois ans, à l'expiration de ce délai vous me paierez cent francs), il faut attendre en même temps que la condition soit accomplie et le terme expiré [2].

12. V. Cass., 21 avril 1252, 4 janvier 1870 (D. 70. 1. 11).
13. Cass. 4 janv. 1870, 18 mai 1881 (S. 82. 1 32); Aix, 16 août 1811, 4 déc. 1886 (Bull. 87. 259). — V cep. nº 10.
14. Nîmes, 19 mai 1852 ; Angers, 3 juil. 1867 (D. 67. 2. 209) ; Cpr. cep. Dijon, 29 janv. 1878 (D. 79. 2. 37, S. 79. 2. 285).
15. V. Paris, 13 fév. 1858 ; Bordeaux, 14 fév. 1871 (D. 73. 2. 22).
16. Ex. stellionnat, Pau, 3 juil. 1807 ; Bordeaux, 11 déc. 1839.
17. Marcadé, art. 1188-1.
18. Arg. Civ. 2131 (1994 a) ; Seine, 29 déc. 1894 (*Droit*, 22 janv.). — Cpr. Aubry et Rau, § 303-6 à 11 ; Marcadé, art. 1138-I.
19. Cass. 3 juil. 1890 (S. 90. 1. 445, D. 91. 1. 5); Toulouse, 18 fév. 1899 (G. M. 26 mai). V. n. 4083.
20. Cass. 30 mars 1892 (S. 92. 1. 481, D. 92. 1. 281, G. P, 92. 1. 603).

1. Cpr. Liège, 3 nov. 1823 (D. A. 11 278). — V. Civ. 1176 et 1177 (118 b, c).
2. Pothier, *Oblig.*, n. 237.

122. .... différentes espèces ; certain ou incertain ; de droit ou de grâce. — **123**. Délai de grâce ; pouvoirs des juges ;

On distingue plusieurs espèces de termes. Et d'abord, le terme est *certain* ou *incertain*, suivant qu'on peut, ou qu'on ne peut pas, fixer d'avance la date de son échéance, et calculer exactement l'espace de temps accordé au débiteur pour exécuter son obligation. Ainsi : « Vous me paierez cent francs dans trois ans », le terme est certain. Il serait incertain, s'il était dit : « Vous me paierez cent francs à la mort de Pierre ». — Ces deux espèces de termes produisent le même effet dilatoire, dans les actes à titre onéreux : au lieu que, dans les testaments, le terme incertain, s'il est apposé à l'existence même de la disposition, a les effets de la condition [3].

Sous un autre point de vue, le terme est *de droit* ou *de grâce*. Il est de droit, lorsqu'il résulte du titre lui-même [4] ; le terme de grâce est accordé par le juge, en considération de la position malheureuse du débiteur. Cette dernière espèce de terme est assujettie à des règles importantes, qu'il est indispensable de préciser actuellement.

123. Afin de protéger le débiteur contre l'inhumanité de certains créanciers, l'article 1244 du code civil [a] a permis au juge d'accorder des délais modérés pour le paiement ; et cette disposition a été développée, au point de vue du fond et sans préjudice des règles concernant les formalités [1], dans les articles 124 et 125 du code de procédure civile [a].

Ainsi qu'il résulte des travaux préparatoires du code civil, le pouvoir d'accorder des délais confère au juge, la pleine faculté [2], non seulement de

3. V n. 2875.
4. V. Douai, 1er mai 1890 (S. 92. 1. 481, D. 92. 1. 281).

1. V. n. 885.
2. V. Cass. 25 mai 1892 (S. 94. 1. 259, D. 93. 1. 33).

a. *Civ.* **1244**. Le débiteur ne peut point forcer le créancier à recevoir en partie le paiement d'une dette, même divisible [543].

Les juges peuvent néanmoins, en considération de la position du débiteur, et en usant de ce pouvoir avec une grande réserve, accorder des delais modérés pour le paiement, et surseoir à l'exécution des poursuitss, toutes choses demeurant en état.

Pr. civ. **124**. Le débiteur ne pourra obtenir un délai, ni jouir du délai qui lui aura été accordé, si ses biens sont vendus à la requête d'autres créanciers, s'il est en état de faillite, de contumace, ou s'il est constitué prisonnier, ni enfin lorsque, par son fait, il aura diminué les sûretés qu'il avait données par le contrat à son créancier.

125. Les actes conservatoires seront valables, nonobstant le délai accordé.

123. .... pouvoir des juges ;

retarder l'exigibilité de la dette, mais de la diviser en termes multiples, permettant au débiteur de se libérer par fractions [3], sauf le cas d'indivisibilité de l'obligation [4].

Les juges ont le pouvoir d'accorder des délais de grâce, même lorsque le titre est authentique et exécutoire [5], ou que le créancier est dans le besoin [6], et bien qu'il s'agisse d'une dette commerciale [7].

Mais ils doivent user de ce pouvoir *avec une grande réserve* : il faut donc qu'un paiement immédiat et sans fractionnement soit de nature à être très préjudiciable au débiteur, car la nécessité seule permet de suspendre l'effet des obligations. Quant à la durée du délai de grâce, il est d'usage de ne pas excéder trois mois, conformément à l'ordonnance de 1669 : néanmoins le délai n'étant pas limité, le juge pourrait accorder plus d'un an [8], et fixer même un terme incertain, par exemple, la fin d'une procédure, alors que ce délai est nécessaire pour l'accomplissement de l'obligation [9].

Mais le pouvoir du juge cesse complètement : — 1° Dans les obligations de ne pas faire, où il ne peut être question de retard, ni par conséquent de délai supplémentaire [10] ; — 2° Lorsqu'il s'agit du paiement d'effets négociables [11] ; — 3° dans les cas assez nombreux indiqués par l'article 124 du code de procédure civile ; et à ce sujet, on peut observer que plusieurs de ces cas, tels que la *faillite*, la déconfiture, la *diminution des sûretés* font décheoir également le débiteur du bénéfice du terme de droit [12] ; et que de plus, le débiteur ne peut se prévaloir du terme de grâce, lorsqu'il est *contumax*, c'est-à-dire condamné par défaut en matière criminelle, et lorsque ses biens sont *vendus*, ou même simplement saisis, puisque la saisie fait craindre que le créancier poursuivant ne soit payé au détriment

3. Cass. 20 déc. 1842 (S. 43. 1. 223, D. 43. 1. 22). Mais une déchéance irrévocable atteint le débiteur, à défaut de paiement de la première fraction : Cpr. Lyon, 1er fév. 1884 (G. P. 84. 1. supp. 129).

4. Colmar, 18 août 1816 (S. 18. 2. 266, D. A. 10. 556).

5. Arg. Civ. 2212 (3815 a). Cass. 1er fév. 1830 (S. 30. 1. 41, D. 30. 1. 127) ; Aix, 17 déc. 1813; Bordeaux, 28 fév. 1814 ; Metz, 21 juin 1821 ; Pau, 12 juin 1822 ; Agen, 6 déc. 1824 ; Paris, 23 avril 1831, 2 août 1849, 3 mars 1884 (G. P. 84. 2. 60) ; Colmar, 29 juil. 1840 ; Aubry et Rau, § 319-29 ; Marcadé, art. 1244-III ; Rodière, *Proc. civ.* I, 253 ; Laurent, XVII, n. 579. — V. cep. Pau, 26 nov. 1807 ; Bruxelles, 18 juin 1812.

6. Paris, 13 déc. 1806 (D. A. 10. 556).

7. Cass. 20 déc. 1842 (nº 3). — V. cep. Colmar, 24 janv. 1806 ; Douai, 13 avril 1814. — Cpr. n. 123 11.

8. Cpr. cep. Civ. 2212 (3815 a) ; L. 13 déc. 1848-11 § 2.

9. Cass 14 mai 1838 (S. 38. 1. 849, D. 38. 1. 280).

10. Civ. 1145 (67 b) ; Dijon, 7 déc. 1881 (S. 83 2. 184).

11. Com. 187 et 157 cbn. (2381 a, 2362 e).

12. V. n. 121.

des autres ; — 4° dans tous les autres cas prévus par la loi [13] ; — 5° enfin quand il y a chose déjà jugée [14]. En ce qui concerne la renonciation anticipée au bénéfice du terme de grâce, il sera question plus loin de cet acte de consentement [15].

Le terme de grâce produit les mêmes effets que le terme de droit, sauf en ce qui concerne la compensation [16]. Ainsi les *actes conservatoires* sont valables pendant le délai accordé, notamment l'inscription hypothécaire, l'opposition à partage, la levée des scellés et même la saisie-arrêt [17].

§ 3. — De la clause pénale

124. La clause pénale, accessoire aux actes, et éfinie dans l'article 1226 [a], est celle qui a pour but d'assurer l'exécution d'une obligation, en déterminant à l'avance les dommages et intérêts que l'obligé devra payer, en cas d'inexécution proprement dite ou de simple retard. Elle diffère de la stipulation d'intérêts, en cas de retard, qui a simplement pour but de faire courir les intérêts à défaut de paiement exact, sans mise en demeure préalable [1].

La clause pénale peut résulter de la loi [2], d'un jugement [3] ou d'un autre titre quelconque. Mais pour être efficace, il est nécessaire que cette clause, et l'obligation qui en est affectée, soient l'une et l'autre valables, d'après les règles ordinaires des clauses et des obligations [4].

La peine est encourue par suite de l'inexécution, sans pouvoir être réputée comminatoire, comme avant le code civil [5]. Si les parties l'ont ainsi entendu (ce qui est une question de fait [6]) le simple retard, de même que l'inexécution proprement dite, expose l'obligé à la peine

13. V. Civ. 1655, 1656, 1661 (2065a, 2059a, 2096a), 1900 (2306a).
14. Proc. civ. 122 (885c). Colmar, 12 frim. XIV, 30 août 1809 ; Bourges, 9 mai 1812 ; Bordeaux, 29 juin 1827 ; Nancy, 3 juin 1871 ; Paris, 2 déc. 1871, (S. 72. 2. 131) ; Laurent, XVII, 578. — Cpr. cep. Bordeaux, 4 juil. 1829, 1er octobre et 9 nov. 1870 ; Nîmes, 14 therm. XII.
15. V. n. 521 4.
16. Civ. 1292 (557 b).
17. Rodière, *Procéd. civ.*, I, 255. V. n. 3726.

1. Cass. 3 déc. 1834 (S. 35. 1. 215; D. 35. 1. 64.
2. V. Civ. 1153 (69a).
3. V. n. 885.
4. Cass. 6 mai 1878 (S. 78. 1. 319).
5. V. Cass. 26 avril 1808, 5 mars 1817 (S. 17. 1. 211, D. A. 11. 575).
6. Cass 28 janv. 1874 (S. 74. 1. 213). — V. n. 263.

a. *Civ.* **1226**. La clause pénale est celle par laquelle une personne, pour assurer l'exécution d'une convention, s'engage à quelque chose en cas d'inexécution.

prévue par le titre. Mais dans le cas de simple retard, une mise en *demeure*[7], formelle ou implicite[8], est toujours exigée par l'article 1230[b] : seulement il faut rappeler qu'elle peut résulter, soit de l'ensemble des clauses de l'acte[9], soit même de la seule échéance du terme[10]. De plus, elle est inutile, lorsque le créancier se plaint de l'impossibilité de l'exécution par le fait du débiteur[11], ou que les intéressés ont renoncé expressément à exécuter l'obligation[12], ou qu'il s'agit d'une obligation de ne pas faire[13].

D'ailleurs, la clause pénale devant être interprétée dans un sens restrictif, celle qui est stipulée pour le retard ne peut être appliquée à l'inexécution, ni réciproquement[14] : dans ce cas, le juge apprécie le préjudice résultant de celle des deux hypothèses qui n'a pas été prévue[15].

125. La clause pénale a pour but d'assurer l'exécution de l'obligation principale et de dédommager le créancier de son inexécution, en fixant d'avance et à forfait les dommages et intérêts qui lui seront dus[1] : elle est donc simplement compensatoire de sa nature, ainsi qu'il résulte de l'article 1229[a].

Ainsi d'un côté, la stipulation de la peine ne porte aucune atteinte à l'efficacité de l'obligation principale : de telle sorte que l'ayant droit, au lieu de demander la peine stipulée, peut exiger l'exécution : c'est ce que décide l'article 1228[b]. Il a même la faculté de demander la résolution du titre[2].

7. Pothier, *Oblig.*, n. 347 à 349 ; C. d'Et., 4 août 1870 (S. 73. 2. 62), 7 déc. 1888 (*Rev. Cont.* 89. 170).
8. Cass. 18 fév. 1856 (S. 57. 1. 40).
9. V. cep. Toulouse, 9 janvier 1872 (D. 73. 1. 213). — Cpr. Cass. 18 avril 1877 (D. 77. 1. 395).
10. Civ. 1139 (68[c]) ; Bourges, 14 nov. 1900 (S. 01. 2. 8).
11. Cass. 1er déc. 1828, 19 juil. 1843, 28 janv. 1874 (S. 74. 1. 213, D. 74. 1. 387).
12. Cass. 28 fév. 1865, 10 fév. 1873 (D. 73. 1. 213) ; Paris, 18 déc. 1894 (G. P. v° *Oblig.*, n. 137, 138).
13. V. n. 68[b] ; Douai, 7 déc. 1881 (S. 83. 2. 184).
14. Cass. 27 juin 1859, 1er août 1887 (S. 90. 1. 415).
15. Cass. 13 juil. 1899 (S. 99. 1. 464). V. n. 125[9].

1. Pothier, *Oblig.*, n. 341 et 342.
2. Cass. 2 déc. 1856 (D. 56. 1. 443).

---

b. *Civ.* **1230**. Soit que l'obligation primitive contienne, soit qu'elle ne contienne pas un terme dans lequel elle doive être accomplie, la peine n'est encourue que lorsque celui qui s'est obligé soit à livrer, soit à prendre, soit à faire, est en demeure.

a. *Civ.* **1229**. La clause pénale est la compensation des dommages et intérêts que le créancier souffre de l'inexécution de l'obligation principale.

Il ne peut demander en même temps le principal et la peine, à moins qu'elle n'ait été stipulée pour le simple retard.

b. *Civ* **1228**. Le créancier, au lieu de demander la peine stipulée contre le débiteur qui est en demeure, peut poursuivre l'exécution de l'obligation principale.

Mais d'un autre côté, il ne peut réclamer en même temps *le principal et la peine*, à moins que celle-ci ne soit stipulée pour le *simple retard* [3], ou que le titre, valable sous tous les rapports, ne le décide autrement [4]. Si, en effet, en l'absence d'un titre spécial, le créancier pouvait réclamer à la fois l'exécution de l'obligation et l'accomplissement de la peine, il obtiendrait, sans motif, un double avantage au détriment du débiteur [5].

De ce que la peine est ordinairement fixée à forfait, il résulte qu'elle est due au créancier, sans qu'il soit tenu de justifier d'aucune perte [6], et que le juge ne peut ni l'augmenter ni la diminuer [7] : à moins que le titre qui lui sert de fondement, ne soit inefficace sous quelque rapport [8], qu'il n'existe d'autres causes de dommages non prévues par les parties [9], ou qu'il n'y ait eu quelque fraude préjudiciable [10].

126. La clause pénale est sans effet, si elle est nulle en elle-même, à raison du vice du titre qui la contient. De plus, comme l'accessoire ne peut subsister sans le principal, la nullité de l'obligation principale entraîne celle de la clause pénale ; mais non réciproquement : c'est ce que décide l'article 1227 [a]. Dans le cas où la clause pénale seule est nulle, l'obligation est à considérer comme pure et simple [1].

La révocation ou la résiliation produisent le même effet que la nullité [2] : et dès lors la clause pénale pour retard n'a plus d'effet, de telle sorte que les dommages-intérêts ne doivent plus être appréciés que d'après les prin-

3. Art. 1229 § 2 (nᵉ a).
4. V. Cass. 27 avril 1840 (S. 40. 1. 728, D. 40. 1. 212).
5. Aubry et Rau, § 310-3 et 4.
6. Cpr. n. 69 ; Paris, 25 nov. 1887 (G. P. 87. 2. 584). — Cpr. cep. Marseille, 13 janv. 1886 (Rec. 86. 91).
7. Civ. 1152 (513 a) ; Cass. 1er déc. 1828 ; Pau, 10 janv. 1861 ; Paris, 24 mars 1877 (D. 78. 2. 187) ; Riom, 9 juil. 1892 (D. 94. 2. 164). — V. cep. Nîmes, 17 déc. 1849.
8. Civ. 6 (490a).
9. Cass. 17 nov. 1873, 1er août 1887 (S. 90. 1. 415).
10. V. Cass. 7 juil. 1867 (D. 67. 1. 443).

1. V. n. 95 1 ; Pothier, *Oblig.*, n. 338 à 340. — Il y a lieu cependant d'observer que la nullité de l'obligation qui paraît principale n'entraîne pas celle de la clause pénale lorsque le lien obligatoire tire son origine et sa force de celle-ci : (V. Civ. 1119 (4196) ; Baudry-L. II, 238). La clause pénale devient alors l'objet principal de l'acte.
2. Cass. 10 fév. 1825 (S. 26. 1. 73, D. 25. 1. 172).

a. *Civ.* **1227.** La nullité de l'obligation principale entraîne celle de la clause pénale.

La nullité de celle-ci n'entraîne point celle de l'obligation principale.

cipes du droit commun [3]. D'ailleurs, des clauses additionnelles, postérieures à l'acte, peuvent très bien modifier la portée de la clause pénale originaire [4]. Le cas fortuit en empêche aussi l'application [5]. Mais la faillite n'est pas un cas fortuit, de nature à produire ce résultat [6].

La clause pénale ne peut encore avoir aucun effet, si l'obligation est entièrement exécutée. Que décider, si elle n'est exécutée qu'en partie ? L'art. 1231 [b] autorise alors le juge à *modifier la peine,* suivant les circonstances et à son gré [7]. S'il a été entendu qu'elle serait encourue par le fait d'une inexécution incomplète, par exemple, lorsqu'un architecte a promis mille francs de dommages et intérêts, pour le cas où la maison qu'il a entreprise ne serait pas terminée à telle époque : le juge doit condamner le débiteur à toute la peine, quand même l'obligation serait en partie exécutée, et la maison à demi construite [8]. Si, au contraire, le titre est différent, et qu'il s'agisse, par exemple, du labour incomplet de tel domaine, le juge *peut* et doit modérer la peine et ne condamner le débiteur que dans la proportion de l'inexécution de l'obligation [9]. Il en est de même, dans le cas où le créancier a pris possession d'une partie d'une chose divisible [10].

Mais les pouvoirs du juge cessent, lorsque le titre, dans la prévision d'une exécution partielle, détermine lui-même les bases de la réduction de la peine ; et encore, lorsque la peine a été stipulée pour le simple retard dans l'exécution, attendu que le fait du retard est indivisible [11].

127. Les règles de la clause pénale offrent, en effet, certaines particularités, lorsqu'on les combine avec celles des obligations indivisibles ou divisibles.

3. Cass. 8 juil. 1873 (D. 74. 1. 56).
4. V. Cass. 29 juin 1853 (D. 54. 1. 288).
5. Rouen, 27 août 1873 (D. 76. 2. 62.-63).
6. Cass. 10 nov. 1856, 20 janv. 1879 (D. 79. 1. 122) ; C. d'Ét. 4 mai 1854.
7. Cass. 23 mai 1898 (S. 99. 1. 348).
8. Cpr. Cass. 20 janv. 1879 (D. 79. 1. 122, S. 79. 1. 412) ; Cpr. Nancy, 21 oct. 1895 (D. 96. 2. 180) ; Bordeaux, 12 mars 1890 (Rec. 90. 1. 297).
9. Marcadé, art. 1231.
10. Rennes, 5 juin 1871 (S. 71. 2. 175).
11. Cass. 4 juin 1860 ; Pau, 10 janv. 1861 (S. 61. 2. 101).

b. *Civ.* **1231**. La peine peut être modifiée par le juge lorsque l'obligation principale a été exécutée en partie.

127. .... si l'obligation est indivisible ; si l'obligation est indivisible *solutione* ;

Dans le premier cas, et en vertu de l'articte 1232 du code civil [a] :

1° La contravention d'un seul des codébiteurs, nuit aux autres : en effet, comme ces derniers sont obligés à la peine sous la simple condition de l'inexécution, il importe peu que cette inexécution se réalise, avec ou sans leur faute [1].

2° Chacun des codébiteurs peut être poursuivi pour sa part et portion : l'objet de l'obligation cessant alors d'être divisible, celle-ci se divise naturellement entre les divers débiteurs [2].

3° Le créancier peut poursuivre pour la totalité celui qui a commis la contravention : puisque les autres ont recours contre lui, il est naturel que pour éviter un circuit d'actions, le créancier soit admis à le poursuivre entièrement et pour le tout [3].

4° Si tous les codébiteurs sont en faute, ils peuvent être condamnés solidairement [4].

Mais vis-à-vis des créanciers, l'inexécution de l'obligation ne ferait encourir la clause pénale que pour la part de celui envers qui la contravention existe, puisque ce créancier-là souffre seul de l'inexécution [5].

Quant aux obligations divisibles, l'article 1233 du code civil [b] décide quels sont les effets de la clause pénale, d'abord à l'égard des obligations

1. Pothier, *Oblig.*, n. 334 et 355 ; v. ci-dessus n. 111 [2].
2. V. n. 111 [3].
3. Pothier, *Oblig.*, n 356.
4. Paris, 13 nov. 1888 (D. 90. 2. 238).
5. Pothier, *Oblig.*, n. 364 ; Cpr. Marcadé, art. 1233.

a. *Civ.* **1232**. Lorsque l'obligation primitivement contractée avec une clause pénale est d'une chose indivisible, la peine est encourue par la contravention d'un seul des héritiers du débiteur, et elle peut être demandée, soit en totalité contre celui qui a fait la contravention, soit contre chacun des cohéritiers pour leur part et portion, et hypothécairement pour le tout, sauf leur recours contre celui qui a fait encourir la peine.

b. *Civ.* **1233**. Lorsque l'obligation primitive contractée sous une peine est divisible, la peine n'est encourue que par celui des héritiers du débiteur qui contrevient à cette obligation, et pour la part seulement dont il était tenu dans l'obligation principale, sans qu'il y ait d'action contre ceux qui l'ont exécutée.

Cette règle reçoit exception lorsque la clause pénale ayant été ajoutée dans l'intention que le paiement ne put se faire partiellement, un cohéritier a empêché l'exécution de l'obligation pour la totalité. En ce cas, la peine entière peut être exigée contre lui, et contre les autres cohéritiers, pour leur portion seulement, sauf leur recours.

127. .... si elle est entièrement divisible.

complètement divisibles et ensuite relativement aux obligations indivisibles *solutione*.

Comme une obligation de cette dernière espèce est nécessairement exécutée ou inexécutée pour le tout, bien qu'elle soit divisible de sa nature, la loi reproduit la même décision que pour le cas d'indivisibilité parfaite : sans qu'il y ait lieu de distinguer si l'indivisibilité imparfaite résulte de l'adjonction de la *clause pénale* elle-même, comme le dit l'article 1233, ou de toute autre cause [6].

---

6. Ratio est eadem. Pothier, *Oblig.*, n. 333 ; Aubry et Rau, § 301-43 ; Marcadé, art. 1233.

TABLES

---

1. Cette table est imprimée de manière à pouvoir être jointe, ou à chaque traité, ou à chaque volume, ou au volume spécial des tables.

2. Déjà manuscrite, ainsi qu'en témoignent les notes de chaque page, cette table sera imprimée aussitôt que la publication des trois ou quatre premiers volumes de l'ouvrage en rendra l'usage plus utile.

3. Elle sera publiée après les deux précédentes. Mais provisoirement, et en attendant la fin de la publication de tous les traités, chacun d'eux est suivi d'une table alphabétique, imprimée à l'intérieur de la couverture.

16

TABLE SOMMAIRE DES PRINCIPALES DIVISIONS

SECONDE PARTIE

DROIT SPÉCIAL

LIVRE I

LIVRE IV

Des intérêts collectifs de l'ordre intellectuel

LIVRE V

Des intérêts collectifs de l'ordre matériel

LIVRE VI

Des rapports internationaux

TROISIÈME PARTIE

DROIT LOCAL

TABLE ANALYTIQUE DES MATIÈRES

PREMIÈRE PARTIE

DROIT GÉNÉRAL

LIVRE I

Nos | Pages

De l'existence des droits et obligations

TITRE I

Des droits et obligations

Définitions préliminaires

CHAPITRE I

CONDITIONS DES DROITS ET OBLIGATIONS

SECTION I

DE LA LOI

§ 1. Conditions de la loi

§ 2. *Effets de la loi*

§ 3. *Inefficacité de la loi*

§ 4. *Différentes espèces de lois*

SECTION II

DES PERSONNES

§ 1. *Des personnes en général*

§ 2. *Des différentes espèces de personnes*

SECTION III

DES CHOSES

§. 1 *Des choses en général*

SECTION IV

DES ACTES

§ 1. *Conditions des actes*

SECTION V

DES PREUVES

§ 1. *Des preuves en général*

§ 2. *Des preuves proprement dites*

§ 3. *Des présomptions*

CHAPITRE II

DES EFFETS DES DROITS ET OBLIGATIONS

SECTION I

DE L'EXÉCUTION DES OBLIGATIONS

§ 1. *De l'exécution volontaire des obligations*

SECTION II

DE L'INEXÉCUTION DES OBLIGATIONS

CHAPITRE III

DE L'INEFFICACITÉ DES DROITS ET OBLIGATIONS

SECTION I

DE LA CONFUSION

SECTION II

DE L'IMPOSSIBILITÉ D'ACCOMPLIR L'OBLIGATION ET DE LA PERTE DE LA CHOSE

SECTION III

DE LA PRESCRIPTION

§ 1. *Conditions de la prescription*

§ 2. *Effets de la prescription*

§ 3. *Inefficacité de la prescription*

§ 4. *Modalités et différentes espèces de prescriptions ; déchéance*

CHAPITRE IV

DES MODALITÉS DES DROITS ET OBLIGATIONS

SECTION I

DES OBLIGATIONS CONJOINTES, DISJOINTES ET SOLIDAIRES

§ 1. *Des obligations conjointes et disjointes en général*

§ 2. *De la solidarité active*

§ 3. *De la solidarité passive*

SECTION II

DES OBLIGATIONS DIVISIBLES OU INDIVISIBLES

§ 1. *Des obligations divisibles*

§ 2. *Des obligations indivisibles*

SECTION III

DE LA CONDITION, DU TERME ET DE LA CLAUSE PÉNALE

§ 1. *De la condition*

§ 2. *Du terme*

§ 3. *De la clause pénale*

N.-B. — *Cette table sera refondue et formera, avec celles des autres raités ou livraisons, une table générale unique, transformant tout l'ouvrage n* **Répertoire général alphabétique.**

DU MÊME AUTEUR :

Législation et Jurisprudence des Chemins de fer et des Tramways. 1 vol. in-8°. — Paris, Ernest Thorin, éditeur, 7, rue de Médicis.

V. les Bull. bibliographiques de Sirey, 1886, p. 15.
— — de la *Revue générale du Droit*, p. 384.
— — de la *jurisprudence des Conseils de préfectures*, janv. 1886, p. 4.
— — du *Droit*, 21 mars 1887, p. 275.
— — du *Journal des Tribunaux* de Belgique, 25 avril 1886, p. 528.

CODE GÉNÉRAL

Ce code, actuellement en publication, se compose de 76 traités (V. ci-dessus, tables, p. 2 à 4), et se recommande à l'attention du public, tant général que professionnel :

1° Par la collection **complète** des textes appliqués chaque jour par les tribunaux (Codes, lois, décrets, ordonnances, etc., plus de 25,000 articles) ;

2° Par le commentaire de chacun de ces textes, puisé dans les meilleurs auteurs, dans la jurisprudence toute entière jusqu'au jour de la publication, et dans les circulaires des administrations publiques ;

3° Par la méthode rigoureuse de l'exposition et l'enchaînement des matières, qui ont permis, sur chaque sujet, *de n'appliquer les conséquences qu'après le développement des principes* : ce qui rend la *lecture entière* plus compréhensible, plus intéressante et plus utile ;

4° Par les *tables* nombreuses qui facilitent les recherches sur *chaque question* ; par les *renvois*, qui rendent possible l'examen de chacune d'elles sous toutes ses faces ; par les *formules*, qui résolvent les difficultés les plus pratiques ;

5° Enfin par *l'achèvement* **complet** *du manuscrit*, qui a permis de relier, dès le début, toutes les matières les unes aux autres (on n'a qu'à consulter à ce sujet une des pages quelconques qui précèdent), garantissant ainsi la publication *certaine* et *rapide* de tout l'ouvrage.

Prix de la livraison pour les Souscripteurs : **2** fr., *franco* **2** fr. **50**.

Pour les non Souscripteurs,
le prix de la livraison simple sera uniformément de **2 fr. 50** net.

Exceptionnellement, et jusqu'à la clôture de la souscription, la première livraison, contenant l'introduction et le traité complet des **droits et obligations**, sera envoyée, *à titre de spécimen*, à toute personne qui en fera la demande, au prix de 2 francs, *franco*, contre mandat-poste ou mandat-carte d'égale somme.

S'adresser à la librairie *Marchal et Billard* ; ou encore à l'auteur, imprimerie *Plantade*, 8, quai Champollion, Cahors (Lot).

N. B. — Les traités suivants seront imprimés en **caractères neufs.**

www.ingramcontent.com/pod-product-compliance
Ingram Content Group UK Ltd.
Pitfield, Milton Keynes, MK11 3LW, UK
UKHW020134220726
13923UKWH00001B/154

9 782019 665456